두번째 도시,
두번째 예술

두번째 도시,
두번째 예술

국적과 국경을 뛰어넘은
어느 사회학자의 예술편력기

노명우 지음

도시를 좋아한다. 사회학을 일생의 업으로 삼도록 영향을 준 요인은 많지만 그중 타고난 도시 취향이라는 점을 빼놓을 수 없다. 사회학은 대도시 학문이다. 가장 숭고한 것부터 가장 속물적인 것까지 이질적이고 때로 서로 충돌하기도 하는 삶의 단면이 뒤섞인 도시라는 현장은 사회학자의 상상력을 자극한다. 그렇기에 내게 여행의 목적지는 당연히 도시다. 살고 있는 도시에서 자극을 받지 못하고 오히려 권태가 찾아올 때 낯선 도시로의 이동은 상상만으로도 가슴을 뛰게 한다.

자신과 맞지 않는 뭔가 잘못된 장소에서 살고 있다는 느낌을 떨쳐낼 수 없으나, 그 장소를 당장 바꿀 수 있는 여건이 아니라면 자신에게 가장 적합한 대안적 풍토를 가진 다른 도시를 찾아 잠시나마 그곳에서 머문다. 그것이 다름아닌 여행이다. 제발트가 말하듯 "삶의 장소를 바꿈으로써 인생의 불운한 시기를 극복해보려는 희망 때문"(『현기증. 감정들』, 문학동네, 2014, 35쪽)이든 공간이동이 주는 단순한 기분전환이든 상관없다. 떠날 때는 도피의 심정이었더라도 낯선 침대에서 쉽게 잠들지 못하다가 결국 여행의 피로를 이기지 못하고 곤한 잠을 자고 난 후 한 번도 먹어보지 못한 그곳의 음식을 반쯤은 호기심에 반쯤은 의무감에 먹다보면, 어느새 여행자는 "아무도 그에게 수심을 일러준 일이 없기에" "도무지 바다가 무섭지 않은"(김기림, 「바다와 나비」) 흰나비가 되어 있다.

낯선 도시에선 유난히 발걸음이 가볍다. 아무리 걸어도 도통 지치지 않는다. 눈은 호기심으로 빛나고, 코는 그 도시 고유의 냄새에 민감하게 반응하며, 각 도시 특유의 습기와 공기는 피부에 와닿는 감촉으로 내게 말을 건다. 보고 관찰하고 기록하고 기억하는 것 이상의 자극이 필요할 때는 그 도시의 예술이 가장 좋은 친구가 돼준다. 어느 도시든 그 도시만의 예술을 품고 있고, 예술은 도시를 다른 방식으로 느끼게 해준다. 예술을 품은 도시의 매력은 나를 그곳으로 데려가며, 여행하며 읽는 책은 그 도시를 새롭게 바라보도록 이끌어준다.

*

어느 도시에나 빛나던 시절은 있다. 한때의 찬란한 순간을 겪은 도시는 그 순간을 영속해나가는 데 실패했다 하더라도 빛나던 순간의 특별함을 하나의 분위기로 간직한다. 그 분위기는 세월이 거듭되면서 도시를 유일무이한 존재로 만들어주는 정신적 대기大氣로 자리잡아간다. 그 도시 특유의 대기를 감지하는 것은 여행자의 특권이자 의무다. 여간 예민하지 않으면 이국적 분위기에서 오는 강한 자극 때문에 그 도시 특유의 대기를 느끼기 쉽지 않다. 이처럼 여행자가 길을 잃고 있을 때 그 도시의 예술이 여행자를 돕는다.

예술이란 본래 현실의 단순 반복 그 이상을 갈망하는 인간정신이 빚어낸 결정체다. 예술가는 때론 자신의 한계를 책망하며 고통스러워하면서도 번뜩이는 착상과 인내의 과정을 거쳐 그 찬란한 결정체를 만들어낸다. 그 도시를 예술로 여행하는 사람은 도시가 품고 있는 예술과 그 예술을 만들어낸 예술가를 기억해냄으로써 몸서리쳐지는 권태의 굴레에서 벗어나려는 사람이다. 여행하는 사람과 예술가는 서로를 알아보기만 하면 단박에 친구가 된다. 그들은 현재 주어진 것 이상을 상상하는 충동과 현실에 안주하지 않고 기꺼이 위험을 감수하면서 새로움을 지향하는 기질을 공유한다.

*

여행하는 동안은 비록 아주 잠시일지라도 일상이 정지된다. 일상이 정지되는 순간을 맞이한다면 공간이동을 하지 않았더라도 사실상 여행은 시작된 것이다. 책 읽기는 겉으론 정적으로 보이지만 그래서 가장 여행을 닮은 행위라 할 수 있다. 책을 펼치면 우리는 시간과 공간의 제약 없이 가고 싶은 상상의 세계로 걸어가고 달려가며, 아니 좀더 마음이 급하면 날아갈 수도 있다. 이 책이 각별한 이유는 나의 '두번째 여행'을 담은 기록이기 때문이다. 유학 시절 스치듯 지나쳤던 도시를 중년에 이르러 다시 방문하면서 나는 쇠락과 소멸이 있어 더욱 아름다운 예술을 비로소 깨닫게 되었다.

당신이 이 책을 펼치면 어떤 도시가 화려했기에 가장 빛났거나 가장 아팠기에 심오했던 그 시간으로 순식간에 이동할 수 있다. 이 책에서 우리는 아르데슈 론강의 원시동굴에서 최초의 '예술-인간'이 호모 루덴스의 모습으로 출현했음을 알리는 기원전 수만년 전의 그날부터, 기독교를 받아들인 콘스탄티노플이 로마제국의 새 수도가 되면서 구원이라는 기대를 예술에 새겨넣던 그날, 인간이 신을 대신하여 예술의 영역 안으로 저벅저벅 걸어들어오던 피렌체의 그날, 모차르트가 잘츠부르크를 버리고 빈을 선택한 이후 전통에 반격을 가하는 예술가가 쉼 없이 등장하는 빈의 가장 방자한 그날, 돈만 아는 속물을 비웃으며 예술을 중심으로 예술가와 댄디의 우정이 싹트던 파리의 그날, 음흉한 간계를 예술로 위장하던 베를린과 그 베를린에 맞서 예술을 진리의 수단으로 삼았던 상트페테르부르크의 그날로 이동할 수 있다.

자신에게 가장 적합한 대기를 찾는 당신에게 이 책이 작은 실마리를 제공해줄 수 있기를 기대하며, 햇살을 받아 바닷물이 반짝거리는 한낮의 부산 해운대에서 한 '예술-인간'의 여행기록을 이렇게 책에 담아 세상에 내보낸다.

2020년 11월
노명우

차례

2001년 5월 9일,
예술이라는 보편언어를 발견하고
한국으로 돌아갈 수 있는 허가증을 받던
베를린의 그날

말할 것이 있으면 세상 모든 언어로 말할 수 있다.
물론 입을 다물 수도 있다.
다른 이야기를 할 수도 있다.
하지만 마지막 말은 모국어로 하는 것이 가장 좋다.[1]

1. 테오도르 칼리파티데스, 신견식 옮김, 『다시 쓸 수 있을까』, 어크로스, 2019, 190-191쪽.

다들 그러한 것처럼 나 또한 그렇다. 특별한 예술적 재능을 타고나지 않았다. 예술적 감수성을 습득하기에 용이한 환경에서 자라지도 않았다. 초등학교가 국민학교였던 1970년대, 즉 유신시대 때의 그 어떤 음악수업 풍경을 떠올려본다. 전문 음악교사가 없던 시절이다. 지금은 사라진, 사뭇 노스텔지어를 불러일으키는 악기 풍금을 담임교사가 연주한다. 교사의 반주에 맞추어 아이들이 노래한다. 나도 그중의 한 명이다. 교사는 약간 긴장한 표정이다. 눈으로 악보를 보면서 발은 풍금의 페달을 밟느라 분주하고, 아이들이 제대로 따라오는지도 살펴야 하니 여유가 없다. 풍금 반주에 맞춰 노래는 부르지만 아이들은 노래에 푹 빠져들지 못한다. 교실에 있는 모든 사람이 무언가로부터 급하게 쫓기는 느낌이다. 교사가 되기 위해 속성으로 풍금을 배운 담임은 서툰 반주 실력을 감추고 싶은지 풍금 앞에만 앉으면 불안한 내색을 감추지 못한다. 초조한 마음은 빨리 반주를 끝내고 싶다는 생각을 재촉한다. 반주는 빨라진다. 아이들은 빨라지는 반주 속도를 힘겹게 따라가며 노래를 부른다. 예술적 감수성과는 점점 거리가 멀어진다. 노래를 부르고 있는데 마치 고된 노동을 하는 듯하다. 마침내 곡이 끝났다. 감동보다는 비로소 안심하는 표정이 교실을 채운다.

저학년 때에는 「고향의 봄」 그리고 고학년이 되어서는 「과수원길」이나 「꽃밭에서」와 같은 서정적인 노래를 배우기도 했지만, 음악시간은 역사와 국민윤리 수업에 가까웠다. 입학하면 따분한 멜로디에 뜻을 알 수 없는 가사로 이뤄진 교가를 배웠다. 국경일과 기념일이 다가오면 삼일절 노래, 현충일 노래, 6·25 노래, 제헌절 노래, 광복절 노래에 이르기까지 온갖 기념일 노래를 불렀다. 미술시간도 음악시간과 별반 다르지 않았다. 풍금연주가 서툴렀던 담임교사가 미술도 가르쳤다. 미술을 배웠다고는 할 수 없다. 아니 배웠다기보다 미술시간을 '보냈다'가 정확한 표현일 수 있다. 미술시간 역시 예술수업이 아니라 국가주의 학습시간이었다. 1970년대는 포스터가 난무하던 시절이다. 4월이 되면 식목일 포스터를 그려야 했고, 5월이 되면 어버이날을 맞이하여 어버이의 은혜를 표현해야 했다. 6월은 좀더 분주했다. 국가를 위해 목숨을 바친 순국선열을 추모하는 동시에 "때려잡자 공산당" "무찌르자 적화야욕" "상기하자 6·25!"와 같은 구호가 들어가는 포스터를 그려야 했다. 방학을 보내고 가을이 오면 "쥐를 잡자"나 "산불조심"과 같은 포스터를 그렸다. 그래도 미술 교과서에는 레오나르도 다 빈치의 「모나리자」며 미켈란젤로의 「천지창조」부터 로댕의 「생각하는 사람」에 이르기까지 예술사의 주요 작품이 실려 있었지만, 아이가 아름다움을 느끼기엔 교과서의 인쇄가 형편없이 조잡했다.

중학교에 진학하고 난 이후의 상황은 더 좋지 않았다. 내가 기억하는 한 음악시간과 미술시간은 중학교 2학년 이후 '사실은' 없었다. 교실에 걸린 공식 시간표에는 표시되어 있었지만, 수학시간과 영어시간의 다른 이름에 불과했다. 공식 시간표와 실제 시간표 사이의 차이는 고등학교에서 더 심했다. 아예 고1 때부터 그 두 과목은 존재하지 않았다. 구실은 그랬다. 음악과 미술은 학력고사 시험 과목이 아니라는 것. 더 많은 학생을 좋은 대학에 보내는 것이 유일한 존재이유였던 학교는 이중 회계장부 같은 시간표를 부끄러워하지 않았다. 학생들도 그렇게 생각했고 부모들도 수긍했다.

대학에 진학한 후에도 사정은 마찬가지였다. 예술대학이 없는 대학에 다녔다는 것 역시 핑계에 불과하다. 설사 예술대학이 있었다 하더라도 1980년대의 대학은 예술적 감수성을 기를 수 있는 환경이 아니었다. 연장된 유신시대였던 군사독재 정권하에서 어떤 예술은 사상이 불순하다는 이유로 금지되었다. 1980년대에 대학을 다니면서 나는 정지용의 시를 몰랐고 백석은 이름조차도 들어보지 못했다. 쇼스타코비치와 윤이상의 이름은 들어봤지만 군사독재가 그 예술을 금지했기에 실제 음악이 아니라 이름으로만 아는 예술가들이었다.

독재자에 저항하는 대학은 민중예술만을 옹호했다. 독재자가 특정 예술을 금지하는 강도가 셀수록, 대학이 상상하는 예술은 그 반대의 극을 향했다. 극한 대립의 분위기에서 예술이란 부르주아의 배부른 놀음에 불과하다는 사회주의 리얼리즘 예술관에서 자유로울 수 없었다. 대학시절 예술과 관련된 유일하게 예외적인 책이 루카치였다. 그것마저도 미학에 대한 관심 덕분이 아니라 루카치가 사회주의자였기 때문이었다. 차이코프스키 음악은 부르주아의 낭만적 우울을 부추길 뿐이라고 간주하면서도 볼쇼이 발레단의 「스파르타쿠스」는 언젠가 반드시 보고 싶었다. 유튜브가 없던 시절 조악한 음질로 복사된 붉은 군대 합창단^{The Red Army Choir}의 「볼가강 뱃사공의 노래」 테이프는 20대 초반의 나를 흥분시키기에 충분했다.

나의 유년시절과 청춘시절은 예술의 사각지대에서 벗어나지 못한 채 특정 예술에 편파적으로 노출된 상태로 그렇게 끝났다.

*

1993년 독일 유학을 떠났다. 루프트한자^{Lufthansa} 비행기를 탔는데, 승무원은 듣던 대로 체구가 컸다. 책을 잔뜩 담은 배낭을 기내 수화물로 들고 탔다. 배낭이 너무 무거워 선반에 올리지 못해 휘청대고 있는데 승무원이 다가왔다. 혹 기내 수화물 허용 무게를 초과한 이 배낭을 문제삼지 않을까 하는 걱정에 식은땀이 흐르는데 승무원은 아무렇지도 않게 배낭을 선반 위로 번쩍 들어올렸다. 그 비행기 안에서 독일어 회화 책에서 단어로만 보았던 라비올리를 기내식으로 처음 먹었다. 생각보다 맛있었다.

12시간이나 걸리는 비행시간은 지루하지 않았다. 아니 지루할 틈이 없었다. 왕복 티켓을 끊고 외국 여행을 가는 것과 편도 티켓을 사서 유학을 가는 것은 완전 다른 경험이다. 여행객은 공항에서 웃지만 유학생은 보통 그렇지 않다. 가끔 비행기 안에서 훌쩍이는 유학생도 있다. 나는 겉으로 훌쩍이지는 않았지만 마음 상태는 훌쩍이는 것과 다르지 않았다. 그래도 맨눈으로 목격하는 독일, 내 귀로 직접 듣는 독일어, 독일어를 말하고 있는 내 입 등 모든 게 신기했다. 눈으로 보고 귀로 듣는 모든 것이 생전 처음이니 신기하지 않을 수 없었다. 그리고 나는 그때 새로움에 한창 민감하고 새로운 것을 보면 두려움보다는 기대되는 마음에 심장이 빨리 뛰는 20대 후반이었다.

프랑크푸르트에서 그리 멀지 않은 마인츠대학으로부터 입학허가서를 받았다. 마인츠는 당시 유럽여행을 오는 사람이라면 누구나 구매하는 유레일패스로 추가비용 없이 승선할 수 있는 라인강 유람선이 출발하는 도시였다. 그래서 그런지 시내에 나가면 적지 않은 한국 관광객과 마주칠 수 있었다. 여행을 온 한국 사람들이 부러웠다. 그들은 언제나 웃고 있었다. 그들은 현지어로 의사소통이 잘 되지 않아도 창피해하지 않았다. 웃을 수 있는 그들이 부러웠다. 웃지 못하는 유학생 신세인 내가 처량했다.

브레멘대학을 거쳐 마침내 원하던 베를린 자유대학으로 전학을 가면서 최종적으로 베를린에 정착했다. 물론 독일 체류 시간이 길

어지면서 독일어를 처음보다는 잘하긴 했지만, 독일어를 모국어
로 구사하는 사람과 외국어로 구사하는 사람 사이의 절대적 간격
은 결코 줄어들지 않았다. 교수가 수업시간에 농담을 한다. 그 농
담에 다 웃는다. 하지만 단 한 사람, 독일어가 모국어가 아닌 사람
은 웃지 못했다. 수업시간에 웃지 못한 그런 날 집에 오면 눈물이
났다. 이런 순간이 반복되다보면 자존심이라는 게 고개를 든다. 그
날도 역시 못 알아들었다. 어디서 웃어야 하는지 몰랐다. 하지만
남들이 다 웃길래 나도 마치 알아들은 것처럼 일단 웃었다. 그날은
적어도 집에 가면 눈물이 나지 않을 줄 알았다. 그랬는데 그날도
눈물이 났다. 자존심을 지키기 위해 웃음이라는 거짓 감정을 연출
한 내가 부끄러웠다.

유학생으로 살아간다는 것은 사실 자괴감과의 싸움에 다름 아
니었다. 나중에 셰익스피어의 소네트를 읽었을 때, 유학시절의 내
마음 깊은 곳의 좌절 그리고 독일어를 모국어로 사용하는 사람에
대한 깊은 부러움을 표현한 듯한 구절을 만났다. 그 소네트에서 나
는 자기학대로 보낸 젊은 시절을 떠올렸다. "운명과 세인의 눈에
천시되어/ 혼자 나는 버림받은 신세를 슬퍼하고/ 소용없는 울음
으로 귀머거리 하늘을 괴롭히고/ 내 몸을 돌아보고 나의 형편을
저주하도다/ 희망 많기는 저 사람/ 용모가 수려하기는 저 사람/
친구 많기는 그 사람 같기를/ 이 사람의 재주를, 저 사람의 권세를
부러워하며/ 내가 가진 것에는 만족을 못 느낄 때/ 그러나 이런 생
각으로 나를 거의 경멸하다가도/ 문득 그대를 생각하면, 나는/ 첫
새벽 적막한 대지로부터 날아올라/ 천국의 문전에서 노래 부르는

종달새/ 그대의 사랑을 생각하면 곧 부귀에 넘쳐/ 내 운명 제왕과 도 바꾸려 아니 하노라"[2]

매일 부질없이 가정법으로 질문을 던졌다. 독일어가 모국어라면? 독일어를 배우기 위해 투자하는 시간을 사회학 공부에 할애할 수 있다면? 외국인 유학생이 아니라면? 이런 가정법 질문을 던질수록 독일에서 태어나 독일인으로 자라 독일대학에 진학한 독일어가 모국어인 사람이 더욱 부러웠다. 내가 결코 넘을 수 없는 저편에 있는 사람들, 자신의 생각을 자유자재로 표현할 수 있는 유창한 수단을 지닌 사람들, 책에 등장하는 그 수많은 비유와 은유를 충분히 이해할 수 있는 사람들과 간단한 비유조차도 이해하기 힘든 나는 늘 대비되었고, 그들에 대한 부러움은 곧 자괴감으로 변형되어 나를 괴롭혔다.

한때 유학생이었던 사람은 귀국하여 학자라는 지위를 얻고 난 후에 자신의 유학시절을 낭만적 색채로 채색하고 자신을 영웅화하는 경향이 있다. 다른 사람은 실제로 영웅적이고 낭만적인 유학생활을 보냈는지 모르겠지만 나의 유학생활은 그렇지 않았다. 나의 그 시절은 오로지 손상된 자존심으로 인한 한탄의 세월에 가까웠다. 라디오헤드Radiohead의 노래 「크리프」Creep는 나를 위한 노래였다. 늘 나는 가사를 되뇌었다.

"I don't belong here." 나는 여기에 어울리지 않아.

---

2. 윌리엄 셰익스피어, 피천득 옮김, 『셰익스피어 소네트』, 민음사, 2018, 75쪽.

독일어로 된 텍스트를 읽고 있자면 불과 1시간도 지나지 않아서 에너지가 완전히 소진되었다. 몸이 탈진할 정도로 진력을 다했음에도, 머릿속에 남는 문장이 없었다. 텍스트를 읽을 때마다 절망에 빠졌다. 어떤 문장은 도저히 이해할 수 없었다. 글을 쓸 때도 마찬가지였다. 쓰고 싶은 글을 쓰는 것과 표현할 수 있는 문장만을 쓰는 것은 다르다. 나는 표현하고 싶은 뜻을 문장으로 쓰지 못했다. 단지 내가 쓸 수 있는 문장만을 썼다. 남들은 눈치를 못 챘을 수도 있지만, 적어도 나는 쓰고 싶은 문장과 쓸 수 있는 문장 사이에 엄청난 거리가 있음을 분명히 알고 있었다.

탈출구가 필요했다. 나를 부정하지 않아도 되는 세계, 내가 한없이 무능력한 사람으로 느껴지지 않는 세계가 필요했다. 나는 완벽한 국외자 노바디였다. 아무도 말을 건네지 않았고, 가게에서 의례적으로 하는 인사말 이외에는 말할 기회도 없었다. 이제 막 보급되기 시작한 인터넷은 학교에서나 가능했다. 텔레비전이나 라디오를 통해 유일하게 사람의 말을 들을 수 있었는데, 독일어로 보고듣는 텔레비전이나 라디오가 심신을 편하게 해줄 리 없었다. 그것조차도 일종의 외국어 공부였기에, 매스미디어는 내게 그 어떤 안락을 보장해주지 않았다. 텔레비전을 보고 나면 책을 보고 난 이후처럼 머리가 아팠다.

머리를 사용하지 않아도 되는, 다리 근육만의 힘으로 움직이는 산책은 일종의 탈출구였다. 집 근처에 샤를로텐부르크^{Charlottenburg}

성城이 있었다. 여행객의 눈으로 서양의 성을 처음 볼 때는 마냥 신기하지만, 오래 체류하면 한국인의 눈에 불국사가 그냥 하나의 절로 보이는 것처럼 서양의 성도 그냥 그런 건축물로만 보이기 시작했다. 성 건물 안으로 들어가려면 입장료를 내야 했다. 여행객은 환율에 익숙하지 않아서 종종 꽤 큰돈도 큰돈이 아닌 줄 알고 쉽게 쓰지만, 원화에 대한 감각만큼이나 마르크화(유로화 이전 독일에서는 마르크화를 사용했다)에 대한 감각을 탑재한 유학생은 돈을 함부로 쓰지 못한다. 입장료도 유학생의 기준으로 보면 비싸게 느껴진 것이다. 공원에는 자주 갔지만, 정작 돈을 내고 성 건물 안으로 들어간 것은 그로부터 한참 후였다.

카스파르 다비트 프리드리히Caspar David Friedrich의 그림을 거기서 처음으로 봤다. 생각해보면 인쇄된 책이 아니라 맨눈으로 처음 본 서양 유화 그림이었다. 한국에서는 흔히 찾아볼 수 없는 높은 천장, 그 자체로 이국적일 수밖에 없는 공간에 적당한 햇볕이 창을 통해 들어왔다. 인쇄된 그림에서는 느낄 수 없는, 보는 각도에 따라 다른 색채로 보이는 캔버스의 표면 등 모든 것이 황홀한 경험이었다. 관람객도 많지 않았다. 마치 이 모든 것이 독일어에 지친 한 동양 남자를 위로하기 위해 마련된 것 같았다. 베를린에서 한번도 느껴보지 못했던 편안함이 다가왔다. 그 편안함이 나를 안아줬고, 나는 편안함의 품에 안겨 그림을 보았다. 비록 셋집이더라도 거주할 집Haus은 있었지만 나에게는 결여되었던 편안함Zuhause 속에 있노라니 독일어 텍스트를 읽을 때의 불안감과 두통이 생기지 않았다. 그림은 독일어 텍스트처럼 나를 위협하지 않았다.

독일어 텍스트를 읽을 때면 마음 한편엔 늘 불안감이 숨어 있었다. 이 텍스트를 제대로 이해하고 있는 것인가? 잘못 해석하고 있는 게 아닌가? 이런 질문이 따라다녔고, 이 질문에 언제나 자신있게 대답하지 못했다. 그런데 그림 앞에선 그런 원초적인 자신없음이 사라졌다. 어떤 강렬한 경험, 강렬했기에 한 사람에게 깊은 영향을 준 경험을 하고 나면 '그 이후'는 '그 이전'과 완전히 달라진다. 베를린에서 어느날 겪은 '그 이후' 나는 독일어가 아닌 예술언어라는 새로운 언어를 발견했다.

베를린은 다행스럽게도 내가 익힌 새로운 언어로 마음껏 의사소통할 수 있는 미술관과 박물관이 많았다. 게다가 나의 지도교수 디트마르 캄퍼 ^{Dietmar Kamper} 교수는 사회학자였지만 예술적 감수성을 강조하고 사회학의 이성적 언어와 예술의 감각적 언어의 교차와 교류를 매우 중요하게 여기는 분이었기에 때로는 파격적으로 사회학 수업을 미술관에서 진행했다. 캄퍼 교수가 지정한 그림 앞에 학생들이 모여든다. 각자 편안한 자세를 취한다. 서 있는 사람, 털썩 주저앉은 사람 자세는 제각각이지만 모두 한곳에 집중한다. 우리는 하나의 그림을 두고 이야기를 나누었다. 텍스트를 두고 나눌 때보다 이야기가 더 풍성해졌다. 그림의 언어는 다신교의 언어를 닮았다. 하나의 절대적인 올바른 해석이 아니라 각자의 해석이 그 방에 쏟아졌다. 카스파르의 그림을 본 '이후'와 디트마르 캄퍼 교수의 수업을 듣고 난 '이후', 그렇게 베를린 박물관 섬에 모여 있는 '페르가몬박물관'^{Pergamonmuseum}을 비롯하여 '알테스 무제움'^{Altes Museum} '알테 나치오날갈러리'^{Alte Nationalgalerie} '노이에 나치오날갈러

카스파르 다비트 프리드리히, 「동해의 십자가」 Kreuz an der Ostsee, 1815

리'Neue Nationalgalerie '함부르거 반호프'Hamburger Bahnhof는 텍스트의 세계에 주눅들어 있는 나의 피난처가 되어주었다.

게다가 베를린엔 베를린 필하모닉 오케스트라가 있지 않은가. 그 베를린엔, 유년시절 그리고 독학으로 예술수업을 해야 했던 성장기에 음악잡지에서 자주 접했던 '베를린 필 콘서트홀'이 있었다. 마침 독일학술교류처DAAD 장학생 모임에서 카추히데 오쿠나미라는 일본인을 알게 되었다. 우리는 모두 독일어가 모국어가 아닌지라 서로의 깊은 내면을 전달하기에는 한계가 있었지만 그는 음악을 아주 좋아했다. 베를린 필 연주 시즌티켓을 구매할 정도로 열성적 팬이었던 그를 친구로 둔 덕택에, 가끔 그가 사정이 생겨 콘서트에 가지 못하면 그 표는 언제나 내 차지였다. 음악이라는 예술언어가 우리 사이에 없었다면 우리는 결코 친구가 될 수 없었을 것이다

처음으로 '베를린 필 콘서트홀'에서 말러의 교향곡을 들었을 때의 황홀감을 지금도 기억하고 있다. '그 이후' 음악이 좋아졌다. 미치도록 좋아졌다. 적어도 인간의 언어가 개입하지 않은, 그래서 모국어와 외국어의 경계가 무의미한 음악의 언어는 유학생인 나를 차별하지 않았다. 음악의 언어에서는 적어도 언어의 국경 따위는 무의미했으니까. 뒤늦게 발견한 예술의 세계는 텍스트의 세계와는 달랐다. 예술의 세계는 텍스트의 세계에서 불안과 자괴감이라는 불치병을 앓고 있던 나에게 치유의 언어를 제공했다. 아마 그 세계가 없었다면 나는 박사논문을 완성하지 못했을 것이다.

나는 아도르노의 쇤베르크 해석을 비판사회학 이론으로 재해석하는 논문으로 박사학위를 청구했다.

박사학위 논문 심사의 마지막 절차인 구두시험을 치르던 날, 디트마르 캄퍼 교수는 왜 이 주제를 선택했는지 물었다. 나는 "Weil ich ziemlich einsam war"(이곳에서 매우 외로워서)라고 대답했고, 지도교수는 미소를 지으며 반박할 수 없는 대답이라고 말했다. 사실 내가 하고 싶었던 말은 "나는 이곳에서 아주 외로웠다"가 아니라 "나는 이곳에서 끔찍하게 외로웠다"인데 나는 그때도 그렇고 지금도 그렇고 '아주 외롭다'와 '끔찍하게 외롭다'의 뉘앙스를 독일

어로 표현할 수 없다. "아주 외롭다"와 "끔찍하게 외롭다"는 완전히 다른 감정임에도.

*

살짝 자랑을 섞어 말하자면, "끔찍하게 외로웠다"라고 말하고 싶었지만 "매우 외로웠다"라고 표현할 수밖에 없었던 나는 2001년 5월 9일 박사학위 심사에서 영광스럽게도 최우등^{summa cum laude}을 받았다. "심사위원 만장일치로 당신에게 최우등을 수여합니다"라고 심사위원장이 말했을 때, 살짝 어안이 벙벙하여 잘못 알아들었을 것이라고 의심했다. "그게 사실입니까"^{Ist das wahr?}라고 묻자 심사위원장은 "네 그렇습니다"^{Ja, Das ist wahr}라고 대답했고 내가 고작 "감사합니다"^{Danke schön}라고 대꾸하자 심사위원들은 최우등을 받고도 웃지 않는 후보는 처음 본다면서 수군거렸다. 그날 집으로 돌아가는 지하철 안에서 갑자기 울음이 터졌다. 훌쩍이는 나를 옆 사람이 위로하려 했는데, "고마워요 근데 전 지금 슬픈 건 아니에요"^{Danke, aber ich bin nicht traurig}와 같은 초급 회화 수준의 말을 하고 다음 정거장에 내려 플랫폼 의자에 앉아 본격적으로 울었다.

최우등으로 박사학위를 했기에 교수자격 논문청구과정, 이른바 하빌리타치온^{Habilitation}을 할 수 있는 전제조건을 충족한 셈이었다. 독일에 계속 머물면서 학문적 커리어를 더 쌓을 수도 있었다. 여러 가지 점에서 볼 때 서둘러 귀국할 필요는 없었다. 한국의 대학이 가장 선호하는 서울대 출신에 미국박사라는 커리어에서 멀어도 한참 먼 사람이기에 어찌 생각해보면 독일에 머무는 것이 현명한 선택일 수도 있었다. 하지만 나는 그 사이에 모국어를 지금까지와는 비교할 수 없는 강도로 깊게 사랑하기 시작했다. 베를린에 그대로 머문다는 것은, 이제 막 싹트기 시작한 모국어에 대한 사랑을 접어야 됨을 의미했다. 그래서 나는 돌아가기로 결심했고, 결국 돌아갔고, 5년간 한국 사회학계로부터 완벽한 이방인 취급을 받으며 각 대학을 전전하는 시간강사를 거쳐, 운 좋게도 나를 아무런 편견 없이 받아준 아주대학교에 자리를 잡았다. 그리고 경제적으로 안정된 중산층의 삶을 시작했다.

고국으로 돌아가도 좋다는 허가증을 받고 비로소 카프카적 이중언어 상황에서 벗어난 2001년 5월 9일로부터 대략 20년이 흘렀다. 그 사이 매스 투어리즘의 시대가 열렸다. 저가항공이 등장하면서 해외여행의 경제적 장벽은 한층 더 낮아졌고, 한국의 물가가 상승해 주요 국가와의 차이가 좁혀지면서 한국의 중산층에게 해외여행이란 더이상 특별하고 드문 경험이 아니게 되었다.

그 사이 나는 나이를 먹었고, 청춘이 저물었다. 청춘은 저물었지만 청춘시절 늘 모자랐던 돈은 얻었다. 그 돈은 예술수업을 위한 든든한 자금이 되었다. 모국어의 세계로 돌아온 후 방학을 맞이하면 이 도시 저 도시로 여행을 하곤 했다. 젊음 대신 연륜을 얻었기에 젊은 시절에 보이지 않던 것들이 보이기 시작했다.

나의 청춘시절, 서양에 대한 막연한 동경과 경외감만큼이나 무거웠던 자괴감으로부터 나는 벗어나지 못했다. 텍스트의 세계에서 탈출하여 예술의 세계로 진입함으로써, 텍스트의 세계에서는 느끼지 못했던 따뜻한 환영을 받았지만 이미지와 소리로 가득 찬 예술세계에서도 역시 주류에 속하는 인종이 아님은 분명했다. 나는 여전히 그들의 학생에서 벗어나지 못한 것일까?

눈에 보이지 않으나 우리와 그들 사이에는 경계가 있었다. 그 경계는 미약한 관념에 불과한 것 같지만, 입국심사 대기 줄이 길어지면 여러 망상을 하게 만드는 물질적 힘을 발휘한다. 식당에서 예상하지 못했던 혹은 기대하지 못했던 대접을 받을 때 이것은 혹시 인종차별이 아닐까라고 생각하는 것도 그 경계다. 경계는 어디에나 있는 듯하면서 없는 유령 같다.

여행은 사실 그 경계를 넘나드는 것이다. 일정한 지위를 획득한 한국 남자는 한국에서는 자신의 무기력을 느끼지 못하지만 유럽으로 이동하면 투명인간이 되는 신기한 경험을 한다. 중년이 된 나는 여행에서 유학시절 나를 절망의 구렁텅이로 몰아넣었던 '투명인간'과 다시 직면한다. 국경이라는 보이지 않는 선을 넘는 순간 이곳에서 내가 이룬 모든 성취는 무력화된다. 나는 이 땅에서는 결코 약자라고 할 수 없지만, 타국에서 입국심사를 받는 순간 다시 아무것도 아닌 존재가 된다. 그 사이에 나이 먹었고, 이제는 심지어 늙어가고 있지만 젊은 시절이나 지금이나 서양과 동양의 관념적인 경계선에 대한 질문을 던지는 한, 여전히 나는 서양의 '학생'인 듯한 관념을 떨칠 수 없었다. 대체 나는 언제까지 학생이어야 하는가? 학생됨이 결코 멈출 수 없는 배움의 열정을 표현하는 것이라면 기꺼이 받아들이겠으나, 그 학생됨은 그저 자괴감이라는 감정에 불과했다.

자괴감과 연결된 학생됨의 의미를 바꾸고 싶었다. 멈출 수 없는 배움의 열정이라는 학생됨으로 변신할 실마리를 찾고 싶었다. 오래된 고민의 실마리를 어쩌다가 아부다비에서 발견했다.

'루브르 아부다비'Louvre Abu Dhabi에 처음 갔을 때 사실 큰 기대는 하지 않았다. 나는 이미 스페인에서 뉴욕 구겐하임의 빌바오 분점 '빌바오 구겐하임'Guggenheim Museum Bilbao에 상당히 실망한 적이 있었다. 프랭크 개리의 건축물 '빌바오 구겐하임'은 숨막히게 아름다웠지만, 아니 아름다웠기에 오로지 건축물로만 존재하는 듯한 실망감이 들었다. 이를테면 우리가 서울의 동대문디자인플라자DDP에서 느끼는 아쉬움과 비슷했다. 그때부터 내 안에는 전세계화된 미술관 프랜차이즈 사업에 대한 거부감이 이미 탑재돼 있었다. 그런 거부감을 '루브르 아부다비'에서도 마주할 것이라 예단한 채 아부다비에 도착했다.

아랍의 돈으로 짓고 사들인 루브르라는 이름, 석유 이후의 시대를 고민하는 두바이를 따라하는 아부다비. 두바이가 좀더 자본주의적 방식을 취하고 아부다비는 더욱 세련되고 우회적인 방법을 취했다는 차이는 있지만 사막에 만든 도시에 돈으로 바닷물을 끌어들여 억지로 호수를 만들고 시간에 맞춰 분수쇼까지 하는 부르즈 할리파Burj Khalifa에서 느낀 생뚱맞음을 아부다비에서도 겪을 것이라 예상했다.

그러나 나는 '루브르 아부다비'에서 또다른 '그 이후'를 경험했다. '루브르 아부다비'는 아랍의 관점도 프랑스의 관점도 아닌 '인류'의 관점으로 전시를 구성하고 있었다. 인간의 종교를 이슬람교

루브르 아부다비에 전시된 그리스인 조각

의 관점에서도, 기독교의 관점에서도 바라보지 않았다. 인간에게 구체적인 신의 모습은 사람마다 다르고 그 수용 절차는 상이할지라도, 종교가 있음은 보편적이라는 사실을 '루브르 아부다비'는 보여주었다. 인류의 보편성은 지역적 특수성을 통해 드러난다. 그래서 여전히 지구에는 기독교가 지배적인 지역, 이슬람교가 지배적인 지역, 불교가 지배적인 지역으로 나뉘어 있지만 지역적 특수성은 종교현상이라는 지구적 보편성과 떼어놓고 이야기하기 어렵다.

나는 한국어의 세계에 태어났고, 외국은 한국어의 세계가 아니다. 텍스트의 언어가 지역의 특수성을 표현하는 언어라면, 적어도 인류는 각 지역의 특수성을 표현하는 언어 이외에 보편적 언어를 지니고 있다. 바로 베를린에서 나를 구원해준 예술의 언어가 보편언어 아니겠는가. 나는 분명 한국인이지만 그 사실만큼이나 분명하게 나는 현생인류 중 한 명이다. 민족사의 관점에서 나는 한국인이지만, 지구 자연사의 관점에서 보자면 호모 사피엔스 중 한 명이다. 나를 현생인류의 일원으로 생각하는 한, 국적은 '따위'가 된다. '루브르 아부다비'를 나오면서 나는 문화유산에 국적을 부여하고 억지로 민족적 자부심을 쥐어짜내거나 다른 유산 앞에서 은밀한 자괴감을 맛보는 관념의 틀로부터 자유로워졌다.

나의 국적을, 내가 속한 인종집단을 그저 '우연'이라 생각하니 처음으로 한국 이외의 장소에서 편안함을 만끽할 수 있었다. 우연히 다시 집어든 프란츠 파농Frantz Fanon의 『검은 피부, 하얀 가면』에서 다음 구절을 발견했다. "백인만의 세계란 없다. 백인만의 윤리도 없다. 백인만의 지성이라는 것은 더더욱 없다. 세상 어디에나 늘 무언가를 모색하는 사람들은 있게 마련이다. 나는 역사의 포로가 아니다. 나는 그곳에서 내 운명의 의미를 찾고 싶진 않다. 나는 항상 다짐한다. 진정한 도약이란 늘 뭔가 새로운 것으로 진부한 존재를 채워나가는 것이라고. 내가 순례하는 세계에서 나는 내 자신을 무한히 창조해나가야 하는 것이다. 나도 존재의 한 부분이다. 내가 그것을 넘어설 수 있다는 한에서."[3] 내가 유학을 떠났던 그 나이 무렵에 파농이 쓴 이 구절은 중년이 되어 다시 순례를 시작한 나에게 한 지침이 되었다.

이 책은 나만의 예술수업의 일기장이며, 나만의 예술수업을 바탕으로 진행한 예술사회학 강의록의 일부이며, 청춘에서 중년에

---

3. 프란츠 파농, 이석호 옮김, 『검은 피부, 하얀 가면』, 인간사랑, 1998, 289쪽.

이르기까지의 시간의 저장고이자, 현생인류의 일원으로 떠돌았던 이곳저곳의 여행기이기도 하다. 여행과 예술은 서로 닮았다. 경제적 쓸모의 관점에서 보자면 여행은 예술만큼이나 쓸모없는 행위이다. 현실감각을 상실한다는 것에서 그 둘은 닮았다. 여행과 예술탐닉은 서로의 동반자이다. 로베르트 무질 Robert Musil이 말했듯이 사람들이 현실감각을 얻으면 꿈을 잃는다. 여행은 현실감각으로 비추어보면 미친 짓이다. 현실감각에 의존한다면, 여행은 하지 않는 것이 현실적이다. 현실감각을 얻은 대가로 꿈을 잃어버린 사람은 "더이상 나무 아래서 엄지발가락과 검지발가락 사이로 하늘을 보지 않으며, 오로지 일을 만들어내기만 한다. 유능해지기 위해서는 굶주리거나 꿈을 꾸어선 안 되고, 스테이크를 먹고 움직여야 한다."[4] 여행의 이미지를 이처럼 선명하게 잘 보여주는 문장이 또 있을까? 여행이란 그런 것이다. "나무 아래서 엄지발가락과 검지발가락 사이로 하늘을 보는 것", 나는 발가락 사이로 하늘을 보고 싶었다. 이 책은 발가락 사이로 보았던 하늘에 대한 기록이다. 나는 여행에서 인류의 보편언어인 예술을 만났고, 그 보편언어를 내가 태어나고 자란 한국어라는 모국어로 옮겨놓는 번역자이다.

*

예술이라는 보편언어를 한국어라는 모국어로 제대로 번역하기 위해서는 그 보편언어인 예술을 품고 있는 지역의 언어에 대한 이해

---

4. 로베르트 무질, 안병률 옮김, 『특성 없는 남자 1』, 북인더갭, 2013, 67쪽.

도 물론 필요했다. 어떤 보편성도 진공상태에서 만들어지지 않는 다. 그 보편성을 낳은 지역적 맥락에 대한 '문화 번역' 없이 보편언 어로 승화된 예술을 나의 모국어로 바꾸는 것은 불가능하기 때문 이다. 그래서 한 도시를 방문하기 전 최대한 도시의 맥락을 파악하 기 위해 그 도시의 분위기를 가장 잘 표현하는 책을 읽었다. 서울 에서 읽을 때보다 파리에서 읽을 때 보들레르는 잘 다가왔다. 이스 탄불에 가기 전에는 오르한 파묵이 좋았고, 베네치아에 가기 전에 는 토마스 만을, 빈에 가기 전에는 무질을, 피렌체에 가기 전에는 단테를 읽었다.

그리고 이른바 '현장 독서'를 하기 위해 심사숙고해서 책을 골 랐다. 여행짐을 꾸릴 때 '현장 독서'용 책을 선정하는 일은 하나의 즐거운 고민이었다. 즐거운 고민의 시간이 지나면 나의 여행가방 엔 어느새 '현장 독서'를 위한 책이 들어 있었다. 라이너 마리아 릴 케의 『말테의 수기』를 들고 파리에 갔고, 페소아의 『불안의 서』는 리스본에서 읽었고, 파묵의 『이스탄불』은 역시 이스탄불을 접할 때 이해하기 쉬웠다. 도스토예프스키의 『죄와 벌』을 상트페테르부 르크에서 읽지 않았다면 그 도시는 그저 서유럽에 대한 콤플렉스 를 낳은 도시로만 이해됐을 것이다. 그곳에 가지 않았다면 나는 고 골의 『외투』도 읽지 않았을 것이다. 빈에 갈 때는 당연히 엘리아스 의 『모차르트』을 들고 갔고, 엘리아스의 『궁정사회』를 읽고 나서 베르사유에 가니 대중관광 안내서에는 없는 베르사유가 보였다. 파리에서 읽으면 보들레르와 오웰의 작품은 다르게 느껴졌다. 그 책들을 그 도시의 어느 카페나 공원에서 혹은 비행기를 기다리는 공항에서 읽었다.

목적하는 도시에 가면 그 도시가 품고 있는 인류 보편언어의 전당에 갔다. 마드리드엔 '프라도' museo del prado 와 '티센 보르네미사 미술관' Thyssen-Bornemisza Museum 이 있어서 좋았고, 아부다비에는 '루브르 아부다비' Louvre Abu Dhabi 가, 파리에는 '루브르' Louvre '오르세' Musée d'Orsay '퐁피두 센터' Centre Pompidou 와 '오랑주리' Orangerie 가, 상트페테르부르크에는 '에르미타주' Hermitage Museum 와 '러시아 미술관' Russian Museum 이, 베네치아엔 '아카데미아' Gallerie dell'Accademia 가, 피렌체엔 '우피치' Uffizi 가, 모스크바에는 '트레티아코프' The State Tretyakov Gallery 가, 빈에는 '미술사박물관' Kunsthistorisches Museum Wien 과 '레오폴트 미술관' Leopold Museum 이 있어서 좋았다. 어떤 도시는 예술의 성소보다 길거리에서 마주치는 풍경에서 더 많은 것을 깨달았다.

해석의 대상이 되는 그림이 서양 그림이라든가, 내가 여행하는 도시가 서양의 도시라는 것은 사실 문제가 되지 않는다. 이미 우리는 지구화된 시대에 살고 있다. 나처럼 전적으로 서양식 교육을 받고 자란 사람에게, 그러한 지역성은 문제될 것 없다. 문제는 서양과 나의 관계가 선생과 학생의 관계로 환원되는 데 있다. 서양의 그림을 해석하는 게 문제가 아니고, 서양의 그림을 해석한 그 누구의 말을 그대로 되풀이하는 게 서양 그림에 대한 유일한 해석인 상황이 문제인 것이다. "어떤 서양인이 갑이라는 동일한 서양인의 작품을 평했던 글을 읽었다고 하면 그 평가의 옳고 그름은 전혀 생각하지 않고, 그리고 자신에게 이해되든 이해되지 않든 상관하지 않고 무턱대고 그 평가를 마구 퍼뜨리고 다녔던 것"[5] 을 나츠메 소세키는 한탄했던 적이 있다. 이 책에 담긴 감상은 절대로 나의 몫이다. 그렇기에 해석에 따르는 모든 책임도 전적으로 내가 감당해야 한다. 계몽은 "성숙한 어른이 되는 것"이라 말했던 칸트의 표현을 그대로 빌리자면, 이 책은 내가 계몽되는 과정에 대한 기록이라 해도 틀리지 않다.

어느 도시든 그 도시가 가장 아름답게 빛나던 순간이 있다. 어떤 도시는 가장 참혹했기에 우리로 하여금 근본에 이르도록 하는 강력한 자극을 던져주기도 한다. 한국어라는 모국어에 대한 자부심을 가슴속에 간직한 채 그 도시의, 그 시기의, 그 순간을 확인하러 여행길에 올랐다. 나는 공항에서 카페에서 혹은 길모퉁이에서 "우리의 완전한 세계가 고양되는 순간, (스탕달이 기술한 바와 같이) 모든 진액을 빨아들인 꽃들이 순식간에 한데 모여 결정을 이루는 바로 그 순간"을 느꼈다. 그 스탕달의 시간을 츠바이크는 "생명이 탄생하는 시간처럼 마술적이며, 체험된 비밀로 삶의 따뜻한 내면에 꼭꼭 숨어 있기에 볼 수도, 만질 수도, 느낄 수도 없"[6]다고 표현했다. 이제 나는 "성숙한 어른이 되어가는 과정"에서 간혹 느꼈던 "세계가 고양되는 순간"의 예술언어를 모국어로 여기에 적고자 한다.

---

5. 나츠메 소세키, 황지현 옮김, 『문명론』, 소명출판, 2004, 237쪽.
6. 슈테판 츠바이크, 서정일 옮김, 『감정의 혼란』, 녹색광선, 2019, 16-17쪽.

1장

1994년 12월 18일,
기원전 3만 7천년의 호모 루덴스가
모습을 드러내던 아르데슈의 그날

온 세상이 한 가지 말을 쓰고 있었다. 물론 낱말도 같았다. (⋯)
야훼께서 땅에 내려오시어 사람들이 이렇게 세운 도시와 탑을 보시고
생각하셨다. "사람들이 한 종족이라 말이 같아서 안 되겠구나.
이것은 사람들이 하려는 일의 시작에 지나지 않겠지. 앞으로 하려고만 하면
못할 일이 없겠구나. 당장 땅에 내려가서 사람들이 쓰는 말을 뒤섞어놓아
서로 알아듣지 못하게 해야겠다." 야훼께서는 사람들을 거기에서
온 땅으로 흩으셨다. 그리하여 사람들은 도시를 세우던 일을 그만두었다.
야훼께서 온 세상의 말을 거기에서 뒤섞어놓아 사람들을
온 땅에 흩으셨다고 해서 그 도시의 이름을 바벨이라고 불렀다.
—『창세기』11: 1~9(공동번역)

과거는 우리의 보물이에요. 우리가 가지고 있는 것은 과거뿐이고,
과거는 우리가 자유로이 사용할 수 있는 것이에요. 우리는 과거를
바꿀 수 있어요⋯ 그리고 대단히 멋진 점은 과거가 일어났던 일뿐 아니라
꿈이었던 것들과 혼합되어 있다는 사실이에요.[1]

---

1. 호르헤 루이스 보르헤스, 서창렬 옮김, 『보르헤스의 말』, 마음산책, 2015, 40쪽.

미술사박물관과 자연사박물관은 마주보고 있다

목적지에 비행기가 착륙한다. 서둘러 비행기에서 나가고 싶다. 장시간 비행 후엔 땅이 그립다. 입국심사를 마치고 목적 도시로 향한다. 공항에는 그 나라의 언어와 함께 기능적 세계어 구실을 하는 영어로 정보가 병기되는 게 기본이지만 공항에서 멀어질수록 영어표기는 줄어든다. 글자가 씌어 있는데 읽을 수 없다. 뜻도 알 수 없다. 점점 까막눈이 된다. 알파벳이라도 사용하면 지역어를 몰라도 떠듬떠듬 소리라도 내어볼 수 있지만 키릴문자나 아랍문자를 사용하는 도시에서 어느새 나는 텍스트가 아니라 이미지에 주목한다. 이럴 때마다 서로 다른 언어로 갈라지기 이전의 바벨탑 세상 풍경을 상상해본다. 특히 여행에서 언어소통의 문제에 부딪힐 때, 언어소통의 곤란함이 여행의 추억담으로 간직할 만한 유쾌한 해프닝이 아니라 여행을 악몽으로 만드는 재앙이 될 경우, 더더욱 바벨탑 이전의 세계에 대한 그리움이 커진다.

　우리가 바벨탑 형상을 떠올리면 자동적으로 머릿속에 떠오르는 모습에 결정적인 영향을 준 피테르 브뤼헐 1세 $^{\text{Pieter Bruegel the Elder}}$ 의 그림 「바벨탑」을 보러 빈의 '미술사박물관' $^{\text{Kunsthistorisches Museum}}$ 에 간다. 미술사박물관은 예술의 역사를 전시한다. 고대 예술에서 지금에 이르기까지 역사라는 관점을 예술에 적용하여 인간사의 흐름에 따라 우리가 예술이라고 부르는 것이 어떻게 변했는지를 연대기적으로 보여준다. 빈을 찾는 예술 애호가라면 반드시 들러야 하는 명소이기에 미술사박물관은 언제나 붐빈다. 「바벨탑」이 전시된 방에는 브뤼헐의 인기있는 다른 작품들도 전시되어 있어서인지 유독 관람객이 오래 머문다. 어린 시절 책에서만 보았던 브뤼헐의 「바벨탑」이 눈앞에 있다. 나는 「바벨탑」을 감상하는 그들을 구경한다. 인종도 다양하고 나이도 다양하다. 국적도 다양할 것이다. 또한 그들은 서로 다른 모국어를 사용할 것이다. 그림 속엔 아직 인간의 언어가 갈라지기 이전의 바벨탑이 있는데, 막상 그 방은 역설적으로 바벨탑 '이후'의 상황이 펼쳐지고 있다.

　인간이 서로 다른 언어를 사용하면서 펼쳐지는 그 방의 풍경을 바라본다. 외국어에 능통하다는 이유로 타인 앞에서 우쭐하는 사람이 있고, 유학생 시절 모국어가 아닌 외국어로 이야기해야 하

미술사박물관의 브뤼헐 1세 전시실. 가운데 「바벨탑」이 있다

는 상황 속에서 늘 주눅이 들어 있던 나와 같은 사람이 있으며, 의사소통의 온갖 해프닝을 지금도 겪고 있을 여행자들도 있다. 인간의 언어는 다양하고, 다른 언어에는 모국어만큼 능통할 수 없는 사람들이 모여 있기에 이 방에는 벌어질 수 있는 여러 일들이 가득 차 있다. 그러나 서로 다른 모국어를 사용하고 있는 이곳에서, 브뤼헐이라는 예술가가 「바벨탑」을 통해 전하는 이미지 예술의 언어는 바벨탑 이전과 이후를 넘어선 언어다. 우리는 각자의 모국어로 이야기할 때는 국적을 지닌 특정인이지만, 바벨탑의 언어적 한계를 뛰어넘은 예술로 이야기할 때는 국적을 지닌 인간이 아니라 보편언어로 의사소통하는 '예술-인간'이다. 나는 한국인이면서 동시에 '예술-인간'이다. 온갖 국적의 서로 다른 모국어 사용자들이지만, 지금 이 방엔 예술이라는 보편언어를 사용하는 '예술-인간'이 모여 있다.

빈의 미술사박물관 건너편에 '자연사박물관'Naturhistorisches Museum
이 있다. 의도된 배치인지는 모르겠지만, 두 박물관을 마주보게 한
배치는 여러 점에서 탁월하다고 평가할 수밖에 없다. 인간은 자연
의 일부이지만, 동시에 자연으로부터 분리되었기에 인간이 되었
다는 역설을 빈은 예술과 자연을 서로 마주보게 함으로써 표현했
기 때문이다.

빌렌도르프의 비너스에게 마땅한 자리는 어디인가?

'자연사박물관'은 45억년으로 추정되는 지구의 역사를 전시한다.
그렇다면 지구라는 자연에 거주하는 인간의 역사를 전시하는 '미
술사박물관'의 역사 서술은 어느 시점부터 시작돼야 할까? 자연
의 역사에 견주어보면 찰나에 불과한 인간의 시간을 문자로 기록
하면서 비로소 역사가 시작되었다고 흔히 말한다. 시간이 문자로
기록되기 시작한 순간부터 역사가 시작된다고 정의내리면 인간의
흔적은 문자의 역사와 궤를 같이한다고 볼 수 있다. 문자의 역사
는 아무리 거슬러 올라가도 기원전 3,100년의 수메르와 이집트, 기
원전 1,200년 정도의 중국에 머문다. 하지만 지구가 자신의 시간을
지층 속에 깊이 묻어두었듯이 호모 사피엔스는 자신의 세월을 문
자시대 이전에도 기록했다. 문자 이외의 다른 수단에 주목한다면
우리는 기원전 3,100년이 아니라 훨씬 더 깊은 시간의 지층으로까
지 파고들어갈 수 있다.

호모 사피엔스는 기원전 20만년에 출현해 지구 곳곳으로 퍼져 갔다고 한다. 기원전 4만 5천년 무렵 호모 사피엔스는 현재의 유럽 대륙으로 이동했다. 1908년 8월 7일 현재의 오스트리아 지역에서 어란상 석회암^{oolitic limestone}을 깎아 만든 높이 11.1cm의 물건이 발견되었다. 후대의 사람들은 기원전 2만 8천년에서 기원전 2만 5천년 사이에 제작된 것으로 추정되는 그 '물건'을 발견된 지명에 따라 「빌렌도르프의 비너스」^{Venus von Willendorf}라고 부른다. 지구의 역사를 탐색할 수 있는 실마리가 되는 암석, 아주 오래전 인간보다 더 먼저 지구에 살았던 생명체가 남긴 흔적인 화석, 자연이라고 불리는 영역에 살고 있는 동식물의 표본으로 꽉 채워진 자연사박물관에서 「빌렌도르프의 비너스」는 특별한 대접을 받고 있다.

별도의 방에 특별 전시되고 있는 용산 국립중앙박물관의 자랑거리 '반가사유상'처럼 「빌렌도르프의 비너스」는 자연사박물관의 전시동선에서 살짝 어긋난 방에 모셔져 있다. 입구는 어둡다. 반가사유상의 크기를 생각하면 「빌렌도르프의 비너스」는 실망스러운 수준이다. 성인의 꽉 쥔 주먹 정도의 크기에 불과하기 때문이다.

전시실 안도 어둡다. 오로지 조명을 받고 있는 「빌렌도르프의 비너스」만 눈에 띈다. 이 방에 들어오는 관람객은 어둠 때문에 저절로 침묵한다. 전시실에 들어왔다가 어둠에 놀라 그냥 나가는 사람도 있다. 어떤 이는 「빌렌도르프의 비너스」를 일부러 보러 왔는지 오랜 시간 머문다. 이런 호기심 넘치는 관객을 위해서 「빌렌도르프의 비너스」는 전후좌우를 모두 볼 수 있도록 전시되어 있다. 이 '물건'은 왜 만들어졌을까? 가장 손쉬운 해석이 있다. 문명 이전의 인간의 흔적은 '주술'이라고 단순하게 해석해버리는 것이다. '다산'에 대한 주술적 기원이 담겨 있다는 표준적 해석을 뒷받침할 수 있는 시각적 증거는 많다. 여성 성기 모양이 선명하게 새겨져 있고 가슴을 강조한 형상은 '다산'에 대한 주술적 기원으로 이 '물건'을 만들었다는 해석을 뒷받침하는 충분한 증거가 될 수 있다.

화석은 인간의 힘이 개입되지 않은 채, 오로지 자연만의 작용에 의해 기록된 세월이다. 그러나 「빌렌도르프의 비너스」는 자연적으로 만들어지지 않았다. 누군가가 '일부러' 만들었다. 이것은 인공물이다. 예술을 뜻하는 독일어 쿤스트^{Kunst}와 영어 아트^{Art}가 인간이 무엇을 만드는 기술이라는 단어에서 유래했다는 점을 생각하면, 이 물건은 아주 오래된 인공물/쿤스트/아트임에 분명하다.

「빌렌도르프의 비너스」에 적합한 현대의 장소는 어디일까? 「빌렌도르프의 비너스」가 자연사박물관에 전시된다면 자연사의 종말, 즉 인간은 자연의 일부였으나 이 자연을 지배하고 대상화하기 시작하면서 자연사와 인간사가 분리되었다는 알레고리로 의미를 지닐 수 있을 것이다. 만약 「빌렌도르프의 비너스」를 건너편 미술사박물관으로 옮긴다면, 자연사박물관에서처럼 마지막 전시실이 아니라 첫번째 전시실이 마땅한 장소일 것이다. 인간이 자연으로부터 분리되었기에 동물과 구별되는 독특한 인간다움이 시작된 첫번째 증거로 「빌렌도르프의 비너스」가 제시될 수 있기 때문이다. 인간사와 자연사를 구별하는 핵심 기준이 예술^{Kunst}이라면, 「빌렌도르프의 비너스」는 그 경계에 있다.

「빌렌도르프의 비너스」보다 더 오래전인 기원전 4만 5천년의 시간을 기록한 '물건'이 또 발견되었다. 1937년 현재의 독일 홀렌슈타인-슈타델^{Hohlenstein-Stadel}에서 100여개가 넘는 맘모스 상아 조각이 발견되었다. 그 이후 조각난 상태로 상자에 갇혀 있던 그 흔적에 야오킴 한^{Joachim Hahn}이 관심을 기울였다. 그는 조각 맞추기를 시작했다. 1969년에 시작한 조각 맞추기는 2011년 추가 조각이 발견되면서 2013년에 마무리되었다. 44년에 걸친 퍼즐 맞추기의 결과, 기원전 4만년의 호모 사피엔스가 남긴 인공물^{Kunst}이 사자의 형상이었음이 드러났다. 높이 31.1cm, 폭 5.6cm, 두께 5.9cm 크기의 그 '물건'에 현대의 호모 사피엔스는 「사자인간」^{Löwenmensch}이라는 이름을 붙였다.

나는 자연사박물관에서 「빌렌도르프의 비너스」 모조품을 샀다. 실물 크기 그대로다. 지금은 서울의 내 서재에 놓여 있다. 모조품 「빌렌도르프의 비너스」는 매일 나에게 질문을 던진다. 나는 아주 오래전 그 누군가가 남긴 '물건'과 마주하고 있다. 「빌렌도르프의

빌렌도르프의 비너스 원본(좌)과 필자 서재의 모조품(우)

비너스」와 「사자인간」 모두 손쉽게 만들 수 있는 물건이 아니다. 맘모스의 상아는 지금의 코끼리 상아만큼이나 다루기 쉽지 않은 재료다. 기원전 4만년 어떤 사람은 맘모스의 상아를 조각했다. 기원전 2만 8천년 또다른 누구는 석회암을 깎았다. 의도한 형상을 만들기 위해서 맘모스 상아만큼이나 꽤나 인내하며 시간을 들였을 것이다. 우리는 그들이 남긴 메시지를 해독해야 한다. 「사자인간」과 「빌렌도르프의 비너스」 형상은 우리에게 수수께끼처럼 내던져졌는데, 우리는 그 형상이 놓여 있던 맥락을 알 수 없다. 맥락없이 돌연 후대의 호모 사피엔스의 지적 능력을 테스트라도 하려는 듯 남겨진 수수께끼를 풀기 위해서는 다른 접근이 필요하다. 다행히 비록 희미하다 해도 수수께끼를 풀 수 있는 단서가 있다. 그것은 동굴이다.

사자인간

아이의 눈에만 소 그림이 보였다

스페인 북부의 칸타브리아^{Cantabria} 지역. 이곳에 대한 지리적 감각이 없다면 빌바오 구겐하임으로 유명한 바스크 지역의 빌바오 서쪽이라고 짐작하면 된다. 북쪽으로는 대서양이 있고 남쪽으로 내려가면 산악지대가 펼쳐진다. 1868년, 이 지역의 어느 사냥꾼이 산틸라나 델 마르^{Santillana del Mar} 근처의 석회암 구릉지대에서 작은 구멍을 발견했는데 다들 이 구멍에 관심이 없었다. 레오신^{Reocin} 근처에 살던 귀족 신분의 아마추어 고고학자 마르셀리노 산스 데 사우투올라^{Marcelino Sanz de Sautuola}도 사냥꾼에게 구멍에 대해 들었지만 다른 사람들처럼 그리 신경쓰지 않았다.

1878년 그는 파리의 만국박람회 구경을 갔다. 거기서 에두아르 피에트^{Édouard Piette}라는 프랑스의 저명한 고고학자를 만났고 그로부터 후기구석기 시대의 동굴 탐험에 대한 이야기를 들었다. 그때야 사냥꾼이 말했던 구멍이 떠올랐다. 스페인으로 돌아간 그는 발견된 이후 아무도 신경쓰지 않던 구멍에서 동굴 발굴을 시작했다. 구멍이 있다는 사실이 알려진 지 10여년이 지난 후였다. 구멍을 파헤치니 정말로 동굴이 나타났고 그 동굴에서 석기와 동물 뼈 등이 발견되었다. 동굴 발굴 현장에 그의 딸도 함께 있었다. 발굴에 한참 몰두하는 동안, 딸 마리아는 자기만의 방식으로 동굴을 탐험했다. 어린아이는 가끔 성인의 눈에 보이지 않는 것을 찾아내곤 한다. 게다가 어린아이의 작은 몸집은 동굴처럼 좁은 곳에서는 오히려 유리하다. 마리아는 아버지가 동굴 발굴에 정신이 팔려 있는 사이 동굴의 이곳저곳을 탐험하기 시작했다. 그러다 갑자기 마리아가 소리쳤다. "아빠! 여기봐! 소가 있어!"[2] 1879년의 호모 사피엔스는 인류의 조상이 남긴 흔적과 드디어 조우했다. 알타미라는 이렇게 처음 우리에게 말을 걸었다. 동굴의 존재는 사냥꾼이 알아냈고, 마르셀리노 산스 데 사우투올라는 동굴을 탐험했지만, 그려진 소를 발견한 사람은 어린아이 마리아다.

그러나 1879년의 호모 사피엔스는 알타미라에 제대로 응답하지 못했다. 전문가조차도 알타미라의 벽화가 선사시대의 것임을 믿지 않았다. 왜냐하면 선사시대의 호모 사피엔스는 야만적인 존재에 불과하다고 생각하는 사람에게 알타미라의 흔적은 조작에 가까워 보일 정도로 상상의 범위를 뛰어넘었기 때문이다. 마르셀리노는 벽화를 조작한 사기꾼으로 몰렸다.

그런데 알타미라가 우리에게 말을 걸자 구석기 시대의 흔적을 담은 타임캡슐이 연쇄적으로 열리기 시작했다. 1895년 라 무트[La Mouthe] 동굴이 프랑스의 레제지[Les Eyzies] 지역에서 발굴되었다. 이어 1896년엔 프랑스 남쪽에서 레콩바렐[Les Combarelles]이, 1901년에는 레콩바렐 근처에서 퐁-드-곰[Font-de-Gaume]이 발견되었다. 연이어 선사시대의 동굴이 발견되면서 마르셀리노는 사기꾼 혐의에서 벗어났다. 알타미라를 사기라고 몰아붙였던 고고학자 역시 자신의 오류를 인정했고 마르셀리노에게 사과하려 했으나, 그는 이미 세상을 뜬 후였다.

---

2. Bruno David, *Cave Art*, Thanes & Hudson, 2017, p.19.

동굴을 발굴한 사우투올라와 벽화를 찾아낸 그의 딸 마리아, 발굴 당시의 모습

1879년의 발견은 시작에 불과했다. 마치 시간을 거꾸로 거슬러 올라가는 법칙이라도 있는 것처럼 기원전 2만년 알타미라의 시간이 현대에 모습을 드러내자, 우리를 그것보다 더 오래된 시간으로 초대하는 동굴이 속속 모습을 드러냈다.

시골의 아이들은 심심하다

몽티냑Montinac은 프랑스 남부 도르도뉴 지방의 어느 작은 마을이다. 한창 호기심이 많은 청소년기에 도달한 사람에게 작은 마을은 지루할 수 있다. 마르셀 라비다^{Marcel Ravidat, 17세}, 조르주 아녈^{Georges Agnel, 16세}, 자크 마르살^{Jacques Marsal, 15세}, 시몬 쿠엥카^{Simon Coencas, 15세}는 몽티냑에 살고 있었다. 인터넷이 없던 시대, 시골에 사는 10대는 스스로 놀거리를 발명해야 했다. 이들에게 최고의 놀이터는 몽티냑의 들판이었다.

석회암 지대인 베제르 계곡 주변에는 땅이 꺼진 구멍이 워낙 많아서, 구멍 자체로는 누구의 관심도 끌지 못했다. 동네 사람들은 1차 세계대전 이전부터 들판에 있는 구멍의 존재를 알고 있었지만 특별하게 생각하지 않았다. 여우굴이나 토끼굴이라 여기고 그냥 지나쳤다.

1940년 9월 8일이었다. 몽티냑에 살고 있던 마르셀은 자신의 개 로보^{Robot}가 컹컹 짖으며 그 '구멍' 속으로 사라지자 개를 따라 들어가보기로 했다. 시골의 10대 소년들은 시간에 쫓길 이유가 없다. 중년의 배불뚝이 몸매도 아니었기에 좁은 구멍을 통해 안으로 들어가는 게 가능했고, 호기심이 두려움보다 큰 나이였기에 서슴없이 모험을 감행할 수 있었다. 그중 하나인 마르셀은 좁은 입구에서 낮은 포복으로 10미터를 기어간 끝에 컴컴한 수직 절벽을 감지했다. 돌을 던져봤다. 한참 후에야 돌이 바닥에 떨어지는 소리가 들렸다. 아무 준비 없이 들어갈 수는 없었다. 라스코 영주의 저택에 아무도 모르는 지하 비밀통로가 있다는 소문을 몽티냑 사람들은 믿고 있었는데, 마르셀은 수직 절벽 아래 그 비밀통로가 있을지 모른다고 생각했다. 사흘 후인 9월 12일과 13일에 걸쳐 라스코 영주 저택으로 가는 비밀통로를 찾고 싶었던 그들은 비밀통로 대신 동굴벽화로 가득 찬 거대한 동굴을 발견했다.[3] 지금 그곳을 우리는 라스코^{Lascaux} 동굴이라 부른다.

성인의 관습을 완전히 사회화하지 않은 시기의 이 소년들. 주변에 호기심의 촉수를 들이댈 수 있을 만큼 충분한 시간이 부여된 소년들. 관습의 안경을 아직 쓰지 않은, 여전히 어린아이의 호기심을 유지한 그들. 동물과 미메시스적 교류의 가능성을 여전히 간직하고 있는 그들이 우리를 인류의 조상과 만날 수 있도록 이끌었다. 먹고살기에 바쁜 성인, 어떤 행동을 하려면 합당한 이유가 있어야만 하는 성인이라면 여우굴처럼 생긴 굴속으로 들어갈 생각을 아예 하지 않았을 것이다. 이것은 능력의 차이라기보다 관점의 차이다. 성인의 눈에는 그 구멍이 사실상 보이지 않는다. 하지만 아직 소년의 티를 벗지 못한 이들은 달랐다. 그들은 심심하고 지루하다. 넓은 들판에서 왜 그 짓을 해야 하는지 이유를 대지 않고도 시간을 보낼 수 있다. 라스코의 입구가 되었던 구멍의 존재를 이 소년만 알고 있었던 것은 아니다. 몽티냑 사람이라면 다 알고 있었다. 단지 그들은 여우굴이라 간주할 뿐, 그 구멍이 우리를 예상하지 못한 신비로운 세계로 이끌게 되리라는 기대를 하지 않았던 것이다. 하지만 아직 성인의 세계로 접어들지 않은 그들은 달랐다. 그들은 라스코 영주의 저택으로 가는 비밀통로를 찾고 싶었다. 무수히 많은 성장소설의 주인공처럼, 그들은 몽티냑의 톰 소여이자 허클베리 핀이었다.

라스코 발견 당시에 찍힌 그들의 표정을 보면 그들이 왜 그 구멍

3. Mario Ruspoli, *The Cave of Lascaux*, Harry M. Abrams, 1986, p.188.

으로 기어들어갔는지 짐작할 수 있다. '호기심'이라는 단어 이외에 그들의 행동을 설명할 수 있는 방법은 없다. 잔뜩 긴장한 성인의 표정과 대조적으로 그들의 표정에는 모험과 도전, 호기심이 탑재되어 있다. 아마 그들이 조금이라도 나이를 더 먹었다면, 그래서 세상을 호기심과 발견의 눈으로 바라보는 시선이 연륜으로 변질되었다면 그들은 노인이 될 때까지 몽티냑에 살았다 하더라도 라스코를 발견하지 못했을 것이다. 1948년 7월 14일, 서둘러 일반에게 공개되고 관광의 대상이 되자 라스코로부터 넉넉하게 잡으면 1만 7천년 후의 벽화는 오염되기 시작했다. 1만 7천년 전의 라스코인은 1만 7천년 후의 대중관광을 예상하지 못했다. 수용 가능한 범위를 넘어서자, 동굴은 인간이 내뿜는 숨 때문에 위험에 처해졌고 1963년 4월 20일 이후 다시 봉인되었다. 지금 우리는 그 라스코 벽화를 사진으로만 볼 수 있을 뿐이다.

아이들은 어른이 간과하는 것에 주목한다

알타미라와 라스코의 발견이 모두 어린아이와 관계있다는 사실은 다만 우연일까? 단순한 우연으로 취급하기에는 부족하다. 계몽을 어린아이가 성인이 되는 과정으로 비유하기 시작한 이래, 어린아이는 미완성, 미성숙과 동일한 뜻이 되었다. 이 관점을 유지하는 한, 우리는 어린아이가 갖고 있었으나 성인이 되는 과정 혹은 계몽되는 과정에서 잃어버린 능력이 있음을 깨닫지 못한다. 알타미라

라스코 발견의 주역들. 오른쪽부터 야넬, 마르살, 라비다

와 라스코로 가는 길을 모두 미성숙한 존재가 열었다. 그들은 성인
이 보지 못했던 것을 볼 수 있는 능력을 지녔다.

발터 벤야민^{Walter Benjamin}은 어린아이에게 폐기물에 끌리는 성향
이 있음을 간파했다. 폐기물은 성인의 눈으로 보면 쓰레기다. 어떤
대상을 쓸모없는 폐기물로 간주하는 한, 그 폐기물에서 어떠한 것
도 발견하지 못한다. 하지만 어린아이는 폐기물을 대하는 태도가
다르다. "특이하게도 아이들에게는 뭔가를 만드는 작업장을 찾아
가는 성향이 있다. 아이들은 건축, 정원일 혹은 가사일, 재단이나
목공일에서 생기는 폐기물에 끌린다. 바로 이 폐기물에서 아이들
은 사물의 세계가 바로 자신들을 향해, 오로지 자신들에게만 보여
주는 얼굴을 알아본다. 폐기물을 가지고 아이들은 어른의 작품을

모방하기보다는 아주 이질적인 재료들로 무언가를 만들어내는 놀이를 통해 그 재료들을 어떤 새롭고 비약적인 관계 안에 집어넣는다."[4]

아빠 마르셀리노가 동굴을 발굴하는 노동을 하는 동안 어린 딸 마리아는 동굴이라는 폐기물 속에서 폐기물과 놀이를 했고 그 폐기물을 "새롭고 비약적인 관계" 속으로 밀어넣었다. 몽티냐의 아이들도 들에서 농사짓고 사냥하는 노동에 지쳐 그 속을 궁금해하지 않던 성인들과 달랐다. 강아지 '로보'와의 '교감' 능력이 비상한 아이들은 로보의 컹컹거림을 "새롭고 비약적인 관계"를 알리는 신호로 해석할 수 있었다. 이리보면 성인이 되는 과정은 어린아이의 결핍을 채워가는 과정일 뿐만 아니라 어린아이만의 능력을 상실해가는 과정이라고 이야기할 수도 있을 것이다.

물론 모든 성인이 어른이 되면서 어린아이의 능력을 전부 상실하는 것은 아니다. 대부분의 성인과는 달리, 어린아이의 능력을 간직한 이들은 다소 특이한 존재가 된다. 이들은 행동의 쓸모를 우선시하는 성인과 달리 자신의 행동을 경제적 유용성으로만 해석하지 않는다. 성인이 되었어도 어린아이의 능력을 잃어버리지 않는 사람이 있다. 그들은 특별하다.

잘사는 사람이 되고 싶지는 않다. 힘이 센 사람도 원하지 않는다. 하지만 특별한 사람은 되고 싶다. 평범한 사람은 되고 싶지 않다. 잘살아서, 권력을 얻어서, 남다른 지위를 누려서 특별한 게 아니고, 빼어난 외모와 몸매를 물려받아서 특별한 게 아닌, 내면에 품은 뜻

---

4. 발터 벤야민, 김영옥·윤미애·최성만 옮김, 『일방통행로. 사유이미지』, 길, 2007, 80쪽.

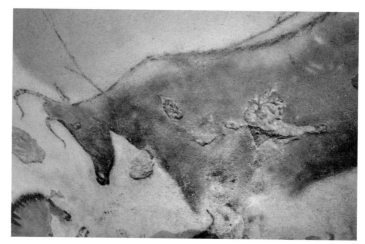

과 지향하는 가치와 인간적 고상함과 품격을 느낄 수 있기에 특별한 사람. 내가 되고 싶은 특별한 사람은 바로 그런 사람이다.

아이의 능력을 잃지 않은 어른도 있다

2019년 6월 파리 드골공항에 도착했다. 드골공항에서 TGV를 타고 리옹으로 향했다. 프랑스 제3의 도시, 흔히 미식의 도시로 알려졌지만 리옹은 내겐 특별한 사람을 만나러 가는 베이스캠프라는 의미에 더 가까웠다. 리옹에서 자동차를 빌렸다. 목적지는 리옹으로부터 자동차로 2시간 가량 떨어진 아르데슈^{Ardèche} 주이다. 론^{Rhone} 강을 따라 남쪽으로 이어진 고속도로를 타다가 아비뇽에 도달하기 전 국도로 빠져 아르데슈 강의 협곡을 따라간다. 점점 고도

가 높아지고 주변 풍경은 황량해진다. 이곳은 석회암 지대다. 아름드리나무는 찾기 힘들다. 이곳으로 여름휴가를 온 사람의 통상 목적지는 퐁 다르크^{Pont d'Arc}이다.

암석은 단단하다. 물은 흐른다. 서로 다른 성질을 지닌 암석과 물이 만나면 지구의 표면에 세월을 새긴다. 특히나 석회암은 시간을 새기기에 너무 좋은 석판이고, 물은 그 빈 석판에 시간을 기록하기에 안성맞춤의 도구다. 석회암과 물이 만나 수만년의 시간이 흐르면 단단한 돌도 무른 성질로 변한다. 암석보다 시간은 더 강하다. 본래 아르데슈 강은 퐁 다르크의 암석에 부딪혀 우회했다. 퐁 다르크 주변의 암석이 바람과 물에 수만년 동안 부딪히자, 마침내 석회암에 물이 흐를 수 있는 구멍이 생겼다. 물이 그 구멍으로 흐르기 시작하면서 점점 그 구멍은 커졌다. 그리하여 마침내 그 구멍은 다리의 모습을 닮은 거대한 아치를 빚었다. 우리가 알고 있는 퐁 다르크는 그렇게 만들어졌다. 아르데슈 협곡 주변 석회암 지대엔 퐁 다르크처럼 암석이 물에 녹아 생성된 석회동굴들이 곳곳에 숨어 있다.

라스코를 발견했던 마르셀은 어떤 사람이 되었을까? 혹 그는 그 시절의 호기심을 호구지책의 엄중함과 바꾸었을까? 그리하여 그저 그런 생활인이 되었을까? 아니면 그 시절의 호기심과 용기를 잃지 않은 특별한 사람이 되었을까? 알려진 바에 따르면 그는 평생을 라스코와 함께했다고 한다. 마르셀 라비다는 라스코 동굴의 관리인이자 가이드로 활동하다가, 라스코가 최종적으로 폐쇄된 이후 몽티냑에서 방앗간을 운영하던 중 1995년 3월 72세의 나

퐁 다르크. 석회암이 물에 녹아 만들어진 절경

이에 심장병으로 사망했다고 한다. 1986년에 라스코 4인방이 찍은 기념사진을 보면, 이들은 나이를 먹고도 여전히 그 시절의 호기심을 잃지 않은 듯하다.

1940년 9월 8일 몽티냑에 라스코 4인방이 있었다면, 1994년 12월 18일 아르데슈에는 호기심 3총사가 있었다. 장-마리 쇼베Jean-Marie Chauvet, 엘리에트 브뤼넬Éliette Brunel Deschamps, 크리스티앙 일레르Christian Hillaire는 봉인된 입구를 찾는 동굴탐험가다.

지구는 고정된 물체가 아니다. 세월이 지나면 지형이 바뀐다. 지구는 유기체를 닮았다. 지구는 움직인다. 숨을 쉬기도 한다. 지구는 핵에 담고 있는 것을 표면으로 뱉어내기도 한다. 인간은 지구의 표면에 살고 있다. 그 사실이 중요하다. 인간은 지구에 거주하고 있지만, 인간의 거주지는 지구의 표면에 한정되어 있다. 지구가 재채기라도 하면서 표면 밑의 물질을 뱉어내면 인간이 살고 있는 지

알타미라, 라스코, 쇼베 동굴의 위치.

형이 바뀐다. 없던 주름이 생기기도 하고, 있던 주름이 사라지기도
하며, 매끈한 표면에 균열이 생기면서 울퉁불퉁해지기도 한다.

아르데슈 강 주변, 퐁 다르크가 내려다 보이는 에스트레^{Estré} 협
곡 주변은 발견되지 않은 석회동굴이 많은 곳이다. 세월이 흐르면
서 동굴은 세상을 향한 입구를 봉인해버리기도 한다. 뒤늦게 나타
난 인간, 표면만을 알고 있는 인간은 입구를 스스로 봉인해버린 동
굴의 존재를 알지 못한다. 동굴탐험가는 봉인된 입구를 찾는 특별
한 사람들이다.

동굴을 발견하기 위해서는 섬세한 관찰력과 집중력이 필요하
다. 봉쇄된 동굴은 지구의 표면에 거의 눈에 띄지 않는 실마리만을
남겨놓고 있다. 크리스티앙과 엘리에트는 수년 전부터 에스트레
협곡 일대에서 동굴을 찾고 있었다. 1993년부터 1994년 사이에 그

들은 퐁 다르크 주변의 에스트레 협곡을 이미 탐사한 바 있다. 그들은 그 협곡을 잘 알고 있었다. 1993년에 플랑샤르^{Planchard} 동굴을 발견했고 1994년엔 샤르마송^{Charmasson} 동굴을 발견했는데, 플랑샤르 동굴에서는 비너스 형상을, 샤르마송에서는 인류조상의 발자국을 발견했다. 이론적으로는 에스트레 협곡에 입구를 감춘 동굴이 있을 가능성이 매우 높았다.

크리스티앙과 엘리에트 팀에 1994년 쇼베가 합류했다. 기존의 두 사람은 에스트레 협곡이 처음이 아니었기에 협곡을 잘 안다고 생각했지만 쇼베는 그렇지 않았다. 동굴탐사는 약간의 육감과 희미한 흔적을 실마리 삼아 진행된다. 표면에서는 보이지 않지만, 지구의 깊은 곳에 비어 있는 공간 즉 동굴이 있다면 땀구멍처럼 미세한 표면의 구멍을 통해 바람의 변화가 느껴진다. 바람의 변화는 동굴탐험대에게 매우 소중한 실마리다. 동굴탐험대는 뭔가 있을 것으로 추정되는 지점의 작은 구멍 앞에 모기향을 피운다. 그리고 모기향 연기의 흐름을 관찰한다. 연기가 한 방향으로 움직인다면 지하에 동굴이 있을 가능성이 높다는 뜻이다. 하지만 어느 지역을 탐사할지는 우연에 의해 결정된다.

크리스마스를 얼마 앞둔 1994년 12월 18일도 그랬다. 3총사는 동굴탐험에 나섰지만 어느 곳으로 갈지는 결정하지 못한 상태였다. 쇼베는 쉼터 쪽으로 가자고 제안했다. 크리스티앙과 엘리에트는 반대했다. 두 사람이 이미 발견한 샤르마송 동굴과 플랑샤르 동굴로부터 30미터 거리에 동굴탐험대에게 잘 알려진 그 쉼터가 있었다. 크리스티앙과 엘리에트도 그곳을 알고 있었다. 쇼베가 그 쉼터 부근을 탐험하자고 제안하니 두 사람은 난색을 표했다. 1994년 봄 크리스티앙과 엘리에트는 이미 쉼터 주변을 탐색했지만 동굴의 입구를 찾아내지 못했기 때문이다. 그들의 판단으론 다른 동굴이 있을 가능성은 희박해 보였다. 그러나 쇼베는 고집했고, 그 둘은 쇼베의 고집을 꺾지 못했다. 12월 18일 오후 그들은 퐁 다르크 주변에 주차하고 에스트레 협곡의 중간 절벽으로 갔다.[5]

삼총사는 봄에 탐색했던 그곳을 다시 탐색하기 시작했다. 어느 때처럼 모기향을 피우고 하얀 연기의 흐름에 주목했다. 그날 모기향 연기는 그들에게 어떤 한 방향을 지시했다. 연기가 지시하는 곳에서 그들은 작은 구멍을 발견했다. 협곡의 절벽에서 작은 구멍을 발견했다면 우리는 어떻게 행동할까? 보통은 그냥 지나칠 것이다. 기어서, 그것도 애를 써야 경우 몸뚱이가 들어갈 정도의 작은 입구, 그 속에 무엇이 있는지도 전혀 알 수 없는 입구, 그 입구에 머리를 집어넣고 미지의 지구 안쪽을 향해 기어 들어가기 위해서는 물론 근육의 힘도 필요하지만 그것보다 정신력과 희망 그리고 광기라고 해도 지나치지 않을 집념이 필요하다. 크리스티앙이 그 임무를 맡았다. 머리를 들이밀고 인간의 몸을 허락하지 않는 듯한 작은 구멍으로 몸뚱이를 집어넣었고 중간에 입구가 너무 작아 앞으로 갈 수 없으면 주변을 파헤치면서 조금씩 조금씩 앞으로 나아갔다. 근육 통증이라도 생기면 어떻게 될지 전혀 예측할 수 없는 상황에서 10미터 정도의 통로를 통과한 끝에 갑자기 규모를 알 수 없

---

5. Éliette Brunel·Jean-Marie Chauvet·Christian Hillaire, *The Discovery of the Chauvet-Pont D'Arc Cave*, Equinoxe, 2014에 근거하여 재구성.

아르데슈 강과 동굴이 발견된 에스트레 협곡

는 큰 공간을 만났다. 이때 동굴탐험가는 "야호!"라고 소리지른다. "야호!"의 메아리가 알 수 없는 공간의 크기를 짐작할 수 있게 해준다. 그날 그의 "야호!" 소리는 깊고 멀리 공명했다. 깊고 먼 공간이 저편 어둠 속에 있다는 뜻이다.

큰 기대 없이 나섰던 탐험길이라 장비가 부족했다. 깊고 먼 저 공간으로 가기 위해서는 일단 후퇴를 해야 했다. 다시 차로 돌아와 그들은 사다리와 다른 장비를 챙겼다. 이미 늦은 시간이었으나, 크리스마스를 앞두었기에 모두의 시간이 허락되는 날은 그날뿐이었다. 그들은 장비를 챙겨 다시 협곡의 절벽으로 갔다. 다시 10미터에 달하는 좁은 통로를 기어들어가 사다리를 설치하고 깊고 멀고 어두운 그곳으로 내려갔다. 이후 그들은 엘리에트 브뤼넬의 이름을 따서 '브뤼넬 방'이라 부르는 곳에 도착했다.

문자 이전의 호모 사피엔스가 남긴 흔적이 드러났다

동굴 내부는 상상 외로 컸다. 퐁 다르크처럼 물과 석회암이 만나 빚어낸 엄청난 동굴 속에서 시간의 길이를 보여주는 수많은 종유석을 만났다. 동굴은 생각보다 깊었다. 브뤼넬 방 안쪽으로 헤드랜턴에 의지해 그들은 한발 한발 동굴을 훼손하지 않으려고 조심스레 걸어들어갔다. 좁은 틈 안으로 더 들어가자 엄청나게 큰 공간이 또 모습을 드러냈다. 가로 46미터 세로 70미터에 이르는 거대한 공간이다. 곳곳에서 곰의 뼈가 발견되었다. 맙소사. 그곳은 곰이 동면하던 굴이었다. 후에 이 두번째 거대한 방은 '곰의 방'이라 불린다.

곰의 방에서 더 안쪽으로 들어가자 엘리에트가 소리쳤다. "그들이 여기 있었어!" 삼총사는 '그들'이 누구를 의미하는지 곧 알아챘다. 황토로 석회암 벽에 그은 두 개의 수직선, 바로 '그들'이 여기 있었음을 의미하는 흔적이었다. 그렇다. 삼총사가 선사시대의 문을 열었음을 알려주는 신호였다. 연달아 그들이 남긴 흔적이 발견되었다. 희미하게 남아 있는 작은 맘모스 그림과 곰 그림이 그들에게 인사했다. 그러나 배터리가 방전될까봐 돌아가야 했다. 돌아가는 길에 그들은 곤충 그림, 새 그림, 물소 그림을 발견했다. 헤드랜턴만으로 동굴 내부를 제대로 살피기에는 부족했는데도 그들이 몸을 돌리기만 하면 표범과 하이에나, 산악지방 염소인 아이벡스가 등장했다. 배터리 방전으로 헤드램프는 점점 희미해졌지만 최

동굴 입구가 있는 아브라함 바위

초의 입구로 되돌아오는 길에 삼총사는 황토 점으로 그려진 물소
까지 발견했다.

탐험을 멈출 수 없었다. 배터리를 챙겨 그들은 다시 그곳으로 갔
다. 새로운 것이 발견되었다. '그들'이 여기에 있었음을 확실하게
증명하는 핸드프린팅, 이렇게 기원전 3만 7천년의 호모 사피엔스
는 1994년의 호모 사피엔스에게 인사했다. 쇼베의 시간 지층은 기
원전 2만 5천년의 빌렌도르프보다, 기원전 1만 5천년 경의 라스코
보다 더 깊다. 저 핸드프린팅은 기원전 3만 7천년으로 우리를 안내
하는 초대장이다.

황토로 그린 그림이 있는 방을 지나 동굴 더 깊은 곳으로 들어가
면서 그들은 돌연 숯으로 그린 그림이 있는 방을 발견했다. '일레

르 방'에서는 말의 패널이, 동굴의 가장 '끝방'에서는 사자 패널이 발견되었다. 동굴의 더 안쪽으로 들어가면서 황토색의 그림이 흑색으로 변할수록 선사시대에 만들어진 그림이라고는 믿을 수 없을 정도로 완성도가 높은 벽화가 줄지어 발견되었다. 그곳은 맘모스, 곰, 곤충, 새, 코뿔소, 숫사슴, 아이벡스, 들소, 말, 부엉이, 표범, 사자와 하이에나에 이르기까지 15종류의 동물 그림을 무려 1천여 종이나 품고 있는 기원전 3만 7천년의 미술관이었다. 아르데슈 삼총사는 단순히 오래된 동굴을 발견한 게 아니라, 호모 사피엔스가 예술의 옹알이를 하기 시작한 바로 그 순간의 가치 있는 현장을 발견해냈다.

기원전 3만 7천년의 호모 루덴스를 만나다

음화기법으로 만들어진 기원전 3만 7천년의 손바닥 도장을 인터넷에서 처음 보자마자 사진이었음에도 불구하고 나는 전율을 느꼈다. 그리고 그곳에 가야겠다는 생각을 했다. 물론 그곳은 1995년 1월 다시 봉인되었다. 관광객에 의한 라스코 벽화의 훼손에서 얻은 교훈 때문이다. 1995년 1월 쇼베 동굴이 영구 폐쇄된 이후, 과학자들과 예술가들의 협업으로 동굴의 모형이 완성되었다. 쇼베 동굴벽화를 본래 동굴의 환경 속에서 관람할 수 있도록 동굴을 3D 프린터로 복제하여 실물 크기의 동굴을 만들었고 쇼베의 벽화를 모조 동굴 속에 재현했다. 2015년 이후 현대의 호모 사피엔스는

쇼베 동굴의 손바닥 두 장

기원전 3만 7천년의 호모 사피엔스를 퐁 다르크에서 그리 멀지 않
은 아르데슈 계곡의 구릉지에 만든 「쇼베 동굴 2」^{Grotte Chauvet}에서
만날 수 있다.

　리옹에서 차로 두어 시간을 달려 현대의 쇼베 동굴 속으로 들어
갔다. 들어가자마자 동굴 냄새가 난다. 동굴의 한기도 느껴진다.
설명에 따르면 동굴의 본래 환경을 그대로 느낄 수 있도록 냄새와
온도까지 완벽하게 재현하고자 했다고 한다. 동굴에 들어오자마
자 바로 이곳이 모조 동굴이라는 사실을 잊을 정도로 완벽하게 동
굴의 환경이 재현되었다. 지구의 반대편에서 기원전 3만 7천년의
동굴이 보낸 초대장을 받은 나는 그 동굴 속에서 바벨탑 이전의 우
리의 조상에 대해 생각했다. 그리고 그들이 텍스트가 아니라 형상
으로 남긴 메시지를 해독하고자 했다. 근거는 없지만 나는 이곳이
바벨탑 이전의 현장이라고 간절한 소망을 담아 간주하기로 한다.

그 동굴을 걸으며 생각한다. 내게 초대장을 보낸 그들은 누구인가? 그들은 내게 무슨 말을 걸고 싶었던 것일까?

자주 사용되지 않는 단어 '혈거'^{穴居}의 장소에 지금 우리는 있다. 인간만이 독점적으로 사용하던 장소는 아니다. 여기엔 인간의 흔적과 동물의 흔적이 공존한다. 곰은 여기에서 동면을 했고, 무르디무른 벽에 발로 할퀸 흔적을 남겼으며, 죽음 후엔 뼈로 자신의 흔적을 남겼다. 곰이 동면을 한다는 사실을 알고 있었을 그들은 곰이 이 장소에 없는 틈을 노렸을 것이다. 그들은 '생각'을 하고 있었다. 그들은 이미 우리처럼 한 가지 실마리로 무엇인가를 추론할 수 있는 능력을 갖고 있었다.

그들은 아직 문자를 발명하지 못했다. 그래서 그들은 흔적을 텍스트로 남기지 않았다. 그들에게 쇼베가 어떤 곳이었는지를 파악하기 위해서는 곰이 동굴을 동면의 장소로 삼았음을 짐작했던 그들과 우리의 공통 능력인 추론이 필요하다. 이제 우리는 추론을 시작한다.

동굴 속에서 '왜'라는 질문을 당연히 떠올렸다. 왜 동굴이었을까? 왜 짐승의 그림이었을까? 왜 이리도 동굴의 깊은 곳에 걸작을 숨겨둔 것일까? 그 어느 것도 만족스러운 설명이 없다. 어찌보면 당연하기도 하다. 하나의 도식이나 하나의 이론으로 동굴벽화의 모든 것이 설명될 수 있다면, 오히려 허무하다. 동굴벽화를 마주한 사람은 이 그림을 온전히 설명하고 싶지만, 이 벽화를 온전히 설명할 수 없음은 인간의 한계에 대한 증거라기보다 후세대에게 남겨진 일종의 수수께끼로 받아들여진다. 우리는 지금 수수께끼 앞에 있다.

바타유$^{\text{G. Bataille}}$는 라스코 동굴 앞에서 인류의 풍요와 예술의 시작을 그리스에서 찾는 관점이 협소하다고 비판했는데, 만약 그가 쇼베의 동굴에 왔다면 글을 다시 썼을 것이다. 인류는 유인원과 구별되지 않을 정도로 야만적이던 과거가 있었다. 그러나 문명의 진보를 거듭하면서 현재 상태에 도달했다고 굳게 믿는 사람은 쇼베의 동굴 속에서 혼란을 겪는다. 현대의 인류가 문명적인 만큼 기원전 3만 7천년의 인류는 야만적일 것이라는 믿음도 여기서 흔들린다. 문명은 현재의 것이며 야만은 과거의 것이라는 고정관념 역시 쇼베 동굴에서는 설 곳이 없다.

시작은 단순하고 원시적인 황토로 그려졌지만, 쇼베의 안쪽으로 들어갈수록 관람객들은 시간의 깊이 때문이 아니라 벽화를 그린 그 누군가의 솜씨와 안목과 재능에 압도된다. 황토색으로 그려진 그림을 보는 현대인이라면 마음속으로 "그럼 그렇지" "하지만 신기하네" "나보다 못 그리네" 정도의 생각을 하다가도, 일레르 방의 「말 패널」을 육안으로 마주치면 설명할 수 없는 지독한 혼란에 빠진다.

우리가 알고 있는 원시인에 대한 선입견은 붕괴된다. 석회암 표면의 성질을 잘 파악했던 듯, 말 그림이 그려진 석회암의 어느 부분은 일부러 벽을 긁어냈다. 흰 바탕일수록 그림의 명암 효과가 잘 부각된다는 것을 알고 있었던 것이다. 이 그림을 그린 사람은 명암으로 말의 역동성을 표현하겠다는 의도를 이미 머릿속에서 생각했고, 그 의도를 구현할 수 있는 수단도 제대로 찾아낸 셈이다.

말 패널의 동물들

　앉아서 그렸을 법한 높이에 그 사람은 서로 싸우는 코뿔소를 먼저 그렸다. 이 벽화에서 가장 눈에 띄는 말은 가장 마지막에 그린 것으로 추정된다. 다른 동물 묘사에 비해 말의 묘사는 두드러진다. 명암을 사용하여 말의 특징을 가장 적합하게 표현했다. 말의 눈과 살짝 벌어진 입은 너무나 생생하다. 말 4마리를 겹쳐 그림으로써 마치 여러 마리의 말이 어디론가 달려가는 듯한 역동성까지 느껴진다. 이 그림을 그린 사람은 우리가 막연하게 생각하는 원시인이 아니다. 움푹 들어간 곳에는 교미를 하는 두 마리의 사자를 그려넣었다. 교미 중인 수컷은 암컷 엉덩이에 코를 대고 냄새를 맡는 듯한 자세로 그려졌다. 이 단순하고 거침없는 검은 선만으로 이 사람은 동물세계의 파노라마를 재현했다. 전체를 구상할 수 있는 능력,

전체와 부분이 빚어내는 상호 효과에 대한 파악이 없다면 도저히 그려낼 수 없는 그림이다. 어찌 이 사람을 우리가 감히 원시인이라는 표상으로 축소할 있겠는가!

일레르 방에서 끝나지 않는다. 쇼베의 가장 깊은 곳인 이른바 끝방에 또다른 동물 파노라마 그림이 있다. 일레르 방의 동물 파노라마 그림처럼 끝방 역시 동굴 벽의 특징을 최대한 잘 이용했다. 동굴 벽은 평평한 캔버스가 아니라 굴곡져 있다. 매끈한 표면도 있지만 대부분 매끈하지 않은 표면이다. 조명 시설을 제대로 갖춘 스튜디오에서 그린 다음 동굴로 옮겨놓은 그림도 아니다. 밑그림을 그리고 그 위에 채색으로 마무리 한 그림도 아니다. 지금 내가 보고 있는 이 동물의 파노라마는 어두운 동굴에서 매끈하지도 않은 표면에 숯으로 그린 그림이다. 일레르 방의 동물 파노라마보다 스케일이 더 크다. 벽에 이 정도 스케일의 그림을 그리려면 전체를 파악할 수 있는 시야가 필수적이다. 동굴의 움푹 파인 곳을 동물 파노라마의 가운데 위치시킴으로써 감상자는 독특한 시각 경험에 빠진다. 무려 92마리의 동물이 등장한다. 감상자의 관점에서 보면 왼쪽에는 들소, 오른쪽에는 사자 떼가 배치되어 있다. 사자 떼가 달려가는 모습이 음영을 살려 긴박하게 묘사돼 있다. 눈을 조금 왼쪽으로 옮기면 다른 동물들이 사자의 긴박한 움직임에 놀라 도망을 가는 듯한 형상이다. 가운데 움푹 파인 곳을 지나쳐 더 왼쪽을 보면 사자 떼가 어디를 향해 달려가는지 알 수 있다. 왼쪽 편의 들소 떼는 반대로 사자 떼를 향해 달려간다. 들소 떼와 사자 떼의 전투가 곧 벌어질 것 같은 긴박한 장면 앞에서 관람자는 어느새 긴장한다. 관람자는 아주 먼 옛날 동물 사이의 전투가 벌어지는 아르데 슈 협곡 그 어딘가의 목격자가 된 듯한 느낌을 받는다.

'예술-인간'은 기원전 3만 7천년에도, 그리고 지금도 있다

만약 라스코와 쇼베의 발견 이후에도 예술의 기원을 그리스에서 찾는다면, 그 사람은 지적인 게으름뱅이에 불과하다는 비난을 피할 수 없다. 우리 인류는 우리의 생각보다 훨씬 이전부터 예술적이었다. '예술-인간'의 원형은 그리스 시대에서나 비로소 찾을 수 있는 게 아니라, 훨씬 더 이전부터 인류는 이미 당대의 방식으로 예술-인간이었다. 후기구석기 시대에서 예술-인간의 모습을 상상하지 못하는 이유는 우리가 구석기 시대 인간에게 씌워놓은 "비천한 외관" 때문일 것이다. 후기구석기 인류를 위한 바타유의 항변

사자 패널

은 그래서 경청할 만한 가치가 있다.

　　우리는 초기의 인류가 비참한 처지에 놓여 있었고, 도취라든가 힘이 넘쳐나는 기분 따위는 알지도 못했을 것이라 믿어왔다. 도취라는 경이적 풍모는 그리스 시대의 몫으로 남겨두곤 했다. 대개 우리는 구석기 시대 인간들에게 비천한 외관을 씌워놓은 채 상상해왔다. 아름다움이라고는 없고, 거의 짐승이나 다름없고, 식욕밖에 모르고, 매력적이거나 침착해 보이는 풍모라고는 없이 아무 데다 돌아다니는 짐승들의 속성들을 구석기인들에게 갖다 붙여놓았던 것이다. 우리는 그들을 여위고 텁수룩하고 어두운 모습으로 형상화해놓았고, 우리가 가진 그들의 이미지는, 우리네 도시 주변 어딘지도 모를 막연한 대지에서 저급한 삶을 사는 가엾은 사람들 같았다. 가엾은 사람들에게도 저마다 나름의 위대함이 있었을 텐데, 교과서에 실린 삽화들은 동굴에 살던 인간들에게 이런 종류의 이미지만을 부여하고 있다.[6]

　　쇼베의 끝방에서 스스로에게 질문을 던진다. 현대인이라 자부하며 문명인이라고 생각하는 너는 이런 그림을 그릴 수 있는지. 나는 잠시도 망설이지 않고 고개를 설레설레 흔든다. 끝방에서 벽화를 보면 볼수록 질문이 꼬리에 꼬리를 문다. 이 그림에서 후기구석기 시대에 대한 선입견을 확인시켜주는 서투른 솜씨가 느껴지느냐고 묻는다. 그러자 내가 주눅든 목소리로 대답한다. 그린 이의 손재간과 예술적 재능에 그저 감탄할 뿐이라고. 3만 9천년이라는

---

6. 조르주 바타유, 차지연 옮김, 『라스코 혹은 예술의 탄생/마네』, 워크룸 프레스, 2017, 37쪽.

세월 동안 인간은 진보했으며, 진보한 만큼 현재로부터 먼 시간에 머물렀던 사람은 야만적일 거라는 생각은 쇼베 앞에서 고개를 숙인다. 기원전 3만 7천년과 현재는 단순히 야만과 문명이라는 이분법으로는 표현될 수 없다.

문명과 야만의 이분법이 폐기된 여기는 동굴이다. 기원전 3만 7천년의 이런 예술적 성과를 도저히 설명할 수 있는 방법이 없기에, 이분법이 붕괴된 자리에서 나는 차라리 동굴을 감각하는 방법을 선택한다. 눈으로는 그림을 보면서 다른 감각을 일깨운다. 코는 동굴의 냄새를 맡고 몸은 체온의 변화로 이곳이 동굴임을 감지하고 있다. 비록 인공조명이 설치되어 있지만 조명은 겨우 벽화를 볼 수 있을 정도여서 이곳이 지구의 어둡고 깊은 곳임을 상상하기에 방해되지 않는다. 동굴에선 아주 작은 소리도 공명된다. 심지어 내 발걸음 소리도 쇼베라는 동굴과 만나면 공명되어 신비롭게 들린다. 정숙을 유지해달라는 부탁이 필요없다. 그 알 수 없는 분위기, 하지만 나를 압도하는 분위기, 사람들이 '아우라'Aura라고 부르는 분위기, 이미 쇼베 자체가 하나의 아우라다. 아우라에 사로잡힌 사람은 판단을 잠시 중지하고 현재까지 알려진 가장 오래된 예술의 탄생 현장에 몸을 맡기고 그저 감각기관만 활짝 열어놓는다.

찰스 나이트Charles R. Knight가 동굴벽화 제작 장면을 상상하여 그린 작품의 도움으로 그들의 모습을 상상해본다. 그림을 그린 사람은 혼자가 아니었다. 쪼그리고 앉아 그려진 것으로 추정되는 그림은 예외적인 것이고, 보는 사람의 눈높이를 감안하여 그림이 그려져 있다. 벽에 주먹쥔 손의 프린트를 새기려면 오른쪽 손등을 왼손

찰스 나이트 「퐁-드-곰에서 작업하는 크로마뇽인 예술가들」

으로 힘있게 눌러야 했다. 그림을 남긴 그 사람이 큰 종유석 위에
올라가 양손을 사용해야 하는 작업을 수행하려면 반드시 누군가
의 도움이 필요했다.[7] 동굴벽화는 인류의 상호의존과 협력의 역사
를 증명한다.

호모 사피엔스보다 물리적 힘은 더 강했던 네안데르탈인은 현
존 인류에 도달하지 못하고 멸종했다. 호모 사피엔스는 네안데르
탈인보다 물리적 힘은 약했지만, 상호의존의 위력을 깨달았다. 특
별히 예술적 재능이 있는 호모 사피엔스가 있다고 하자. 그 호모
사피엔스가 이 동굴에 도착했다고 하자. 만약 혼자 도착했다면 이
런 벽화를 그릴 수 없었을 것이다. 1994년 12월 쇼베 혼자 아르데
슈 협곡의 절벽에 도착했다고 가정해보자. 그는 분명 동굴을 발견

7. Jean Clottes, *La Grotte Chauvet, l'art des origines*, Seuil, 2010, p. 69.

하지 못했을 것이다. 기원전 3만 7천년이나 지금이나 변하지 않는 사실이다. 아무리 재능이 뛰어난 호모 사피엔스도 혼자서 이뤄낼 수 있는 것은 많지 않다. 3만 7천년 전 그 호모 사피엔스는 혼자 여기 있지 않았다. 물론 무리 중 예술적 재능이 뛰어난 호모 사피엔스도 있었지만, 재능이 뛰어나지 않은 호모 사피엔스도 이 벽화가 만들어지는 데 기여했다. 그는 재능이 뛰어난 그 사람이 그림을 그릴 수 있게 어두운 동굴에 불을 비춰주었고, 그가 높은 곳에 그림을 그릴 수 있도록 그를 붙들어주었다. 예술적 재능이 유독 뛰어난 그도 알고 있었다. 자신의 재능은 자기만큼의 재능이 없는 누군가에게 의존함으로써 현실화될 수 있음을. 그리고 자신의 재능이 빚어낸 그 결과물에 감탄하는 감상자가 없다면 자신의 재능은 아무 쓸모없음을.

　네안데르탈인도 도구를 사용했다. 도구 사용은 호모 사피엔스만의 독점적 특징은 아니다. 네안데르탈인도 생존하기 위해 사냥

호모 사피엔스를 만난 쇼베 2 동굴의 전경

을 했고 사냥을 수월하게 하기 위해 도구를 만들었고 사냥한 먹잇 감을 도구를 사용해 다듬었다. 생존하기 위해서 하는 행동, 그 행동을 우리가 노동이라 부른다면 네안데르탈인도 호모 사피엔스도 노동했다. 그들은 모두 노동하는 인간 즉 호모 파베르다. 그런데 여기 지금 우리가 있는 쇼베는 호모 파베르의 작업 현장이 아니다. 쇼베는 먹을것을 저장하는 저장고가 아니다. 주술적 목적이든 장식적 목적이든 상관없이, 쇼베에 그림을 그리는 행위는 생존이라는 틀을 벗어난 행동이다. 호모 사피엔스와 네안데르탈인의 차이는 "생존에 목적을 둔 세계에 대한 항의"[8] 여부에 달려 있다. 쇼베는 호모 사피엔스가 네안데르탈인과 무엇을 통해 구별되는지를 증명하는 행위가 탄생한 공간이다. 쇼베의 호모 사피엔스는 현재의 '예술-인간' 호모 사피엔스와 다르지 않다.

나는 감각한다. 인간이 무엇인지 그리고 인간은 마땅히 어떠해야 하는지를 그림을 통해 우리에게 말하고 있는 그들을. 쇼베는 노동의 세계 곁에 예술의 세계 혹은 놀이의 세계가 펼쳐지기 시작한 근원이자, 호모 파베르이기만 했던 인류가 호모 루덴스로 이행하기 시작한 현장이다. 하위징아 Johan Huizinga 가 쇼베를 알았더라면 그는 『호모 루덴스』를 고쳐 썼을 것이다.

노동의 법칙이 위반된 곳, 노동의 법칙을 위반함으로써 인간이 무엇인지를 증명하는 행위가 시작된 곳, 단지 존재하는 것에 대한 이해가 아니라 존재해야 하는 것에 대한 상상이 시작된 곳. 이곳 쇼베에서 나는 '예술-인간'의 원형을 만났다. '예술-인간'은 각자

---

8. 조르주 바타유, 앞의 책, 47쪽.

의 모국어를 갖고 있고 특정 지역에서만 사용되는 지역언어를 잘 알고 있지만, 서로 다른 모국어를 가진 '예술-인간'끼리 만나면 그들은 보편언어인 예술의 언어로 이야기한다. 쇼베의 동굴에서 벽화를 그린 그 사람은 분명 내가 이해하지 못하는 모국어를 구사하고 있음에도 예술을 통해 의사소통하는 한 쇼베와 현재 사이에 놓여 있는 시간과 공간의 차이는 무의미해진다. 예술을 통해 지금 현재의 한계에서 벗어나기를 상상하고, 경제적 유용성이라는 좁은 틀에 갇히기를 거부하고, 인류의 보편언어로 의사소통하면서 특별한 사람이 되고 싶다면 여행을 시작하는 첫 장소는 당연 쇼베여야 한다. 쇼베에서 우리는 인류 보편언어로 이야기하는 법을 배운다. 쇼베에서 나는 가장 오래된 '예술-인간'이 우리에게 남긴 메시지를 만났다. 호모 사피엔스는 언제나 그랬던 것처럼 섬이 아니다. 현재의 호모 사피엔스와 기원전 3만 7천년의 호모 사피엔스는 '예술-인간'이라는 공통점으로 이곳 쇼베에서 인사를 나눈다.

2장

330년 5월 11일,
로마제국의 새 수도 콘스탄티노플이
구원을 기다리며 탄생하던 날

묘지가 적어도 나 같은 사람에게 증명하는 것은
죽은 자는 여기 있는 것이 아니라 가버렸다는 사실뿐이다.
그들은 가버렸지만, 우리는, 아직, 가지 않았다. 이것이 핵심이며,
받아들이기는 어렵다 해도, 이해는 쉽다.[1]

죽은 자가 말을 하는 이 기적을 보면서, 어쩌면 당신은
이렇게 묻고 싶을지 모르겠다. 살아 있을 때 얼마를 벌었다는
따위의 얘길랑 그만두고 거기서 뭘 보았는지나 말해보게.
사후 세계란 게 정말 있나? 자네 혼은 어디 있지? 천국과 지옥은 어떻던가?
거기서 뭘 봤어? 죽어 있는 기분은 어떤지 아프지는 않은지 얘기해보게!
그렇다. 산 자들은 당연히 저세상에서 어떤 일이 일어나는지
알고 싶어하기 마련이다.[2]

마치 바람 부는 날 햇빛을 가리는 차양 아래 앉아 있는 것처럼
오늘 내 눈앞에 서 있어.
죽음이 비가 그치는 것처럼,
마치 한 남자가 전장에서 집으로 돌아오는 것처럼 내 눈앞에 서 있어.
죽음이 마치 구름이 걷히는 하늘처럼 내 눈앞에 서 있지…
한 남자가 수년 동안 포로로 사로잡혀 있다가
자신의 고향을 다시 보기를 갈망하는 것처럼
오늘 죽음이 내 눈앞에 서 있어.[3]

1. 필립 로스, 정영목 옮김, 『아버지의 유산』, 문학동네, 2017, 23쪽.
2. 오르한 파묵, 이난아 옮김, 『내 이름은 빨강 1』, 민음사, 2004, 15쪽.
3. 라이너 마리아 릴케, 정현규 옮김, 『릴케의 이집트 여행』, 문학판, 2015, 113쪽.

파리의 '루브르'든, 마드리드의 '프라도'든, 상트페테르부르크의 '에르미타주'든 혹은 그 어느 곳이든 유럽 도시의 미술관에서 우리가 예상치 못하게 맞이하는 당혹감이 있다. 우리는 파리를 인상파 그림의 천국이라 상상한다. 프라도에서는 화집으로만 보던 고야와 벨라스케스를 만날 수 있을 거라 생각한다. 그런데 정작 우리가 미술관에 발을 들여놓으면 일단 그 크기에 압도된다. 이어 외형적 압도보다 더 큰 좌절감과 함께 그림 감상은 시작된다.

르누아르는 가도가도 나오지 않는다. 「모나리자」는 대체 어디에 있는 것일까? 벨라스케스는 '프라도'의 어느 방에 숨어 있고, 렘브란트를 '에르미타주'의 어디에 전시하고 있길래 다리가 아프도록 걸어도 나타나지 않는 것일까? 고야를 보고 싶었고, 마티스가 여기에 있다기에 결코 싸지 않은 입장료를 내고 들어왔건만 보고 싶은 그림 대신 종교그림이 끝없이 펼쳐진다. 당신이 그리스도교를 믿는 사람이라 할지라도, 사실 마음속에 지겹다는 생각이 들 정도로 성경을 소재로 한 그림이 줄을 잇는다. 수십 개의 수태고지 그림에서 시작해 천사와 동방박사, 예수의 고난과 부활, 베드로의 믿음, 토마스의 의심, 그리고 최후의 만찬 등 수천 개의 종교화를 보는 수고를 견딘 후에야 우리는 비로소 애초에 기대했던 그 그림과 마주할 수 있다.

이러한 배치에서 우리는 불만을 느낄 수 있다. 아니 어떤 음모를 감지할 수도 있다. 하지만 음모는 없다. 이러한 배치는 예술사를 사실 그대로 반영한 것이다. 그 어떤 박물관을 가도 그렇다. 용산 국립중앙박물관이라고 별반 다르지 않다. 우리가 근대라 부르는 시대에 도달하기 위해서는 과장을 보태 박물관 동선의 2/3쯤을 차지하는 그 긴 종교의 시기를 지나야만 한다. 어떤 신앙심 깊은 큐레이터가 자신의 종교를 돋보이게 하려고 전시 내용을 조작한 게 아니다. 사실 인간의 역사가 그렇다. 인간은 인간을 그리기 전에, 인간의 감정을 표현하기 전에, 인간성을 형상화하기 전에 집요하고 끈질기게 그리고 오랜 기간 동안 신 그리고 신성神性을 그렸다. 그 까닭과 속사정을 알기 위해 나는 이스탄불로 떠난다.

이 도시에선 동과 서의 경계가 모호하다

지리적으로는 섬이 아니지만 실제로는 섬보다 더 고립되어 있는 한국 사람의 관점에서 이 도시는 특이하다. 이스탄불은 보스포루스^{Bosphorus} 해협을 중심으로 동과 서로 크게 구별된다. 북쪽으로 거슬러 올라가면 흑해에 도달하고, 남쪽은 마르마라 해와 만난다. 남북으로 30km에 달하는 보스포루스 해협은 폭이 3,700미터나 되는 곳도 있지만, 가장 좁은 곳은 800미터에 불과하다. 아시아와 유럽을 지리적으로 구획한다는 우랄산맥처럼 보스포루스 해협 역시 유럽과 아시아를 구별하는 기준이다. 보스포루스 해협의 서쪽은 유럽이고 동쪽은 아시아다.

이스탄불에 휴가용 집이 있는 친구 마틴 프라이어^{Martin Fryer}의 배려 덕택에 갈라타^{Galata} 지역에 있는 그의 집에 한 달간 머물 수 있었다. 창밖 풍경이 정말 아름다웠던 그 집의 거실에서 보스포루스 해협이 내려다보였다. 유럽 지역인 갈라타와 보스포루스 해협 건너 아시아 지역인 위스퀴다르^{Üsküdar} 사이를 쉴 새 없이 오가는 배를 이스탄불 사람들은 바푸르^{Vapur}라고 부른다. 바푸르는 관광객만 타는 파리 센느 강의 유람선과는 다르다. 홍콩 섬과 침사추이를 수시로 오가는 페리처럼, 바푸르는 수시로 이스탄불의 서쪽과 동쪽을 오가는 대중교통 수단이다. 파리의 유람선 바토-무슈^{Bateaux-Mouches}를 타려면 13.5유로나 지불해야 하는 반면, 홍콩 섬과 침사추이를 오가는 시민용 스타페리는 가장 요금이 비싼 주말에도 3.4 홍콩달러에 불과하다. 바푸르도 마찬가지다. 카드쾨이^{Kadıköy} 선착장에서 4터키리라(TL, 한화로 약 700원)만 지불하면 우리는 유럽에서 아시아로, 아시아에서 유럽으로 이동할 수 있다.

보스포루스 해협을 바라보노라면 유럽인의 관점에서 아시아인으로 분류되는 나는 정말 이상한 감정에 빠질 수밖에 없다. 지금 나는 경계에 있다. 우리가 막연하게 생각하는 유럽과 아시아의 대조적 이미지는 이 도시에서 붕괴된다. 근대화^{modernization}와 서구화^{westernization}가 동일한 의미로 사용되던 때가 있었다. 이제 더이상 서구화라는 단어를 우리가 사용하지 않는다고 해도 만약 서구^{West}가 우리보다 앞선 곳이고 문화적 전통이 강하며, 세련되고, 학문이 발달한 곳이라면 내가 속한 동^{East}은 서쪽을 따라잡아야 한다. 그래서 나는 동아시아에서 서쪽에 있는 독일이라는 나라로 유학을 갔다. 이러한 생각은 한편으로는 옥시덴탈리즘이라고 부를 수밖에 없는 상상적인 것이면서도, 동시에 부인할 수 없는 사실이기도 하다. 적어도 근대 이후 서쪽이 동쪽을 넘어섰다는 점은 부인할 수 없기 때문이다.

그것이 옥시덴탈리즘적인 관념적 상상에 불과하든 어느 정도의 사실을 반영한 것이든, 동쪽이 서쪽에 비해 무엇인가 부족하다는 관념은 이 도시에서는 완전히 붕괴된다. 이곳에선 동과 서의 이미지가 완전히 뒤집어진다. 도시의 서쪽, 즉 지리적으로 유럽은 이른바 구도심에 해당된다. 이 지역에는 관광객이라면 누구나 알고 있는 아야 소피아$^{Aya Sofia}$를 비롯한 관광 명소가 밀집되어 있다. 서쪽 구역을 대충 훑어보고 골든혼 건너편 갈라타 탑 정도를 둘러보고 온 사람이 이 도시를 다 아는 것처럼 말한다면 너무 성급한 짓이다. 그런데 나는 좀더 나은 관광객이라고 생각하면서 갈라타 지역까지 가서 배를 타고 위스퀴다르까지 가보고 난 후 이 도시에 대해 좀 안다고 우쭐대는 것도 우스운 일이다. 만약 당신이 지금까지 언급한 그 구역만을 다녔다면 남루하고 쇠락하고 언덕이 많아 걷기 힘든 도시라는 이미지만을 얻었을 텐데 그 이미지는 이 도시의 온전한 실상을 반영하지 못하기 때문이다.

이 도시에도 지하철이 있다. 보스포루스 해협 밑을 다니는 지하철을 타고 동쪽으로 꽤 멀리가면 수아디예^{Suadiye}라는 지역이 있는데, 이 지역은 결코 이 도시가 당신의 생각처럼 과거의 어느 시점에서 박제된 도시가 아님을 보여준다. 나는 서구의 어느 상점 거리에도 뒤지지 않는 수아디예의 '망고' 매장에서 겨울 코트를 샀고,

이스탄불의 동쪽 수아디예 지역

그 코트를 서울에서도 입고 다닌다. 이처럼 서쪽으로 갈수록 과거로 돌아가고 동쪽으로 갈수록 현대로 다가가는 희한한 경험을 한번 하고 나면, 도대체 이 도시를 무엇이라 불러야 할지 망연자실해진다. 익숙한 모든 것이 이스탄불에서는 붕괴된다.

잠시 터키식 커피를 마시며 파묵에게서 '휘쥔'을 배운다

자신을 휘감는 운명이 버거워 그 운명을 저주하고 싶을 때나 혹은 저주를 퍼붓는 듯한 운명으로부터 어떤 방법으로든 벗어나고 싶지만 도저히 길이 보이지 않을 때 선택할 수 있는 방법은 잠시나마 운명이 작동되지 않는 듯한 공간으로 이동하는 것이다. 우리는 그것을 여행이라 한다. 그래서 존 버거^{John Berger}는 어머니와 이별을 하고 여행을 떠났다. 나도 존 버거처럼 여행을 떠났다. 부모님과 이별을 해야 했던 그때의 일이다. 아버지가 돌아가시고 난 이후 1년 2개월 후에 어머니가 돌아가셨다. 아버지가 돌아가셨을 때는 어쩔 수 없는 인간의 운명이라고 생각했다. 나의 아버지라고 해서 영원히 살 수 있는 것은 아니니까. 그런데 어머니와의 이별은 조금 달랐다. 아버지가 돌아가시고 넉 달 후, 어머니가 사실은 깊은 병을 앓고 계시다는 것을 알게 되었을 때 나와 어머니는 성경 속 욥에 대해 생각했다. 내 머릿속에서도 "대체 왜?"라는 질문이 떠나지 않았다.

인간이 절망에 처했을 때, 인간은 설명을 요구하지 않는다. 절망에 빠진 사람도 알고 있다. 자신을 절망에 빠뜨린 그 사건을 되돌릴 수 없음을. 위로는 질문에 답할 수 없을 때, 혹은 답할 수 없는 질문에 직면한 인간에게 필요한 것이다. 위로는 해법이 아니다. 위로는 표현이다. 인간은 표현을 통해 자신을 위로한다. 존 버거도 어머니와의 이별을 견뎌야만 했다. 그는 『여기, 우리가 만나는 곳』에서 죽은 어머니를 리스본에서 다시 만나는 이야기로 어찌할 수 없는 자신의 감정을 표현했다. 버거는 죽은 어머니와 리스본 시내를 구경하면서 리스본을 휘감고 있는 독특한 슬픔의 정서 사우다지saudade를 깨닫는다. 그 순간 어머니를 잃은 존 버거의 슬픔과 리스본의 슬픔은 하나가 된다.

이스탄불의 작가 파묵은 자신이 태어나고 성장한 도시 이스탄불의 강력하고 영속적인 감정으로 비애를 꼽는다. 그 비애는 리스본을 휘감고 있는 파두Fadu의 정서와도 맞닿아 있다. "최근 세기에 이스탄불 그리고 이스탄불에 살고 있는 사람들이 서로에게 전염시킨 가장 강력하고 가장 영속적인 감정 비애."[4] 그 비애는 이스탄불에 살고 있는 모든 사람의 집합 정서다. 리스본 사람들이 '사우다지'라 부르는 몰락의 정서를, 파묵에 따르면 이스탄불에서는 휘쥔Hüzün이라 한다. '사우다지'와 '휘쥔'은 몰락한 제국의 공간에서만 느낄 수 있는 감정이다. 두 도시의 인상은 유사하다. 두 도시 모두 시간이 정지된 듯하다. 그리고 낡았다. 하지만 그 낡음은 애초부터의 남루함이 아니라 한때 그 어느 곳보다 화려했던 도시가 세월의 힘을 견디지 못하고 무너진 형상에 가깝다. 인간으로 비유하자면 생로병사의 흐름 앞에 무너진 젊음과도 같다고 할 수 있다. 파묵 또한 이 사실을 너무 잘 알고 있다. 이스탄불의 휘쥔은 몰락한 제국의 감정임을. 오르한 파묵은 자신이 태어나고 자란 도시 이스탄불을 이렇게 설명했다.

내가 태어났을 때 이스탄불은, 세상의 외관적 측면에서 2000년 역사에서 가장 나약하고, 가장 가난하고, 가장 변방이자, 가장 고립된 시기를 살아가고 있었다. 오스만제국의 몰락의 정서와 가난 그리고 도시를 뒤덮은 폐허가 부여한 슬픔은, 나의 전 생애 내내 이스탄불을 표상하는 것들이었다.[5]

예전에도 부유했고 여전히 부유함을 느끼게 하는 파리나 런던과 비교해보면 이스탄불과 리스본의 풍경은 다르다. 파리와 런던

---

4. 오르한 파묵, 이난아 옮김, 『이스탄불. 도시 그리고 추억』, 민음사, 2008, 130쪽.
5. 같은 책, 20쪽.

리스본 카페 앞의 페소아 동상(좌) ,이스탄불의 노천 카페(우)

의 중심지에선 여전히 부를 감각할 수 있지만, 리스본과 이스탄불
에서 우리는 한때의 부를 감각한다. 한때 젊었던, 한때 절세의 미
남이었던, 또는 한때 모든 남자의 사랑을 받던 어떤 여자. 하지만
이제 노년이 되어 주름살을 숨길 수 없고 그에게 허락된 삶이 얼마
남지 않았음이 느껴지는 것처럼.

  굳이 인간의 생애와 이 도시를 비교하자면, 오스만제국의 이스
탄불이 성숙해서 아름다운 중년기였다면, 콘스탄티노플로 불렸던
로마제국의 시간은 그야말로 눈부신 젊음의 시기이지 않았을까.
지금 이스탄불의 한 카페에 앉아 터키식 커피를 주문하고 이 도시
의 휘황찬란했던 젊음의 시기와 몰락을 생각한다.

어떤 제국이든 언젠가는 몰락하듯, 어떤 사람도 몰락의 순간인 죽음을 피해갈 수 없다. 사랑하는 사람과 죽음으로 이별하지 않고 영원히 함께할 수 있다면 더이상 바랄 것이 없다. 하지만 인간은 유한한 존재다. 생로병사라는 인간의 운명 앞에서 인간의 유한함을 깨달을 때 반대급부로 인간은 인간의 운명에서 벗어난 것, 사멸하지 않는 것, 한계가 없는 것, 영원한 것을 기대한다. 자신에게 닥친 운명의 굴레가 너무나 가혹하여 그 굴레를 스스로의 힘으로 벗어던질 수 없을 만큼 무기력감을 느낄 때 이 세상에 어떤 절대적 존재가 있어 자신의 운명의 위안이 되어주기를 기대한다. 인간은 능력의 한계가 없는 무한한 대상, 운명이라는 것을 아예 모르는 대상, 죽음을 모르는 불멸의 대상을 만들어내고 싶어한다. 그리고 자신의 운명을 불멸의 대상의 도움으로 벗어나고 싶어한다. 그래서 이스탄불은 그 어느 도시보다 종교적일지 모른다.

이스탄불은 이슬람 도시다

이스탄불에서 처음 잠을 자던 날 새벽녘 노랫소리에 잠을 깼다. 내가 신세를 졌던 마틴 프라이어의 집 바로 옆에 이슬람 사원이 있었다. 이슬람 사원에선 하루에 다섯 번 기도 시간을 노래로 알려주는 아잔^{Azan}이 흘러나오는데, 내가 제일 처음 들은 아잔은 아마 새벽에서 해뜨기 사이의 아잔, 즉 파즈르^{Fajr}였을 것이다. 하루에 다섯 번이나 들려오는 아잔이 이슬람 사원 특유의 첨탑 미나레트^{Minaret}

로[6] 둘러싸인 이스탄불을 휘감는다. 이 도시는 분명 이슬람적이다.

이 도시에 관광객으로 온 사람이라면 누구나 구도심부터 구경한다. 갈라타 다리에서 조망하는 구도심 풍경은 그 자체로 이스탄불의 시그니처라 할 수 있을 정도로 이국적이다. 블루 모스크라는 별칭으로 더 잘 알려진 술탄 아흐메트 모스크^{Sultan Ahmet Camii}의 미나레트를 갈라타 다리에서 보고 있는데 마침 아잔이라도 들려온다면 타임머신을 타고 시간이동을 하여 아라비안나이트의 세계로 진입한 느낌이 들 것이다. 특히 이슬람 국가에 처음 온 관광객이라면 이스탄불에 정말 잘 왔다고 생각할 것이다. 모든 관광객은 이국적일수록 비용이 아깝지 않다고 판단하니까.

이스탄불을 이국적인 감각의 소비 대상으로 삼는다면, 그곳은 물담배, 터키식 커피, 에미뇌뉘 선착장의 고등어 케밥인 발릭 에크멕^{Balik Ekmek}, 터키식 목욕탕 하맘^{Hamam}, 술탄이 궁궐 깊은 곳에 숨겨둔 하렘^{Harem}이 있는 이슬람 도시임에 틀림없다. 만약 시간이 지층이라면, 그래서 우리가 과거로 가기 위해 지층을 파헤쳐 내려가기 시작한다면 우리는 국민국가 터키보다 더 깊은 곳에서 이슬람 오스만제국을 만난다. 하지만 오스만제국도 시간지층의 가장 밑바닥이 아니다. 오스만제국이라는 시간의 층을 더 파고 내려가면 우리는 비잔티움제국을 만난다. 1453년 5월 29일 오스만의 술탄 메흐메트 2세의 정복으로 몰락하기 전까지 무려 1,123년 18일 동안 번영했으며 지금의 이스탄불을 수도로 삼았던 로마제국, 즉 비잔티움제국이 이스탄불 시간지층의 가장 아래에 있다. 330년 5월 11

---

6. 이슬람교의 예배당인 모스크의 일부를 이루는 첨탑으로 하루 다섯 차례의 예배 시각에 예배당을 지키는 무아딘이 이곳에 올라가 아잔의 시구를 낭송한다.

일, 지금은 이스탄불로 불리는 도시의 새 이름은 콘스탄티노플이었다. 우리는 이스탄불이라는 이슬람 도시의 시간지층 지하에서 콘스탄티노플을 통해 로마제국과 예상하지 못한 방법으로 만난다. 이스탄불에서 콘스탄티노플을 찾아내면 우리는 현재의 이슬람 국가에서 기독교 국가 로마제국과 만난다. 마치 탐정이라도 된 듯 이스탄불에서 로마제국 찾기를 시작한다.

관광안내 책자가 소개하는 이스탄불 관광의 표준 코스는 이렇다. 에미뇌뉘 선착장에서 고등어 케밥으로 점심을 먹고, 그랜드 바자르^{Grand Bazaar}에서 터키석으로 만든 보석이나 오리엔탈 양탄자 혹은 터키식 커피를 끓이는 도구인 제즈베^{Cezve}를 구경하고, 아흐메트 모스크를 거쳐 아야 소피아로 마무리한다. 콘스탄티노플로 들어가는 입구는 대체 어디인가. 그 입구는 비잔틴제국의 거대한 지하 저수지 예레바탄^{Yerebatan}처럼 숨어 있지 않다. 늘 관광객으로 넘치는 이스탄불 구도심의 한복판, 관광객이 이슬람의 도시에 왔다고 마냥 신기해하는 그곳에 공공연하게 이슬람 이스탄불에서 기독교 로마제국으로 떠나는 시작점이 있다.

관광객들이 블루 모스크라고 부르는 술탄 아흐메트 모스크는 미나레트가 6개나 되는 초대형 모스크이다. 술탄 술레이만 시기 이슬람제국의 위세를 증명하는 건축물인 술탄 아흐메트 모스크 주변의 넓은 터 역시 술탄 아흐메트 광장이다. 이슬람의 오스만제국으로부터 로마제국으로 시간이동을 하기 위해서라면 먼저 술탄 아흐메트 광장에서 오벨리스크를 찾아야 한다. 찾았다면 그 앞으로 가자. 당신이 바라보는 오벨리스크는 로마 황제 콘스탄티우스 2세가 357년에 알렉산드리아로 옮긴 것을 테오도시우스 1세가 390년에 콘스탄티노플로 옮겨놓은 것이다. 그 앞에 도달하는 순간 콘스탄티노플로 가는 타임머신이 엔진에 시동을 걸기 시작한다.

시간지층을 파고들면, 기독교 도시 콘스탄티노플이 나타난다

이제 테오도시우스의 오벨리스크를 뒤로하고 술탄 아흐메트 광장을 떠나 보스포루스 해협 방향으로 걸음을 옮기면, 로마제국의 수도 콘스탄티노플로 시간이동을 할 수 있는 또다른 건물과 만난다. 외양으로 판단하면 이 건물은 콘스탄티노플이 아니라 이스탄불의 상징 기호처럼 보인다. 하지만 내부로 들어가면 이스탄불과 콘스탄티노플은 뒤섞인다.

이 건물에서 시간의 지층을 파헤쳐보자. 가장 가까운 과거로부터 시작한다. 1923년이다. 그해 신생 터키공화국은 이 건물을 '아야 소피아 박물관'Ayasofya Muzesi이라 불렀다. 1453년 오스만제국의 술탄 메흐메트 2세는 이곳을 모스크라 불렀다. 그로부터 1천여년을 더 거슬러 올라간 537년 12월 27일 로마제국의 황제 유스티니아누스 1세는 아야 소피아 성당이라 불렀다. 그 결과 현대의 이스탄불을 찾는 관광객은 각각의 이름으로 다양하게 부른다. 이 건물을 관광의 대상으로 보는 사람은 우선 그 규모에 놀란다. 537년에 완공된 이 건물은 동서길이 77미터, 남북 너비 71.7미터에 달하며 그 돔의 크기만 동서 지름 31.8미터 남북 지름 30.9미터에 이른다.

미나레트도 4개나 있다. 하지만 이스탄불에서 콘스탄티노플로 가는 시간여행을 하는 사람은 또다른 표식을 이 건물에서 찾아내야 한다.

만약 당신이 건물 내부에서 4명의 초대 칼리파[7]의 이름이 쓰인 큰 방패 모양의 원판을 발견했다면, 당신은 오스만제국의 1454년으로 이동하는 데 성공한 것이다. 더 나아가 당신이 펜던티브 pendentive(원형의 돔을 지지하기 위해 설치된 삼각형 모양의 구조물)에서 온전하지 않은 모습으로 남아 있는 천사의 모자이크를 발견했다면 당신은 1454년에서 537년으로, 즉 이스탄불에서 콘스탄티노플로 이동하는 데 성공했다고 자부해도 된다.

우리는 콘스탄티노플로 시간이동하는 데 성공했으니, 이제부터 이곳을 소피아 성당이라 부르자. 콘스탄티노플로 옮겨가기 위해서 소피아 성당의 남서쪽 나르텍스Nartex(현관 홀)에 있는 모자이크를 빼놓을 수 없다. 모자이크의 중앙에 아기예수를 안은 성모 마리아가 있다. 왼쪽에서 소피아 성당처럼 생긴 건물을 아기예수와 성모 마리아에게 건네는 사람이 소피아 성당 건립의 후원자 유스티니아누스 황제다. 오른쪽에서 콘스탄티노플을 상징하는 성벽을 아기예수와 성모 마리아에게 건네는 사람은 로마제국의 수도를 로마에서 콘스탄티노플로 옮긴 콘스탄티누스 황제다.

모든 전쟁이 그러하듯 전쟁이 시작되면 삶은 죽음에 좀더 가까워진다. 누구든 죽을 수 있는 가능성이 활짝 열리기 때문이다. 콘스탄티누스는 로마제국의 패권을 두고 막센티우스와 전쟁 중이

---

7. '뒤따르는 자'라는 뜻의 아랍어로 무함마드가 죽은 후 움마(이슬람 공동체)의 지도자, 최고 종교 권위자의 칭호.

소피아 성당의 남서쪽 나르텍스의 모자이크. 왼쪽은 소피아성당을 성모에게 건네는 유스티니아누스 황제.
오른쪽은 콘스탄티노플을 성모에게 건네는 콘스탄티누스 황제.

다. 286년 로마제국이 팽창하자 디오클레티아누스 황제는 혼자 힘
으로 로마제국을 다스리기 버거워 막시미아누스를 공동황제로 임
명했다. 그리고 공동황제 아래에 각 1명씩의 부제^{Caesar, 副帝}를 두
기로 했다. 이로써 그 유명한 '4제통치제'가 실시된다. 콘스탄티
누스의 아버지 콘스탄티우스는 디오클레티아누스의 서방 부제였
다. 그러나 디오클레티아누스가 사망한 후, 로마제국의 안정을 위
한 선택이었던 '4제통치제'는 로마제국을 분열로 몰아넣었다. 권
력은 분할을 허용하지 않는다. 권력은 본질적으로 독점을 지향한
다. 아버지 콘스탄티우스 클로루스가 306년 7월 25일 영국해협을
건너 요크 정복 중 사망하자, 아들 콘스탄티누스가 그 자리를 물

려받았다. '4제통치제'의 불안은 극에 달했다. 아들 콘스탄티누스는 정적과 싸워야 했다. 이기면 로마제국의 유일한 권력자가 되고, 패배하면 죽음을 각오해야 한다. 312년 10월 28일 로마에서 12km쯤 떨어진 곳에서 막센티우스와 전투를 벌였는데, 전해지는 바에 따르면 콘스탄티누스는 환영을 보았다고 한다. "그는 해가 정점을 지난 한낮에 태양의 바로 위쪽 하늘에 빛의 십자가가 걸려 있는 것을 자신의 눈으로 분명하게 보았다고 말했다. 그 십자가에는 Hoc Vince(이것으로 정복하라)라는 글자들이 씌어 있었다. 그와 병사들은 깜짝 놀라 이 광경을 지켜보았다."[8]

그는 승리했다. 콘스탄티누스의 환영 덕분인지 전술적 우위 덕분인지는 알 수 없지만, 승리하고 난 후 로마제국의 절대권력을 독점하게 된 콘스탄티누스가 자신의 영광을 그 환영과 연결시켜 생각했음은 여러 정황으로 볼 때 사실일 것이다. 311년 기독교 신앙의 자유를 허용한 갈레리우스 칙령에 이어 313년 6월 13일 콘스탄티누스는 밀라노 칙령Edictum Mediolanense으로 로마제국에서 합법화된 기독교를 황제 차원에서 장려하는 종교로 격상시켰다. 326년 1월 3일에는 로마로 가서 사도 바오로의 무덤터와 베드로의 무덤터에 교회를 짓도록 주문했다. 그는 이교도의 도시 로마에 만족하지 못했다. 로마제국의 새로운 수도를 물색 중이던 콘스탄티누스는 아시아와 유럽을 잇는, 육로와 해로를 모두 갖춘 지역인 로마의 식민지 비잔티움에 주목했다. 328년 11월 4일 그는 새로운 로마를 비잔티움에 짓기로 결심했다. 이레네 성당이 완공되자 330년 5월

---

8. 유세비우스, 『콘스탄티누스의 생애 1』, p. 28. 존 줄리어스 노리치, 남경태 옮김, 『비잔티움 연대기 1』, 바다출판사, 2007, 45쪽에서 재인용.

로마에 있는 콘스탄티누스 개선문. 그가 보았던 환영이 부조로 새겨져 있다

11일 콘스탄티누스는 이레네 성당의 미사에 참여했고, 6년간의 공사를 마친 비잔티움을 공식적으로 성모 마리아에게 '새로운 로마'로 봉헌했다. '새로운 로마'는 콘스탄티누스의 이름을 따 콘스탄티노플이 되었다. 그렇게 비잔티움은 콘스탄티노플이 된 것이다.

콘스탄티누스 황제는 고대 로마제국으로 가는 초대장을 보냈다

아야 소피아는 현대의 관점에서 봐도 거대하다. 차라리 초라한 건물이었다면 휘컨(몰락의 감정)을 불러일으키지 않았겠으나, 거대하기 때문에 오히려 더 서글프게 느껴진다. 아야 소피아가 휘컨의 대상이 아니었을 때를 상상해본다. 콘스탄티누스는 죽음을 두려워했을까? 살아 있는 동안 그는 죽음으로 누구와 이별을 했을까? 콘스탄티노플로 수도를 옮기면 죽음의 공포로부터 벗어날 수 있으리라 생각했을까? 이 거대한 아야 소피아를 지은 유스티니아누스는 어땠을까? 콘스탄티노플을 성모 마리아에게 바치는 콘스탄티누스와 그가 터를 닦은 콘스탄티노플에 아야 소피아를 지어 아기 예수를 안은 성모 마리아에게 헌정하는 유스티니아누스 황제를 묘사한 모자이크 앞에 서 있으니, 자연스레 생각은 고대 로마로 향한다.

330년 5월 11일의 콘스탄티노플에서 시간지층을 파고 더 아래로 내려가면 우리는 어느새 현대 이탈리아의 수도 로마에 와 있다. 하지만 우리가 시간여행으로 도착한 로마는 괴테가 '그랜드 투어'를 위해 방문했던 로마가 아니다. 영화 〈로마의 휴일〉에서의 오드리 헵번처럼 스페인 광장 계단에서 젤라토를 먹기 위해, 로마에 다시 오고 싶다는 생각으로 트레비 분수에 동전을 던지기 위해, 진실의 입에 손을 넣어보기 위해 오는 로마가 아니다. 곳곳의 유명한 성당과 바티칸을 방문하기 위해 전세계에서 순례객들이 모여드는 가톨릭의 중심 도시 로마도 아니다.

콘스탄티노플에서 콘스탄티누스의 초대장을 받고 우리가 도착한 로마는 기독교가 아직 로마의 지상 위에 서지 못했던 시기의 로마다. 그 시기 로마제국 기독교인의 흔적은 지하에서 발견된다. 나는 지금 로마의 외곽에 있는 카타콤catacomb, 즉 지하묘지에 있다. 현대 도시 로마의 중심에서도 한참 떨어진 곳이다. 이탈리아로 그랜드 투어를 왔던 괴테는 북쪽에서 내려왔기에, 플라미니아 가도 via Flaminia 9와 플라미니아 문Porta Flaminia을 지나 로마로 들어왔다. 성

---

9. 로마에서 아리미눔(현재 리미니)을 이어 주는, 로마의 도로. 물자의 이동과 교역, 군대의 이동, 소식 전달을 위한 용도로 사용되었으며, 거대한 제국을 유지하고 발전하는 데

문을 통과하면 포폴로 광장이다. 포폴로 광장에서 남동방향으로 쭉 뻗은 코르소 대로^{Via del Corso}를 따라 걸으면 베네치아 광장에 도달한다. 광장 뒤가 포로 로마노이고 포로 로마노를 지나 남동방향으로 계속 걸으면 다시 고대 로마의 성곽이 있다. 성곽이 끝나면 아피아 가도^{Via Appia Antica}가 시작된다. 아피아 가도 부근에 고대 로마제국의 지하세계가 모여 있다.

서울과 같은 도시의 공간감각을 로마에서는 잊어야 한다. 서울의 감각으로 도심에서 40분 거리는 변두리로 느껴지지 않을 수 있으나, 도미틸라^{Domitila} 카타콤 근처에서는 현대적 대도시의 분위기를 결코 느낄 수 없다. 대도시로부터 멀리 떨어진 어느 작은 시골 마을에 왔다고 생각하면 된다. 이 지역에 산 칼리스토^{St. Callixtus}의 카타콤을 비롯하여 여러 카타콤이 흩어져 있다.

카타콤은 습하다. 쇼베의 동굴이 물이 바위에 새긴 시간이라면, 인공적으로 만든 이 지하세계는 어떤 시간을 기록한 것일까? 폐쇄공포증이 있는 사람이라면 지하무덤의 세계를 구경하기 힘들 정도로, 또한 가이드를 따라가지 않으면 도저히 다시 지상으로 올라오지 못할 정도로 도미틸라 카타콤의 지하세계는 복잡하고 다층적이다. 안내원을 따라 지하 4층으로 내려간다. 관광객에게 개방되는 지역은 전체 카타콤 중에서 아주 작은 부분에 한정되어 있는데도 그 규모는 짐작을 넘어선다. 탄압에도 불구하고 로마에 기독교 신자가 늘어나면서, 당시 로마의 일반적 관행이었던 화장이 아니라 매장을 선호했던 기독교 신자를 위한 무덤터는 더욱 많이 필

에 도움을 주었다.

이탈리아 로마 트라스테베레 대성당 지하의 카타콤

요해졌고 그 결과 로마 외곽의 여기저기에 이처럼 거대한 지하무
덤 세계가 만들어졌다.

　로마제국의 수도가 로마였을 때 그러니까 로마제국이 다신교의
세계이고 기독교를 믿지 않았을 때의 일이다. 로마제국과 기독교
는 어울리지 않았다. 기독교는 로마제국의 상식과 충돌했다. 황제
를 신이라고 생각했던 로마제국의 관점에서, 황제가 아닌 신을 하
느님이라고 떠받드는 기독교는 이단과 다름없었다. 그래서 기독
교인은 탄압받았다. 그러나 그들은 죽음을 두려워하지 않았다. 베
드로는 64년 로마에서 순교했다. 61년 사도 바오로 역시 로마에
끌려왔는데 64~67년 사이에 로마에서 사망했다고 추정된다. 로
마 황제 네로의 기독교 박해는 잔인했다. 네로는 기독교인들을 불
태웠다. 불태우면 겁을 먹고 신앙을 포기할 줄 알았지만, 그리스도
추종자들은 죽음이 끝이 아니라고 확신했다. "그들은 죽은 뒤에도

평화의 빛이 있는 하늘나라로 올라가게 되리라는 믿음"[10]을 지녔다. 육체의 부활을 위해선 매장이 필수적이라 생각했다. 게다가 순교한 성인의 근처에 묻힌다면 사후 구원받을 수 있는 가능성이 더 커진다고 생각했다. 악착스럽게 성인 곁에 묻히고 싶어했던 그들, 카타콤의 거대한 지하세계는 죽음으로부터의 구원에 대한 갈망을 기록한 해독되지 않은 상형문자다.

프리실리카 카타콤에는 불에 내던져진 기독교인을 그린 벽화가 있다. "이 그림이 그려졌을 무렵의 많은 기독교인처럼 그 세 사람도 명령을 거역한 데 대한 형벌을 감수해야 했다. 그들은 도포와 속옷 등 옷을 입고 관을 쓴 채로 타오르는 화덕 속으로 던져졌다. 그러나 보라! 불길은 그들의 몸에 아무런 힘이 없었으며 그들의 머리카락 하나 그슬리지 않았고 도포도 눌지 않았으며 불길이 닿는 냄새조차 나지 않았다. 하느님이 이 신하들을 천사를 보내어 구해내셨구나."[11] 그들은 구원을 믿었다.

로마의 기독교인들은 탄압받았기에 비밀리에 모임을 가져야 했고, 카타콤은 최적의 장소였다. 비밀 회합의 장소이자 지하묘지였기에 쇼베 동굴에서 발견할 수 있는 예술적 장식은 발견되지 않는다. 하지만 로마제국이 기독교를 공인하고 난 이후, 카타콤에 숨어 있던 예술은 지상으로 솟아올랐다. 기독교가 공인되기 이전과는 달리 공개적으로 의례를 집행하는 시설이 필요했다. "311년 콘스탄티누스 황제가 기독교를 국가의 지주로 삼게 되자…교회가 국

10. 주디스 헤린, 이순호 옮김, 『비잔티움』, 글항아리, 2010, 95쪽.
11. E. H. 곰브리치, 백승길·이종숭 옮김, 『서양미술사』, 예경, 2013, 99쪽.

가의 최대 세력이 되자 미술과의 모든 관계는 재검토"되었다.[12] 예
배를 보는 장소는 비밀 지하묘지가 아니어도 되었다. 회당으로 사
용되던 바실리카basilica [13]는 성전을 건립하기 위한 모델로 채택되었
다. 커다란 장방형 방과 기둥, 양 옆의 좁고 낮은 복도로 구성된 바
실리카의 깊은 곳에는 반원형 감실인 앱스apse를 두었고 이 앱스에
예배자들의 시선을 집중시키기 위해 높은 제단을 마련했다.

로마제국의 전역에서 특별한 예배를 위해 바실리카 양식을 채
택한 공간이 솟아나기 시작했다. 숨겨져 있던, 혹은 주목받지 못했
던 중요한 성인과 순교자의 무덤은 세속적 죽음에 대한 신앙의 승
리를 증명할 수 있는 최고의 장소가 되었다. 로마의 외곽에 지하세
계의 형태로 숨어 있던 무덤은 도시의 한복판으로 옮겨지기 시작
했다. 순교의 장소와 순교 후 매장된 무덤이 있는 로마제국의 곳곳
에 성당이 지어졌다. 로마의 베드로 무덤 위에 바실리카가 지어졌
다. 그 바실리카는 성 베드로 대성당Basilica di San Pietro in Vaticano의 지
층에 묻혀 있다. 바티칸의 1대 교황이었던 베드로의 무덤이 성 베
드로 성당이 된 셈이다. 이런 맥락에서 보자면 로마제국의 성당은
지하 카타콤의 연장이다. 수직으로 지하를 파고들던 카타콤은 이
제 성인의 무덤 위에서 하늘을 향해 치솟는다. 70년 파트라스에서
순교한 안드레아를 위해서는 성 안드레아 순교기념교회가 들어섰
다. 44년에 순교한 대 야고보의 무덤 위에는 산티아고 데 콤포스텔
라 대성당Catedral de Santiago de Compostela이, 사도 바오로를 위해서는 로

---

12. 같은 책, 103쪽.
13. 고대 로마시대 법정이나 상업거래소, 집회장으로 사용된 공공 목적의 대규모 건물을
    의미하는 단어로, 왕궁 등의 건축물을 의미하는 그리스어 '바실리케'(basilike)에서 유
    래한다.

성 베드로 대성당

마에 성 바오로 대성당^{Basilica di San Paolo fuori le mura}이 지어졌다.

　콘스탄티누스가 하느님에게 아예 도시 자체를 봉헌한 콘스탄티
노플의 경우 그 어떤 도시보다 기독교적 건물로 가득 차 있다. 현
대 시간 층으로부터 이스탄불이 콘스탄티노플이었던 시간 층으로
내려가면 곳곳에서 무덤으로부터 솟아나온 성소의 흔적이 발견된
다. 콘스탄티누스는 새로운 로마에 이레네 성당 건설을 주문했다.
사도 성당도 주문했다. 그리고 자신은 사도 성당에 묻혔다. 유스티
니아누스는 그보다 더 큰 성당을 지었다. 말했듯이 우리가 지금 있
는 소피아 성당이다. 소피아 성당에서 콘스탄티누스와 나란히 있

는 유스티니아누스의 모자이크를 보고 있는 우리에게, 가장 온전한 유스티니아누스의 모자이크를 보기 위해서는 로마제국의 또다른 도시 라벤나Ravenna로 가야 한다고 그가 말한다.

유스티니아누스는 라벤나로 가는 초대장을 보냈다

과거의 콘스탄티노플이자 현재의 이스탄불은 터키라는 국민국가의 도시이고, 라벤나와 베네치아는 국민국가 이탈리아의 도시지만, 아야 소피아에서 이 도시가 콘스탄티노플이었던 시기로 들어가는 입구를 발견하면, 돌연 현재의 국민국가 사이의 국경은 사라지고 로마제국의 도시는 전혀 예상하지 못했던 조합으로 부상한다. 콘스탄티노플은 로마, 베네치아, 라벤나, 알렉산드리아와 짜임관계를 맺는다. 베네치아에 관광 온 사람이라면 누구나 그 앞에서 사진을 찍는 성 마르코 성당. 베네치아와 알렉산드리아가 모두 로마제국이었을 때, 성 마르코의 시신은 알렉산드리아에서 베네치아로 옮겨졌고 그래서 성 마르코 성당은 베네치아에 건립되었다. 성 마르코 성당의 외부를 장식하며 로마제국의 '4제정치제'를 상징하는 중요한 조형물 중 하나인 사두마차상은 베네치아와 콘스탄티노플이 로마제국이었을 때 콘스탄티노플로부터 베네치아로 옮겨진 것이다. 성 마르코 성당의 외부 자체가 로마제국 시대의 도시와 도시의 연결망을 보여주는 전시장이기도 하다.

한편 콘스탄티노플과 연관된 또 하나의 중요한 도시가 있는데,

라벤나 역

바로 라벤나^{Ravenna}다. 라벤나와 라벤나의 항구였던 클라세^{Classe}는 우리에게는 이름조차 낯선 도시다. 이탈리아를 종단하는 관광객은 밀라노-피렌체-로마-나폴리의 루트를 따라 북에서 남으로 여행하면서 베네치아에 들르기 위해 동쪽으로 슬쩍 우회를 하기도 하지만, 라벤나와 클라세에 가려면 밀라노에서 나폴리로 이어지는 직선 남행 궤도에서 상당한 이탈을 감수해야 한다. 그래서일까, 피렌체엔 사시사철 관광객으로 넘쳐나고 볼로냐 역시 마찬가지지만, 볼로냐에서 동쪽으로 1시간 정도 더 가야 하는 라벤나로 향하는 기차는 한산하다. 그래피티로 지저분하게 치장된 너무나 볼품없는 라벤나 행 완행기차 안에서 어느 정도 짐작은 했음에도, 너무나 작고 초라한 라벤나 역의 모습에 당황하지 않을 수 없다.

현대의 라벤나는 남루한 작은 도시에 불과하지만, 우리가 시간 지층을 파고 내려가 서로마제국의 한때 수도이자, 콘스탄티노플과 로마를 잇는 중요한 역할을 하던 라벤나의 시간으로 돌아가면 그 도시는 햇빛을 받으면서 보석처럼 빛나는 모자이크처럼 매혹적이다. 콘스탄티노플의 소피아 성당 건축을 주문했고, 콘스탄티누스와 나란히 모자이크에 등장했던 유스티니아누스. 소피아 성당에서 이슬람의 시간을 거치며 회반죽 덧칠에 의해 훼손된 모자이크만 보던 우리는 언뜻 보잘것없어 보이는 이 작은 도시 라벤나에서 영롱하게 빛나는 모자이크와 마주쳐 황홀경에 빠진다.

산 비탈레 성당에서 우리는 이스탄불에 초라한 모습으로 남아있던 유스티니아누스를 다시 만난다. 산 비탈레 성당의 앱스에는 왕처럼 묘사된 예수, 여왕처럼 그려진 마리아 사이에 유스티니아누스와 그의 왕비 테오도라의 모자이크가 있는데, 어찌나 그 묘사가 생생한지 마치 유스티니아누스와 테오도라가 되살아나 기념사진을 찍은 것 같은 느낌을 준다. 높은 천장 덕분에 속세를 초월한 느낌이 들며, 창을 통해 햇볕이 들어오면 모자이크를 구성하는 작은 부분 하나 하나가 빛을 낸다.

저 빛나는 모자이크를 바라보면서 의문을 품는다. 저 사람은 누구인가? 저 화려한 모자이크를 남긴 사람은 누구인가? 그들은 왜

산 비탈레 성당

테오도라 왕비와 유스티니아누스 황제의 모자이크

모자이크에 자신을 남기고 싶어했을까? 그들의 모자이크는 그들이 사망한 후에도 이렇게 빛나고, 이 외진 도시로까지 사람들을 불러 모으지만 나를 포함하여 대부분의 관광객은 유스티니아누스와 테오도라의 모자이크를 구경하며 감탄할 뿐이지 그들의 삶에 감탄하지 않는다. 아니 아예 우리는 관심조차 없다. 내가 그들의 삶에 관심을 보인다면, 그들의 삶을 알고 싶어서가 아니라 내가 지금 눈으로 보고 있는 이 모자이크를 좀더 잘 이해하고자 하는 욕심 때문일 것이다.

바실리카 양식으로 지어진 성당의 입구에서 앱스를 바라보면 우리는 어느새 인간의 유한함을 느낀다. 저 멀리 앱스의 깊은 곳, 도달할 수 없는 곳, 감히 내려다보지 못하며 우러러보아야만 하는 저 멀고 깊은 곳에 신이 있다. 앱스에는 범접할 수 없는 분위기, 즉 아우라가 풍긴다. 종교를 믿지 않는 사람조차도 앱스 근처에 가면 함부로 행동해서는 안 될 듯한 기분에 휩싸인다. 아우라란 그런 것이다. 설명되지 않지만 분명히 발휘되는 힘, 그 출처를 알 수 없으나 인간이 분명히 느끼고 있는 강력한 힘, 그 힘의 근원을 인간은 신이라 불렀다. 그리고 무한하고도 궁극적인 신에 기대어 유한한 신세에서 벗어나기를 기대했다. 인간은 유한하기에 자신을 무한한 존재로 격상시킬 수 없다. 유한한 인간이 무한성에 다가갈 수 있는 유일한 방법은 무한한 존재인 신의 선택을 받는 것이다. 신의 선택을 우리는 구원이라 부른다. 구원은 한편으로는 신의 무한성을 표현하는 듯하지만, 동시에 인간의 유한성을 표현한다.

바실리카 성당의 깊은 곳 앱스에 자신의 모자이크를 남기고 싶어했던 유스티니아누스. 그는 권력자였을지 모르지만 그 역시 인간의 유한성의 한계를 극복하지는 못했다. 그의 권력은 앱스 근처에 자신의 모자이크를 남기고 자신의 무덤을 앱스 밑에 두면 혹시라도 구원의 가능성이 좀더 커지지 않을까라는 기대에 국한된다. 인간이 제 아무리 권력을 가져봐야 그 권력으로 할 수 있는 일은 딱 거기까지다. 종교는 인간의 유한함을 보여준다. 유한한 인간이 신적 존재를 통해 자신의 유한성을 돌파하고자 하는 처절한 몸부림이 종교라는 제도 속에 반영되어 있고, 인간은 구체적인 종교의 성격과 상관없이 '구원'이라는 단일한 목표를 지향한다.

모든 성당에는 죽음에 대한 두려움과 영생에 대한 동경이 스며들어 있다. 수많은 성당이 오랜 시기에 걸쳐 지어지고 또 지어졌던 이유는 유한한 인간의 몸부림에서 찾을 수 있다. 소중한 누군가를 잃었을 때 죽음에 대한 우리의 태도는 구체화된다. "사랑하는 사람―부모나 배우자, 형제자매, 자식, 가까운 친구―이 죽으면 우리는 허탈 상태에 빠진다. 우리의 희망, 소망, 기쁨은 망자와 함께 땅 속에 묻힌다. 어떤 것도 우리를 위로하지 못하고, 망자의 빈자리는 어떤 것으로도 채워지지 않는다. 우리는 사랑하는 사람이 죽으면 따라 죽은 아스라 족처럼 행동한다."[14] 그저 하나의 단어에 불과했던 죽음, 이제 그 죽음이라는 단어에서 절망이라는 뜻을 읽어내기 시작한다. 가까웠던 사람의 죽음을 경험한 후, 누구나 일생의 어느 단계에서는 자신에게도 죽음의 순간이 그리 멀지 않음을 자각하는 때가 온다. 그 순간을 좀더 빨리 맞이하는 사람도 있고 뒤늦게 자각하는 사람도 있겠지만, 누구도 그 자각의 순간을 피해갈 수는 없다. 아무리 가까운 사이라 하더라도 타인의 죽음을 떠올릴 때와 자신의 죽음을 떠올릴 때 우리의 느낌은 다르다. 타인의 죽음에서 우리는 허탈감을 느끼지만, 자신의 상상된 죽음에서는 무엇이라 부를 수 없는 공포를 느낀다.

우리는 죽음에 다른 의미를 부여하는 절차를 통해 죽음의 공포에서 벗어난다. "인간은 사랑하는 사람의 죽음에 대한 고통 속에서 죽음을 맛보았기 때문에, 이제 더이상 죽음을 멀찌감치 떼어놓을 수가 없었다. 하지만 그래도 자기 자신의 죽음을 상상할 수는 없었기 때문에 죽음을 인정할 마음은 내키지 않았다. 그래서 그는 타협안을 생각해냈다. 자신도 죽을 수 있다는 사실을 인정하되, 소멸의 의미를 죽음에서 배제한 것이다."[15] 이러한 노력은 곳곳에서 발견된다. 비단 유스티니아누스뿐만 아니라 라벤나에 남아 있는 모든 성당 아니 더 나아가 로마제국 곳곳의 지하세계에서 땅으로

14. 지크문트 프로이트, 김석희 옮김, 『문명 속의 불만』, 열린책들, 1997, 56쪽.
15. 같은 책, 61쪽.

솟아오른 바실리카 양식의 건축물에 담긴 숨은 뜻은 죽음에서 소멸의 의미를 배제하려는 안타까운 노력이다.

유스티니아누스의 모자이크가 있는 산 비탈레 성당 바로 옆에 지금은 사라진 산타 크로체 성당의 부속건물이 남아 있다. 갈라 플라치디아^{Galla Placidia}의 마우솔레움^{mausoleum}(죽은 위인이나 신격화된 인물의 영혼을 모시는 장대한 규모의 묘지. 영묘라고도 한다)이다. 갈라 플라치디아라는 이름을 기억하는 사람은 없다. 로마제국의 역사를 소상히 알고 있는 사람조차도 모를 수 있다. 그 이름을 내가 알게 된 것도, 갈라 플라치디아의 인생이 아니라 그의 마우솔레움 때문이다. 죽은 사람이 남긴 무덤의 크기는 그 사람이 누리던 권력의 크기를 반영한다. 살아 있는 동안 권력을 행사하지 못했던 사람도 무덤을 남기기는 하지만, 그를 기억하는 가까운 후손이 세상을 뜨고 나면 그 사람의 무덤은 애초에 어디에 있었는지도 모르게 사라진다. 지구상에 살았던 수많은 사람이 남긴 생과 사의 흔적은 이렇게 기억과 망각의 협곡 속에서 어느 힘이 더 세지느냐에 따라 무덤조차도 죽음처럼 소멸하고야 만다. 그것이 인생의 법칙이다.

자신의 이름으로 마우솔레움을 남겼으니, 갈라 플리치디아가 누렸을 권력의 크기는 짐작이 가고도 남는다. 하지만 갈라 플라치디아의 인생 속으로 좀더 깊숙이 들어가보면, 마우솔레움을 남길 정도로 권력을 지녔던 그 역시 유한한 인간이었음이 여실히 드러난다. 로마제국이 동과 서로 갈라지기 전 로마제국의 마지막 황제인 테오도시우스 1세의 딸로 갈라 플라치디아는 태어났다. 황제의 딸로 태어났으니, 범인의 빈한한 삶과 달리 화려함으로 직조된 태

피스트리를 닮은 인생을 살았으리라 예상하지만 실상 갈라 플리치디아의 삶은 한치 앞도 내다볼 수 없는 불확실성 그 자체였다. 그는 서고트족이 로마제국을 침략하면서 볼모로 고트족에게 잡혀갔고 414년 서고트족의 족장 아타울프와 결혼했으나 남편이 사망함으로써 416년 라벤나로 다시 돌아왔다.

갈라 플라치디아를 지배하는 불확실성은 거기서 끝나지 않다. 416년 재혼한 남편 콘스탄티우스 3세가 로마제국의 권력을 잠시 잡았으나, 두번째 남편마저 죽자 갈라 플라치디아는 콘스탄티노플로 추방되었다. 그러나 423년, 자신을 추방했던, 라벤나로 수도를 옮긴 장본인이자 남매지간인 호노리우스 황제가 사망하자 라벤나로 다시 돌아왔고 자신의 어린 아들 발렌티니아누스 3세를 황제 자리에 앉히고 섭정을 시작했다. 인생의 모든 고비를 넘기고 최고 권력자의 자리에 올랐던 425년, 갈라 플라치디아는 콘스탄티노플에 갔다가 라벤나로 돌아오는 길에 극심한 폭풍우를 만났다. 알려진 바에 의하면 폭풍우에 흔들리는 배에서 갈라 플라치디아는 죽을지도 모른다는 공포에 휩싸여 기도를 올렸다고 한다. 무사히 라벤나에 도착할 수 있도록 신이 허락한다면, 남은 삶을 신을 위해 살겠다고. 기도 덕분이었을까? 갈라 플라치디아는 무사히 라벤나에 도착했고, 라벤나 곳곳에 성당 건립을 후원함으로써 신과의 약속을 지켰다.

산 비탈레 성당의 옆문을 나오면 갈라 플라치디아의 마우솔레움으로 걸어갈 수 있다. 산 비탈레 성당에서 화려한 모자이크로 감각의 과부하를 경험한 사람의 눈에 저기 보이는 갈라 플라치디아의 마우솔레움은 그저 초라해 보인다. 그 건물이 마우솔레움이라는 것을 미리 알고 있는 사람이 아니라면 산 비탈레 성당에 딸린 화장실이나 창고 건물이 아닐까 여길 정도로 소박한 겉모습이다. 그러나 마우솔레움에 발을 들여놓는 순간 방문객은 탄성을 지르지 않을 수 없다. 마우솔레움의 모자이크를 구성하는 주요 색을 어떤 이름으로 불러야 할까? 터키석의 색을 닮은 그 푸른색을 바라보고 있노라면, 석양이 지고 한낮의 그 아름다웠던 하늘이 어둠과 만나면서 살짝 무거운 색조로 바뀌는 사이 태양은 사라졌으나 아직 달은 휘영청 밝은 빛을 내지 않는 그때 보았던 내 인생에서 가장 아름다운 하늘색이 떠오른다. '갈라 플라치디아 블루'라고 명명할 수밖에 없는 그 푸른색 사이에 '구원'에 대한 갈망을 새긴 모자이크로 마우솔레움은 장식되어 있다.

누가 보아도 이 마우솔레움은 죽음에 대한 신앙의 승리, 인간의

플라치디아 마우솔레움 내부의 모자이크

유한성에 대한 그리스도의 승리를 주제로 삼고 있다. 중앙의 상단 부에 황금 십자가를 들고 있는 그리스도의 모습이, 그 아래는 천으로 몸을 휘감는 고대 로마의 의상인 토가를 입어 마치 로마의 원로 원을 연상시키는 네 명의 복음사가의 모습이, 그리고 갈라 플라치디아의 석관 가장 가까운 곳에 순교자 성 빈센티우스의 모습이 그려져 있다. 빈센티우스의 왼쪽 편에 책장이 있는데 문이 열려 있어 그 안에 있는 책이 무엇인지 알 수 있다. 그 책장엔 복음서가 들어 있다. 모자이크의 가운데 불길 위에 달아오른 격자형 석쇠가 묘사되어 있다. 성 빈센티우스는 그 석쇠 위에서 순교했다. 그 모자이크 바로 아래 갈라 플라치디아의 석관이, 왼쪽에는 그의 두번째 남편인 콘스탄티우스 3세의 석관이, 오른쪽에는 아들 발렌티니아누스 3세의 석관이 있다.

권력이 있다고 죽음이 인간을 비껴가지 않는다. 죽음이라는 유한성 앞에서 모든 인간은 동등하다. 단지 권력이 있음과 없음에 따라 죽음에 대응하는 방법이 다를 뿐이다. 권력자는 권력을 이용하여 죽음이라는 유한성으로부터 벗어나려 한다.

콘스탄티노플의 권력자들 역시 다르지 않았다. 콘스탄티노플의 성벽 외곽에 건축되었기에 성 밖이라는 뜻을 지닌 코라^{Chora} 성당은 본당과 부속건물로 이루어졌는데, 본당이 살아 있는 사람들의 나라라면 부속건물은 죽은 자들의 나라다. 코라 성당의 복원을 명령받은 콘스탄티노플의 재상 테오도로스 메토히티스는 본당 서쪽 외부에 나르텍스를 덧대고 남쪽에 마우솔레움으로 사용할 파레클레시온(부속건물)을 증축했다. 갈라 플라치디아의 마우솔레움을 방문하는 사람이 모자이크에는 관심이 있으나, 자연인 갈라 플라치디아에겐 관심이 없는 것처럼 현재는 카리예^{Kariye} 박물관이라 불리는 코라 성당의 마우솔레움에서 어느 누구도 메토히티스를 기억해내지 못한다. 어느 누구도 그의 구원을 기대하며 이곳에 오지 않는다. 나 역시 코라 성당에 간 이유는 남겨진 벽화를 보기 위해서였는데 벽화를 보고나서도 메토히티스라는 이름을 잘 기억하지 못했다. 갈라 플라치디아와 메토히티스의 이후 삶에 대해 우리는 알지 못한다. 콘스탄티누스와 유스티니아누스와 갈라 플라치디아와 메토히티스가 권력의 힘으로 응대하려 했던 그 흔적을 우리는 예술작품으로 마주하고 있다.

콘스탄티누스도 유스티니아누스도 아닌 우리는?

권력이 없는 자는 죽음에 대체 어떻게 응대하는가? 구원을 위한 자신만의 마우솔레움을 주문할 힘이 없는 우리는 오히려 죽음이라는 인간의 운명에 대해 생각하게 된다. "우리는 마치 죽음이 피할 수도 있는 일인 것처럼 행동하곤 했다. 우리는 죽음을 한쪽 구석으로 밀쳐놓고 그것을 삶에서 배제해버리는 경향을 보였다. 우리는 죽음을 뭉개버리려고 애썼다."[16] 삶이란 본래 무상無常하다. 한자 문화권에서 삶을 같지 않음, 즉 무상으로 파악했다면 지구의 반대편에서 통찰한 삶의 본질도 크게 다르지 않다. 단지 그 본질을

---

16. 지크문트 프로이트, 앞의 책, 54쪽.

표현하기 위해 다른 단어 바니타스 ^{vanitas}(공허)를 선택했다는 차이만 있다. 이 세상 어느 것도 소멸의 법칙으로부터 자유로울 수 없다. 더이상 죽음에 대한 공포를 권력으로 다스리지도 않고, 죽음을 없는 것으로 만들지도 않고 죽음에 대해, 인간의 유한한 운명에 대해 생각하는 그 순간, 우리는 우울해진다. 나만 영원하지 못한 것인가? 사랑하는 이와 어쩔 수 없었던 사별은 나에게만 일어나는 가혹한 저주란 말인가? 인간의 유한성은 이 시대에 태어났기에 피할 수 없는 시대의 역병이란 말인가? 무상함에 대해 생각할수록, 영원한 것이 없음을 생각할수록 우리는 저주받은 개인의 역사가 아니라 인류의 보편사에 다가간다. 유한한 인간에게 유일하게 가장 확실한 대응은 죽음이 돌발적이고 예외적인 사태가 아니라 불변의 사실이자 가장 확실한 사실임을 깨닫는 것이다.

한 시인이 있다. 그에게는 사랑하는 사람이 있다. 너무나 사랑하기에 사랑하는 사람이 영원했으면 한다. 하지만 시인은 알고 있다. 아무리 그 사람을 사랑한다 하더라도, 그래서 그가 지금 이 상태로 머물러 있기를 간절히 원한다 하더라도 세월이 그 사람만 비껴 지나가는 예외적인 현상은 결코 발생하지 않을 것임을. 그는 분명히 알고 있다. 자신이 사랑하는 사람도 늙어버린 자신처럼 언젠가는 늙고 말 것임을.

세월이 그의 젊은 피를 마셔 없애고
그의 이마를 주름과 잔금으로 가득 채울 때
그의 청춘의 아침이 노년의 가파른 밤에 이를 때

지금은 그가 왕으로 군림하여 소유하는 모든 아름다움이

그의 전성 시기의 보물들을 훔쳐 가지고

사라져가거나 또는 아주 보이지 않게 사라져버릴 때[17]

대체 시인은 무엇을 할 수 있을까? 시인은 사랑하는 그 사람을 영원히 살게 할 수 없다. 죽음으로부터 구원할 수도 없다. 오로지 시인은 단 한 가지만을 할 수 있다. 시인은 그의 젊음과 아름다움에 대한 기억만은 영원히 남길 수 있다.

그래서 비록 나의 애인의 생명은 끊어낸다 할지라도

그의 젊은 때의 아름다움에 관한 기억만은 끊지 않게 하리라

그의 아름다움은 먹으로 쓴 이 글줄에서 보게 되리라

글줄은 불멸하고 그도 그 속에서 길이 푸르리라.[18]

그래서 시인은 시를 쓴다. 시인은 안다. 갈라 플라치디아의 마우솔레움도 콘스탄티누스의 모자이크도 메토히티스의 복원도 해내지 못한 것을 자신이 할 수 있음을. "대리석도, 왕후를 위하여 세운/ 금빛 찬란한 기념비도, 이 시보다 오래 남지 못하리라/ 오랜 세월에 더럽혀지고 청소도 아니 한 비석보다/ 그대는 이 시 속에 빛나리라."[19]

나에게 베네치아의 리도섬은 청춘의 섬이다. 아직 내가 젊었을

---

17. 윌리엄 셰익스피어, 피천득 옮김, 『셰익스피어 소네트』, 민음사, 2015, 143쪽.

18. 같은 책, 143쪽.

19. 같은 책, 127쪽.

때, 서른도 채 되지 않았던 그때 베네치아에 왔었다. 잘 보이고 싶었던 K가 있었고, K는 말러의 교향곡 전집과 머니 클립을 갖고 싶다고 했고, 나는 그것들을 꼭 구하고 싶었다. 베네치아의 어느 상점에서 말러의 교향곡 전집을 발견했다. 적지 않은 가격이었지만 가격 따위는 문제되지 않을 정도로 나는 K에게 잘 보이고 싶었다. 말러의 교향곡 전집을 구하고 나니, 이젠 머니 클립이 문제였다. 베네치아 거리를 쏘다녔다. 스마트폰이 없었던 시절의 베네치아는 좋았다. 목적지까지 길을 잃지 않고 가겠다는 생각은 아예 할 수가 없는 도시에선 그냥 길을 잃어버리는 게 편했다. 길을 잃어버려도 언젠가는 목적지에 도달할 수 있는 희한한 도로망이 있는 도시에서 K에게 줄 머니 클립을 구하기 위해 골목을 헤맬 때 비스콘티의 영화 〈베네치아에서의 죽음〉이 생각났다. 마침내 머니 클립을 어느 골목의 상점에서 구했다. 바로 그날 리도 섬에 갔었다. 리도 섬에서 베네치아로 돌아올 때 영화의 그 장면처럼 마침 해가 질 무렵이었고 산 조르조 마조레 성당이 눈에 들어왔으며 말러의 교향곡 5번 4악장이 들려왔다.

20년 전의 나는 누군가에게 말러의 교향곡 전집과 머니 클립을 선물하기 위해 큰 결심을 해야 할 정도로 돈이 넉넉하지 않았다. 그렇지만 나는 그때 젊었다. 20여 년 후 젊음을 잃고 다시 베네치아에 왔다. 젊지만 가난한 상태와 젊지는 않지만 가난하지는 않은 상태 중 무엇이 더 좋은지 판단내릴 수 없다. 리도 섬에 갔다. 영화의 무대, 아셴바흐가 타지오를 처음 만나는 리도 섬의 그 호텔은 거기 그대로 있다. 하지만 그 호텔에 들어갈 수는 없다. 베인즈호

텔은 2010년부터 문을 닫았기 때문이다. 베네치아로 다시 돌아오
는 배에서 잃어버린 것에 대해 생각했다. 20년 사이에 나는 젊음
을 잃었다. 결국 K와도 이뤄지지 못했다. 지금은 소식을 모르니 K
를 잃었다고 할 수 있다. 내가 여전히 젊었을 때 베네치아에 같이
왔던 아버지와 어머니도 죽음으로 잃었다. 콘스탄티노플이 인류
역사의 바니타스를 증명한다면, 베네치아는 내 인생 바니타스의
무대이다.

예술은 죽음을 구원하지 않는다. 아니 죽음을 구원하지 못한다.
죽음을 구원하려 하는 신앙과 달리 예술은 죽음으로부터의 탈출
가능성을 내비치기는커녕 쇠락을 자신의 동력으로 삼는다. 예술
의 본질은 사라짐이다. 꽃이 아름다운 이유는 꽃이 지기 때문이다.
지지 않는 꽃은 아름답지 않다. 불꽃놀이도 마찬가지의 이유로 아

름답다. 모든 아름다운 것은 쇠락한다. 아름다움의 본질은 영원성이 아니라 쇠락에 있다. 인간은 신이 아니기에, 무한한 존재가 아니기에 세상을 창조할 수 없다. 대신 인간은 유한하기에 아름다움을 창조할 수 있다. 그리하여 예술은 신의 몫이 아니라 인간의 몫인 것이다.

예술은 손에 거머쥘 수 있는 게 아니다. 손에 거머쥘 수 있는 것만을 추구하는 사람은 예술을 이해할 수 없다. 예술에 대한 태도와 노년의 태도와의 유사성은 바로 이 끈으로 연결된다. 로마의 바티칸 성당, 언젠가 아버지 어머니와 함께 갔던 성당이다. 그때, 우리가 과거라고 부르는 그 시간, 나는 여전히 청년이었고 아버지와 어머니는 아직 노인이라 불릴 나이는 아니었다. 그 사이 시간이 흘러, 아버지와 어머니는 세상을 떠났고 나는 성 베드로 성당에 같이 갔을 때의 아버지와 어머니의 나이에 좀더 가까워진 채 다시 이곳에 왔다. 인간은 쇠락했고 소멸했지만 성 베드로 성당은 그대로다. 그때 어머니가 성수에 손가락을 적시고 저 깊은 곳의 앱스를 향해 성호를 그은 후 기념사진을 찍었던 성수대는 그대로 있다. 나는 어머니를 생각하며 좀 떨어져서 성수대를 바라보고 있었다. 한 노인과 아마도 딸인 듯한 중년의 여인이 성수대 근처로 왔다. 노인은 걷는 게 힘든 듯 성수대 주변에 잠시 앉는다. 딸은 그 어머니를 기다리고 있다. 그 노인은 다시 로마에 올 수 있을까? 나의 어머니처럼 다시 올 수 없을지 모른다. 내게도 물었다. 나는 바티칸 성당에 다시 올 수 있을까? 다시 와서 이 세상 사람이 아닌 어머니를 생각하며, 성수대를 또다시 바라볼 수 있을까?

존 버거는 죽은 어머니를 리스본에서 다시 만났다. 왜 하필 리스본이냐고 존 버거가 묻자 어머니는 이렇게 대답했다. "망자들은 죽으면 지상에 머물 곳을 선택할 수 있단다. 지상에 머물기로 하는 경우엔 언제나… 난 리스본을 골랐어."[20] '새로운 로마' 콘스탄티노플에서 시작한 여정을 끝내기에 가장 적당한 곳은 여기 성 베드로 성당이다. "여기, 우리가 만나는 곳"으로 나의 어머니는 아마도 로마를 선택했을 것이다.

베드로 성당의 성수대

20. 존 버거, 강수정 옮김, 『여기, 우리가 만나는 곳』, 열화당, 2006, 13-14쪽.

3장

1453년 5월 29일, 콘스탄티노플이 사라지던 날의 피렌체

불멸의 신이시여, 이제부터 제가 이야기하려는 이 도시,

피렌체의 영광에 필적할 만한

웅변력을 제게 주소서.

그것이 허락되지 않는다면,

적어도 이 도시를 찬양하는 데 필요한

열정과 희망만이라도 제게 주십시오.

웅변력이나 열정 그 둘 가운데 어느 것을 통해서라도,

이 도시의 위대함과 존엄성이

충분히 표현될 수 있어야 한다고 저는 믿습니다.

어느 누구도 이 도시보다 더욱 빛나고 영광스러운 곳을,

이 세상 어디에서도 발견할 수 없을 것입니다.[1]

1. 레오나르도 브루니, 임병철 옮김, 『피렌체 찬가』, 책세상, 2002, 13쪽.

발음하면 기분이 좋았던 플로렌스

그 시절에 대한 기억은 조각나 있다. 유년시절을 연대기적으로 전후사정 빈틈없이 기억해낼 수 없다. 기억으로 구성할 수 있는 유년시절은 사건 순서도 불분명하고 사실관계도 확실하지 않은 단편적인 이미지 나열에 가깝다. 그 당시 읽었던 책의 몇 장면이 기억난다. 줄거리는 온전치 않은 상태로 단지 책 제목과 책 속의 몇 에피소드와 장면만이 맥락을 잃어버린 채 기억 속에 남아 있을 뿐이다. 『알프스의 소녀 하이디』도 그런 책 중 하나다.

아마도 『알프스의 소녀 하이디』는 '소년소녀 명작동화' 같은 동화전집에 포함돼 있었던 것 같다. 하이디가 알프스에서 프랑크푸르트로 이사해야 했던 정확한 내막은 잊어버렸다. 프랑크푸르트의 어느 다락방에서 하이디가 푸른색의 알프스를 그리워하는 장면 때문인지 내 머릿속 프랑크푸르트는 회색 도시로 남아 있다. 그런데 독일 유학을 갈 때, 비행기에서 프랑크푸르트 상공을 내려다보며 나는 혼자 이렇게 중얼거렸다. "하이디의 말과는 다른데?"

비슷한 시기에 나이팅게일의 위인전도 읽었다. 나이팅게일의 부모는 이탈리아 여행 중에 나이팅게일을 낳았는데, 그 도시가 피렌체^{Firenze}였고 그래서 아기 이름을 피렌체의 영어식 이름인 플로렌스^{Florence}로 지었다는 사정을 알게 되었다. 그 이후 플로렌스라는 도시의 이름은 아주 강렬하게 기억에 저장되었다. 플로렌스! 왠지 발음만 해도 기분이 좋아졌다. 발음하기가 까다롭기 그지없는 프랑크푸르트와 달리 플로렌스는 발음도 쉽고 경쾌하게 들렸다.

어린 시절 나는 『세계지리부도』를 뒤적이며 어른이 되면 가야 할 나라를 상상하곤 했다. 작은 지구본이 내 방에 있었는데, 지구본을 획획 돌리다가 어느 한 곳에 멈추면 그곳에 있는 나라 이름과 도시 이름을 하나 둘씩 외웠고, 최선을 다해 그 나라와 도시를 상상했다. 북극에서 멀지 않은데, 그리고 바로 옆 나라의 이름은 아이슬란드인데 막상 그 이름은 그린란드라는 나라가 있어서 신기했다. 나라 이름과 수도 이름을 외우는 것도 흥미로웠다. 독일의 수도는 본, 오스트리아의 수도는 빈 이런 식으로 외우면서 언젠가는 그 도시에 가서 거리를 걷고 공기를 마셔보리라 마음을 다지곤

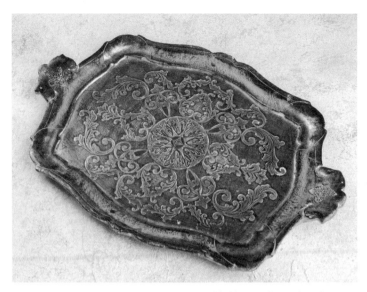

플로렌틴 터콰즈의 신비한 푸른색을 간직한 고대 접시

했다. 플로렌스라는 발음으로 처음 접한 도시 피렌체는 당연히 가야만 하는 도시 중 하나였다.

어떤 찻잔을 우연히 알게 되었는데, 보자마자 마음을 빼앗겼다. 용과 불사조의 프리즈^{frieze}가 핸드 프린팅으로 그려진 이 매혹적인 찻잔을 손에 넣고 싶어서 구글링을 하다가 찻잔 이름이 플로렌틴 터콰즈^{florentine turquoise}임을 알고 더 깜짝 놀랐다. 어릴 때부터 관심있던 도시 이름인 플로렌스(피렌체)와 가장 좋아하는 색이자 콘스탄티노플을 연상시키는 터키색(터콰즈)으로 조합된 찻잔, 지금도 가끔 기분을 내고 싶을 땐 그 찻잔에 커피를 마신다. 그러면 콘스탄티노플과 플로렌스/피렌체를 동시에 느낄 수 있다.

가죽점퍼 쇼핑백을 들고 피렌체를 처음으로 걸었다

1994년 초여름 어느날 성인이 되어 피렌체에 갔다. 자동차로 독일의 브레멘을 출발하여 알프스산맥을 넘어 베로나와 볼로냐를 거쳐 로마까지 가는 여정이었다. 저가항공이 없었고 유럽 내에서 도시 간 기차이동은 유학생이 감당할 수 없는 비용이 들던 시절이었다. 경비를 아낄 요량으로 4명이 한 승용차에 우겨타고 로마까지 갔으니 괴테의 로마행 합승마차 못지않은 고생길이었다. 에어컨도 없는 자동차에 4명이 탄 채로 알프스를 넘고 초여름 이탈리아의 고속도로를 달려 피렌체에 닿았을 무렵엔 이미 다들 탈진 상태였다. 피렌체에 내리자마자 젤라토 집부터 찾았다. 젤라토를 들고 거리를 걷다가 귀신에라도 홀린 듯 가죽옷 상점으로 들어갔다. 그때 나는 미켈란젤로보다는 옷을 더 좋아하던 청년이었다. 꼭 옷을 살 작정은 아니었는데 매장 안에서 이탈리아 사람 특유의 친근함과 마주하니 돈 걱정이 한낮의 젤라토처럼 빠르게 녹아내렸다. 독일에서 거의 투명인간 취급받는 동양인 남자였던 나에게 피렌체 상인의 친화력은 그 자체가 유혹이었던 것이다.

독일의 공기는 늘 냉랭했다. 그리고 사람도 그 공기를 닮은 듯, 딱히 불친절하지는 않았지만 결코 친절하지도 않았다. 냉랭한 그 공기를 닮은 독일 사람들은 낯선 사람에게 어떤 말을 건네야 할지 모르는 듯했다. 본능이나 감각보다는 철학과 이성이 앞서는 분위기로 가득 찬 유럽의 북쪽을 떠나 알프스산맥을 넘어 남쪽으로 내려가자 사람들이 달라졌다. 피렌체 상인은 거침없었다. 숙고를 한 후에 겨우 말을 꺼내는 독일인과 달리, 그는 말하면서 생각하거나 아니면 이미 말해버리고 난 후 생각을 하는 게 아닐까 싶을 정도로 낯선 이에게 즉각적인 반응을 보였다. 그들의 혀는 신속했다. 경음이 단순한 모음과 만나 빚어내는 이탈리아어는 어린 시절 플로렌스라는 단어에서 느꼈던 경쾌함을 기억나게 했다.

피렌체 상인은 나의 국적을 물었고 한국인이라 답하자 자신은 일본인을 싫어한다며 한국과 이탈리아는 친구라 했다. 뻔한 상술에서 나온 말임을 나는 알아채지 못했다. 그가 짧은 영어로 했던 말이 아직도 기억난다. "You are my friend!" 절대 일본인에게는 '특별가격' Special Price 을 제공하지 않는데, 한국은 내 친구의 나라이니 특별한 가격으로 가죽점퍼를 팔겠다고 했다. 잠시 후 젤라토를 쥐고 있던 내 손엔 가죽점퍼가 든 쇼핑백이 쥐여 있었다. 쇼핑백을 들고 있는 나와 피렌체 상인은 볼을 맞대는 남부 유럽 특유의 인사를 나누었다. 악수조차 인색한 독일에서 온 나는 신체 접촉이 어색했지만 불쾌하지는 않았다. 그는 혹시라도 일본인을 만나면 가죽점퍼를 특별가격에 샀다는 말을 절대 하지 말라는 당부까지 덧붙였다. 나는 완벽한 상술에 놀아났지만, 여기는 베를린과는 전혀 다른 도시임을 몸으로 깨달았다. 그것으로 충분했다. 여기는 피렌체다.

플로렌스! 발음만 해도 기분이 좋은, 어린 시절 막연하게 언젠가 가고자 했던 도시에 왔으니 기분이 좋았고, 피렌체 상인의 말을 그때까지 사실이라고 믿었던 나는 가죽점퍼도 싸게 샀으니 금상

홀린 듯 가죽점퍼를 샀던 피렌체의 골목길

첨화였다. 그 기분을 살려 젤라토를 하나 더 샀고, 한손엔 쇼핑백을 또다른 손엔 젤라토를 든 채로 피렌체 골목골목을 구경했다. 피렌체에 왔으니 '우피치 미술관'에 들러야 했지만, 마침 그곳은 파업중이었다. 관광객으로 넘쳐흐르는 도시에서 예약도 없이 숙소를 구하기는 쉽지 않았다. 귀신에 홀린 듯 사버린 가죽점퍼를 트렁크에 싣고 다시 로마를 향해 떠났다. 물론 나는 한참 후에야 내가 산 가죽점퍼가 결코 싼 게 아니었음을 알게 되었다.

그날 이후 그 도시는 어느 더운 여름날 젤라토를 많이 사먹었고 홀린 듯 가죽점퍼를 샀던, 내 청춘의 흑역사를 간직한 곳으로 남아 있다. 나이팅게일을 잊은 지는 이미 오래였다. 그런데 어느 책에서 1460년대의 피렌체를 묘사한 장면을 읽고 한편으로 안심했다.

피렌체는 본래 젊은 사람들이 옷으로 유혹당하는 그런 곳이었다. "피렌체는 정육점 주인보다 나무 세공사가 더 많았던 장인의 도시였고, 의류산업의 중심지로 패션의 도시였다. 직공, 염색업자, 제혁업자, 모피 가게 등이 밀집해 있었고 옷 가게가 즐비해서 이곳을 지나는 젊은이들은 전원의 촌스러운 모습을 벗어던지고 싶은 욕망을 강하게 느꼈다."[2] 그래, 이 도시는 1460년에도 1994년의 나처럼 한창 멋부리고 싶은 사람, "촌스러운 모습을 벗어던지고 싶은 욕망"을 느끼는 사람에게 유혹적인 도시였던 것이다. 나만 피렌체의 상술에 넘어간 게 아니었다. 그나마 위안이 되었다.

세월이 흘렀다. 그리고 다시 피렌체에 왔다. 1994년엔 기차를 탈 엄두가 나지 않았는데, 그 사이에 이탈리아의 기찻삯이 상대적으로 저렴해진 것인지 이제 내가 어엿하게 월급을 받는 처지가 된 덕분인지 1등칸 기차를 탔다. 굳이 1등칸을 탔던 이유는 2등칸 값과 크게 차이가 나지도 않았지만, 1994년의 나와 현재의 나를 비교하면서 잃어버린 젊음을 돈으로 보상받고 싶은 치졸한 마음 때문이기도 했다. 기차에서 생각했다. 피렌체는 그 모습 그대로일까? 피렌체에 도착하면 어디부터 구경을 시작할까?

1994년의 강렬한 기억이 있는 그 거리부터 피렌체 여행을 시작하고 싶었다. 기억을 되살려보니, 우리는 아우토스트라다^autostrada(고속도로)에서 빠져나온 후 피렌체 시내에 접어들어 아르노 강 주변 어딘가에 차를 세워두고 걸어서 피렌체 구도심으로 갔다. 시내로 가는 동안 젤라토를 먹고 뒤돌아서다가 홀린 듯 어느 가게로 들어갔

---

2. 찰스 니콜, 안기순 옮김, 『레오나르도 다 빈치 평전』, 고즈윈, 2007, 77쪽.

고 가죽점퍼가 담긴 쇼핑백을 든 채로 구시가지에 접어들었을 때 미켈란젤로의 「다비드」상이 보였던 것으로 보아, 그 거리는 '팔라초 델라 시뇨리아' 근처일 것이다. 기억을 저장하는 뇌세포를 총동원하여 내 기억 속의 거리를 드디어 찾아냈다. 그리고 그 거리에서 과거의 피렌체 상인에게 나 이제 당신의 말이 허풍이었음을 알았노라고 째려보며 말했고, 저 거리에 접어들었던 청춘의 나를 회상했다. 그리고 이번 피렌체 여행에선 상인의 달콤한 말에 넘어가 물건을 사지 않으리라 다짐했다. 1994년의 피렌체에 보내는 나의 소심하고 은밀한 복수는 그렇게 끝났다.

카테나 지도는 나를 15세기의 피렌체로 안내한다

모든 도시엔 고유한 역사가 있고 그 도시 사람들이 역사에 적응하며 만들어낸 특이한 정서가 있다. 여행객의 눈에 역사와 삶은 잘 보이지 않는다. 현지에서 직접 부딪히며 그 도시의 역사와 정서를 깨우치기 위해서는 상당한 체류기간이 필요한데, 짧은 일정 속에서 효과적인 방법을 찾다보니 결국 『론리 플래닛』에 의존하든가, 방송이나 책에서 보았던 주장을 그대로 따라간다. 그나마 매스미디어의 영향에서 다소 벗어난 곳으로 여행갈 때에는 그런 경향이 덜하다. 하지만 피렌체처럼 그 도시를 둘러싼 담론이 시끄럽다 못해 웅변적이기까지 할 경우에는 다르다. 어떤 사람은 르네상스의 탄생 신비와 레오나르도 다 빈치와 미켈란젤로 같은 천재를 낳

그때 쇼핑백을 들고
미술책에서만 보던 다비드 상을 처음 보았다

은 비밀이 피렌체에 있으니 그 비밀을 파헤치기 위해 피렌체로 간다고 한다. 피렌체에 가야 하는 이유는 그 밖에도 많다. 영화 〈냉정과 열정 사이〉를 보고 나서 일명 두오모로 불리는 피렌체 대성당의 꼭대기에 오르고 싶어하는 사람도 있고, 어떤 이는 메디치 가家의 전기를 읽고 감동받아 또다른 메디치가 될 수 있는 방법을 찾아 그곳에 간다고 한다. 사실 피렌체에 가는 이유가 무엇이든, 심지어 피렌체식 스테이크인 비스테카Bistecca를 먹으러 가든 가죽제품을 사러 가든, 그곳에서 마땅히 해야 할 일 또는 모든 사람에게 받아들여져야 할 보편적 이유는 없다. 사람은 각자의 이유로 피렌체로 가면 된다.

거창한 계획은 세우지 않았다. 그러기에 피렌체에 머물 수 있는 시간은 넉넉하지 않다. 피렌체는 성수기와 비수기가 따로 없을 정도로 관광객이 많은 도시다. 당연히 물가가 비싸다. 숙박비도 비싸다. 임대료가 비싸서 그런지 젤라토 역시 비싸다. 마음 같아서는 방학을 이용해 한두 달 피렌체에 머물고 싶지만, 공짜로 재워줄 만한 아는 사람 하나 없으니 쉬운 일이 아니다. 피렌체에 머물 수 있는 시간은 나의 경제적 능력에 정확히 비례한다. 피렌체에 몇 달을 머물렀고, 피렌체를 수차례 가봤다는 사람의 말을 들을 때마다 머릿속에서 그 기간의 체류비를 내가 감당할 수 있는지 묻곤 하는데 대답은 항상 긍정적이지 않다. 그 정도의 체류비를 벌 수 있을 정도로 내 책이 팔리지도 않으니 장기체류는 언감생심이다. 하지만 플로렌스라는 단어만 들어도 황홀했던 나는 피렌체를 결코 포기할 수 없었다.

돈이 부족하니 제한된 체류시간 동안 피렌체에서 거둘 수 있는 현실적인 목표를 세워야 했다. 달성 가능한 현실적인 목표를 설정하다보니 하나의 실마리를 발견했다. 1490년에 제작된 일명 카테나 지도^{Veduta della Catena}이다. 잘 알려진 지도이기에 구글만 검색하면 쉽게 구할 수 있고 『피렌체』라는 제목으로 번역 출판된 로스 킹의 책에도 꽤나 큰 별책부록으로 들어 있다. 김정호의 「수선전도」를 펼쳐놓고 1825년의 한양을 상상할 때 느낄 수 있는 재미처럼 15세기에 만들어진 피렌체의 지도를 펼치고 상상의 나래를 펴는 것도 피렌체를 즐길 수 있는 또다른 방법이다.

어느 도시든 가장 화려했던 시절이 있다. 특히 유럽의 관광도시

카테나 시노

　는 현재가 아니라 과거의 특정한 시점이 사람들을 잡아당기는 매력의 원천이기도 하다. 그 속에 콘스탄티노플을 품고 있는 현재의 이스탄불처럼, 피렌체 역시 현재로 사람을 부르지는 않는다. 피렌체에 오는 사람은 피렌체가 가장 화려했던 순간을 보기 위해 여기에 온다. 현재의 관광도시 피렌체는 15세기의 피렌체를 판매한다.

　누구나 자기가 살고 있는 도시에 자부심을 느끼겠지만, 자부심에 관한 한 피렌체를 빼놓을 수 없다. 인구 1400만명이 넘는 이스탄불과 비교해보면 피렌체는 인구가 고작 38만명밖에 안 되는 작은 도시다. 하지만 이 도시에서 태어났거나 이 도시와 인연을 맺고 있는 사람들을 쭉 늘어놓다보면 어느새 이 도시의 물리적 크기를 잊는다. 이름만 대면 누구나 알 만한 피렌체 출신의 인물이 한둘이 아니기 때문이다. 게다가 그들은 15세기에 집중적으로 피렌체에서 활동했다. 참으로 풀고 싶은 하나의 수수께끼다.

카테나 지도에는 유독 두드러지게 그려진 몇 채의 건물이 있는데, 이 건물들 모두는 15세기 피렌체를 이해하기 위한 좋은 실마리다. 15세기의 그 공간에 있었던 사람들을 찾기 위해 먼저 산타크로체 성당으로 간다. 이 도시가 배출한 걸출한 인물은 거의 다산타 크로체 성당에 묻혀 있다. '산타 크로체'는 피렌체의 판테온이다. 이 성당 앞에 단테의 조각상이 있다.『신곡』의 작가 단테 알리기에리[1265-1321]는 피렌체 사람이다. 애석하게도 단테는 황제파와 교황파의 대립이 심하던 시기, 정치적 이유로 피렌체로부터 추방당했고 다시는 고향에 돌아오지 못했다. 단테의 무덤은 피렌체가 아니라 라벤나에 있다. 피렌체 시는 산타 크로체 성당 앞에 단테의 거대한 조각상을 세우는 것으로 그에게 뒤늦은 화해를 청한 듯하다.

산타 크로체 성당 앞 단테의 조각상

성당 안으로 들어가 회랑을 따라 무덤을 하나 하나 구경한다. 무
선전신을 발명한 굴리엘모 마르코니^{Guglielmo Marconi}가 피렌체 출신
임을 그곳에서야 비로소 알았다. 누구인지 알 수 없는 인물도 있
지만 각자 특징적인 모습으로 꾸며진 무덤의 비석에는 갈릴레오
갈릴레이^{Galileo Galilei}며 니콜로 마키아벨리^{Niccolo Machiavelli}와 같은 익
숙한 이름도 적혀 있다. 회랑을 걸으며, 피렌체의 15세기와 연관
을 맺고 있는 인물의 이름을 하나씩 마음속으로 불러본다. 『데카
메론』의 작가 조반니 보카치오^{Giovanni Boccaccio, 1313-1375} 역시 피렌
체 출신이다. 예술가의 이름을 불러보면 마치 미술사의 한 챕터 제
목을 읽는 듯하다. 피렌체 두오모 「산타 마리아」^{Cattedrale di Santa Maria}
^{del Fiore}의 돔을 설계한 필리포 브루넬레스키^{Filippo Brunelleschi, 1377-1446},
「산 조반니」 세례당의 청동문을 만든 로렌초 기베르티^{Lorenzo Ghiberti,}
¹³⁷⁸⁻¹⁴⁵⁵, 청동 「다비드」 상으로 유명한 도나텔로^{Donato di Niccolo di Betto}

Bardi, 1386-1466, 원근법의 시초로 꼽히는 「삼위일체」를 그린 마사초 Masaccio, 1401-1428, 「산타 마리아 노벨라」 성당을 설계한 레온 바티스타 알베르티 Leon Battista Alberti, 1404-1472, 「비너스의 탄생」을 그린 산드로 보티첼리 Sandro Botticelli, 1445-1510, 그리고 더이상의 설명이 필요 없는 천재 레오나르도 다 빈치 Leonardo da Vinci, 1452-1519 와 미켈란젤로 부오나로티 Michelangelo di Lodovico Buonarroti Simoni, 1475-1564! 이 모두가 15세기 피렌체 출신이다.

이렇게 열거한 예술가 중 단 한 명이라도 배출한 도시가 있다면, 도시는 그 인물을 영원한 자랑거리로 삼고 시내 곳곳에 그 흔적을 전시하련만, 헤아릴 수 없이 많은 예술가를 낳은 이 도시에서는 단 한 명의 예술가를 꼽는 게 불가능하다. 아니 피렌체를 빼놓고 예술사를 서술하는 것이 아예 불가능할 정도이니, 이 도시의 15세기를 찬양하는 목소리가 유독 소란스러운 것도 충분히 이해할 만하다.

산타 크로체 성당의 레오나르도 브루니 Leonardo Bruni 무덤 앞에 섰다. 15세기의 피렌체를 언급할 때 빼놓을 수 없는, 피렌체를 직접 경험했고 그 가능성을 찬양했고 미묘함을 우려했던 인물이다. 브루니는 그가 그토록 자부심을 갖던 도시 피렌체의 역사를 서술한 『피렌체 시민사』를 가슴에 얹고 누워 있다. 결국, 1401년 브루니가 『피렌체 찬가』를 쓸 때 기대했던 것 이상의 특별함이 피렌체에서 만들어졌다.

피렌체가 유독 빛나던 15세기를 만나러 이제 떠난다. 15세기의 피렌체는 지금의 피렌체보다 작다. 따라서 각오만 좀 한다면 하루 이틀만 할애해도 충분히 시간여행을 떠날 수 있다. 물론 수학여행 온 고등학생의 체력을 기준으로 환산한 시간이다. 관람자의 나이

브루니의 무덤

에 따라 그 시간은 좀 늘어날 수도, 혹은 체력이 좋다면 단축될 수도 있다. 나는 소심한 복수를 끝내자마자, 몸살이 나도록 15세기의 피렌체를 걷고 또 걸었다.

산타 마리아 노벨라 성당에 15세기 피렌체로 가는 비밀 입구가 있다

고속철도 덕분에 로마와 피렌체의 체감 거리는 그다지 멀지 않다. 로마의 테르미니 역에서 기차를 타면 피렌체 역에 1시간 30분도 채 걸리지 않아 도착한다. 피렌체를 르네상스의 탄생지라고 들은 탓에 르네상스의 이미지를 머릿속에 채운 채 피렌체 역에 도착한다면 다소 실망할 수 있다. 피렌체 역은 매우 현대적이다. 아마 역 주변이라 그럴 것이라 생각하고, 어서 역을 떠나 르네상스의 흔적을 찾아가고 싶을 것이다. 그런 피렌체 역과 너무나 가까이 있기에 우리가 놓칠 수 있는 산타 마리아 노벨라 성당에서 피렌체 산책을 시작한다.

현대적인 스케일 감각으로 보자면 피렌체는 로마나 밀라노와 비교할 수 없을 정도로 작은 도시지만, 15세기의 피렌체를 이해하기 위해서는 현대의 감각과 잠시 거리를 두어야 한다. 피렌체는 한창 인구가 많았을 때 베네치아, 밀라노, 나폴리, 파리, 살라만카 다음으로 유럽에서 큰 도시였다. 피렌체는 한때 로마나 런던보다 대도시였다.[3] 그런데 상업이 발달하여 그 어느 지역보다 부유했던 도시를 1348년 페스트가 습격한다. 페스트, 원인을 알 수 없는 병이다. 전염된다는 것과 병에 걸리면 죽는다는 점만을 알고 있을 뿐이다. 페스트는 농촌보다 도시와 같은 인구밀집 지역에 더 큰 재앙을 불러왔다. 유럽의 대도시 피렌체에 그 페스트가 왔다. 『데카메론』은 피렌체를 습격한 페스트의 위력에 대한 묘사로 시작된다.

하느님의 아들이 태어나신 지 1348년이 되던 해, 이탈리아의 여러 도시 가운데 가장 빼어나고 고귀한 도시인 피렌체에 치명적인 흑사병이 돌았습니다. 천체의 영향이 인간에게 미치는 것이라고도 하고 우리의 삶을 바른 곳으로 인도하시려는 하느님의 정의로운 노여움 때문이라고도 합니다만, 어쨌든 그 전염병은 몇 해 전 동쪽에서 시작되어

3. Charles FitzRoy, *Renaissance Florence. On Five Florins A Day*, Thames&Hudson, 2010, p. 8.

15세기 피렌체로 가는 입구, 산타 마리아 노벨라 성당

살아 있는 생명들을 셀 수도 없을 만큼 빼앗으면서 서쪽을 향해 처절하게 확산되었습니다. (…) 이 전염병에는 의사의 조언도 치료도 소용 없었습니다. 아무도 무슨 병인지 몰랐고 그때까지 그 병을 연구한 의사도 없었습니다. 원래 약이 없는 병인지 아니면 의사의 무지 탓인지는 모르겠습니다만 어쨌든 병이 어떻게 생겨나는지도 몰랐기 때문에 적절히 손쓸 방도도 없었습니다. 그러니 회복되는 사람은 극히 드물었습니다. 오히려 앞서 묘사한 증세가 나타난 지 불과 사흘 안에 대부분 열이나 다른 합병증도 없이 죽어갔던 것입니다."[4]

페스트로 인해 도시의 시민들이 거의 사라진 상황, 어느 화요일 아침 산타 마리아 노벨라 성당에서 죽은 시민들을 위한 미사가 끝나고 난 후 10명의 사람은 언제 찾아올지 모르는 죽음과 마주치기 전에 살아 있음을 증명할 수 있는 긍정적 인생을 찾아 나서기로 한

4. 보카치오, 박상진 옮김, 『데카메론』, 민음사, 2012, 22-23쪽.

다. 그들은 피렌체 근방의 시골 별장에 가서 "이성의 경계를 넘지 않는 범위 내에서 우리가 추구할 수 있는 기쁨과 즐거움, 쾌락을 맛보자"고 결의하고 떠난다.

이처럼 보카치오의 『데카메론』은 산타 마리아 노벨라 성당에서 부터 시작된다. 페스트를 피해 모인 10명의 사람이 '10일'(데카) 동안 펼쳐놓는 100가지 이야기(메론)는 세속적이다. 『데카메론』에서 펼쳐지는 이러한 풍경은 종교적 관점의 세계에서 벗어나려는 시도와 그에 대한 예견이라고도 할 수 있다. 페스트의 창궐이라는 극한 상황은 종교적 세계에 갇혀 있던 인간의 원초적 욕망이 『데카메론』을 통해 분출되는 계기이기도 했다.

1337년 피렌체의 인구는 대략 12만명이었는데, 1340년의 페스트로 1만 5천명이 죽었고 1347년에 이어진 기근으로 4천명이 세상을 떠났다. 그 이듬해 『데카메론』의 배경이 되는 1348년의 페스트로는 피렌체 인구의 절반이 죽었다. 페스트가 피렌체를 쓸고 가자, 피렌체의 인구는 불과 4만 2천명 수준으로 떨어졌다.[5] 피렌체를 배경으로 당시 세계 1, 2위를 다투던 국제적 초기업 바르디 가%와 페루치 가도 파국을 넘기지 못하고 1340년대 초반에 파산했다.

그 페스트를 딛고 일어선 도시 피렌체, 페스트를 잊고자 혹은 페스트 때문에 피렌체엔 도시의 풍경을 바꾸어놓는 건물들이 속속 들어섰다. 21세기의 관광객이 현재의 피렌체에서 볼 수 있는 도시의 스카이 라인은 이렇듯 페스트로 인해 만들어졌다.

---

5. 로스 킹, 서종민 옮김, 『피렌체』, 시그마북스, 2016, 57쪽.

공화국 공간의 핵심, 피아차 델라 시뇨리아

이곳은 어디인가? 공화국인가 군주국인가?

15세기로 진입한 피렌체는 정치질서의 성격에 따라 몇 구역으로 구획된다. 첫번째 피렌체 산책의 대상은 공화국 공간이다. 그 공화국 공간의 핵심이 '피아차 델라 시뇨리아' Piazza della Signoria 다. '팔라초 델라 시뇨리아'와 두오모를 연결하는 도로, 가장 피렌체다운 곳이지만 가장 피렌체 사람이 드문 거리기도 하다. 이 거리에선 이탈리아어가 통용되지 않는다. 전세계에서 온 관광객이 각자의 모국어로 이야기하는, 바벨탑의 상황에 가장 가까운 거리기 때문이다. 수많은 관광객이 두오모 앞 광장과 팔라초 델라 시뇨리아 광장을 오간다. 사자가 발로 방패를 움켜쥐고 있는 도나텔로의 「마르조코」marzoco 가 이 광장에 있다. 사자가 발로 지키고 있는 백합 문양의 방패는 공화국 피렌체의 상징이다. 외부의 침공이 있을 때마다 피렌체는 시민군을 모집했고, 모집된 시민군은 고대 로마 전쟁의 신 마르스Mars 를 따르는 군인이라는 의미로 마르조코라 불리기 시작했다.[6]

미켈란젤로의 「다비드」 상이 있는 그 건물, 어떤 책에는 '팔라초 델라 시뇨리아'로, 다른 책에서는 '팔라초 베키오'라고 표기되어 있다. 둘 다 맞는 표현이다. 단지 그 표기는 서로 다른 시간을 지칭한다. '팔라초 델라 시뇨리아'로 표기될 때 그 이름은 비록 메디치 가문이 페스트 습격 이후 파산한 바르디 가와 페루치 가를 대신하여 유력한 가문으로 떠올랐다 하더라도, 피렌체가 공화국의 정치체제를 갖추었던 시기를 의미한다. 반면, 그 건물을 '팔라초 베키오'라 부른다면, 본래 귀족이 아니었으나 15세기 내내 피렌체와 팽팽한 긴장관계를 맺고 있던 메디치 가문이 피렌체를 토스카나 대공이 지배하는 군주국으로 만들고 '팔라초 델라 시뇨리아'를 자신들 가문의 궁전으로 바꾼 시기를 의미한다. 즉, 15세기 여전히 피렌체가 공화국이었을 때는 '팔라초 델라 시뇨리아'였지만, 15세기가 저물고 토스카나 군주국으로 타락한 16세기에는 '팔라초 베키오'였던 것이다.

이렇게 두 이름이 있는 건물 입구의 왼쪽에 미켈란젤로의 「다비드」 상이 있다. 그 오른쪽엔 반디넬리의 「헤라클레스」 상이 있다. 미켈란젤로의 「다비드」는 팔라초 델라 시뇨리아를 상징하고 반디

---

6. 성제환, 『당신이 보지 못한 피렌체』, 문학동네, 2017. 59쪽.

넬리의 「헤라클레스」는 팔라초 베키오를 상징한다. 15세기 말인 1494년, 메디치 가문이 추방되고, 사보나롤라^{Girolamo Savonarola, 1452-1498}의 신정정치라는 과도기를 거친 후 피렌체가 다시 공화국 질서를 되찾았을 때 피렌체 공화국 시정부는 미켈란젤로에게 「다비드」를 주문했다. 다비드가 누구인가. 거인 골리앗을 상대로 승리를 거둔 영웅이 아니던가. 피렌체 시정부는 자신을 다비드로 동일시했다. 미켈란젤로의 조각 「다비드」를 '팔라초 델라 시뇨리아' 앞에 세워 되찾은 공화국 질서를 상징하고자 했던 것이다. 하지만 축출되었던 메디치 가문이 코지모 1세^{Cosimo I, 1519-1574}의 토스카나 대공 취임으로 복귀하자, 코지모 1세에겐 공화국 질서와는 다른 상징이 필요했다. 반디넬리의 조각상은 헤라클레스에게 도전하는 교만을 부리다가 그의 곤봉에 맞아 죽는 괴물 카쿠스를 소재로 한다. 이 조각이 미켈란젤로의 「다비드」 상과 나란히 세워졌다는 것은 15세기에서 16세기에 걸친 팽팽한 긴장감을 생생하게 반영한

각각 공화국과 군주국을 상징하게 된 「다비드」와 「헤라클레스」

장치라 할 수 있다.

15세기의 피렌체는 공화국이다. 군주가 지배하지 않는다. 따라서 우리는 '팔라초 델라 시뇨리아'에 있어야 한다. 피렌체를 대표하는 정치의 최고 수반은 누구였을까? 시뇨리아Signoria(통치 당국)다. 그러니까 이 건물의 이름 '팔라초 델라 시뇨리아'는 시뇨리아의 저택이라는 뜻이 된다. 피렌체가 위치한 토스카나 지역은 위로는 밀라노 공국, 아래로는 교황령 사이에 낀 형국이다. 귀족들의 과두정으로 통치되던 베네치아, 황제령의 공국이었던 밀라노, 왕국이었던 시칠리아와 나폴리를 고려해봐도 15세기의 피렌체가 얼마나 독특하고 특별한 도시였는지 알 수 있다. 게다가 이 도시는 부유했다. 1252년 처음 사용되기 시작한 피오리노fiorino는 금으로 만든 동전이다. 1523년까지 사용되었는데, 디자인도 모양도 바뀌지 않았다. 한쪽 면에 피렌체의 수호성인인 세례 요한이 새겨져 있고, 다른 면에는 피오렌티나FIORENTIA라 새겨져 있다. 피오리노는 서유럽 전체에서 통용되던 일종의 국제화폐 역할을 했다. 피오리노를 생각하면, 20년 전 나를 홀렸던 피렌체 상인의 빼어난 상술이 이해가 되고도 남는다. 부유하면서도 군주국이 아닌 도시 피렌체는 사방이 적으로 포위되어 있는 위태한 도시나 마찬가지였다. 피렌체는 공화국의 질서를 수호했다. 피렌체 시민은 자신들의 도시가 공화국임을 자랑스러워했다. 그 자부심의 뿌리가 공화국 질서이기에 피렌체는 그 질서를 수호하기 위해 아주 복잡한 정치체제를 고안해냈다.

상공업이 발달했던 도시 피렌체에서는 당연히 노동자와 상인과

장인들의 조합인 길드(직인조합, arti)가 발달했다. 물론 길드 내에서도 격차가 있었다. 잘나가는 큰 규모의 길드가 있었던 반면 큰 세력을 형성하지 못한 길드도 있었다. 그 결과 1378년 '촘피 Ciompi 의 난'이 일어난다. 피렌체의 정치결정에 참여하지 못했던 노동자들과 소수 길드의 장인들이 대규모 길드 위주의 정치에 반기를 든 것이다. 촘피의 난 이후 한동안 유력 인사 위주로 운영되던 피렌체 공화국은 더욱 개방적인 형태로 재편되었다.

 8명의 최고위원과 1명의 의장으로 구성된 곤팔로니에레 gonfaloniere di giustizia (정의의 기수, 명목상의 통치자란 뜻)가 두 달마다 선거를 통해 교체되었다. 곤팔로니에레가 시뇨리아를 구성한다. 귀족은 아예 시뇨리아 구성원이 될 수 있는 자격을 부여받지 못했다. 시뇨리아는 입법부이자 행정부 역할을 했다. 시민과 직접 상의를 통해 해결해야 하는 일이 생기면 '파를라메네토'라는 절차를 거쳤다. 파를라메네토가 소집되면, 시뇨리아 궁이 위치한 중앙광장의 넓은 장소에 14세 이상의 피렌체 남성들이 모였다.[7] 아니, 시뇨리아를 두 달마다 구성했다고? 그렇다. 두 달마다. 독점적 정치세력의 등장을 막기 위해서다. 피렌체는 단 한 명이 권력을 쥐었을 때 범할 수 있는 정책 결정의 오판을 다수의 견해로 바로잡는 시스템을 원했으며, 누군가가 품을지 모를 권력에 대한 야심을 짧은 임기로 견제할 수 있다고 믿었다.

권력 독주를 막기 위해 세밀한 방법도 개발했다. 8명의 최고위원은 가문과 재산 등 일정 자격요건을 갖춘 후보자를 가죽 주머니에 넣고 무작위로 뽑아 선출했다. 게다가 지역성과 대표성을 고루 갖추기 위해 "도시 안의 4개 지역(동서남북)에서 가져온 주머니에서 2명을 뽑고, 재력이 탄탄한 7대 길드에서 6명을 뽑았지만 길드에서 뽑는 6명 중 2명은 반드시 14개 장인 길드 회원 중에서 나와야 했다.[8] 시뇨리아를 구성하는 9명은 임기 동안 팔라초 델라 시뇨리아에서 공동생활을 하며 근무했다. 그러니 팔라초 델라 시뇨리아는 의회이자 시청사이자 행정부와 입법부의 구성원 사택이기도 했던 것이다. 피렌체의 이러한 공화국 질서는 피렌체인이 갖는 자부심의 근원이었다. 철저한 공화주의자였던 브루니가 『피렌체 찬가』에서 피렌체의 자부심으로 꼽는 것도 바로 로마를 계승한 피렌체의 공화국 정신이었다.

저는 이 도시 피렌체에는, 과거에도 그리고 지금도 다른 어느 도시와 확연히 구분할 수 있는, 하나의 진실이 존재한다고 생각합니다. 그

---

7. 팀 팍스, 황소연 옮김, 『메디치 머니』, 청림출판, 2008, 160-161쪽.
8. 같은 책, 148-149쪽.

것은 피렌체인들이 완전한 자유를 구가하고 있으며, 이와 아울러 전제정의 가장 강력한 반대자라는 사실입니다. 처음 건설될 당시부터, 피렌체는 로마의 파괴자, 그리고 공화정 로마에 해를 끼치는 사람들에게 크나큰 증오를 간직해왔습니다. 그리고 저는 이러한 정신이 심지어 오늘날까지도 피렌체인들의 마음속에 깊이 남아 숨 쉬고 있다고 믿습니다. (⋯) 처음부터 피렌체는 로마의 침략자에 대항해 싸운다는 동일한 대의로 결합해왔으며, 이러한 정신은 지금까지 피렌체의 정책에 유지되고 있습니다.[9]

르네상스 탄생지 피렌체의 신비를 풀겠다는 호기심 어린 눈으로 피렌체를 누비고 다니는 관광객의 표정은 쾌활하다. 그러나 카테나 지도를 들고 15세기의 피렌체를 상상하며 구석구석을 거닐다 보면, 어느새 관광의 기쁨은 사라지고 '무상'이라는 단어를 떠올리게 된다. 카테나 지도에는 건물만 그려져 있지만, 15세기 피렌체의 이미지를 구체화하면 할수록 이 길에 있었던 사람, 저 광장에 있었던 사람, 이 다리를 건넜던 사람의 모습이 막연한 옛날 사람에서 구체적인 모습으로 변화한다.

나는 지금 피렌체에서 가장 붐비는 장소 중 하나인 팔라초 델라 시뇨리아 한가운데 서 있다. 15세기의 끝무렵인 1498년 5월 23일, 산 마르코 수도원의 원장 지롤라모 사보나롤라는 이 자리에서 화형당했다. 사보나롤라가 화형당한 자리에서 바로 그의 시선으로 광장을 살펴본다. 팔라초 델라 시뇨리아는 팔을 뻗으면 닿을

---

9. 레오나르도 브루니, 앞의 책, 42-43쪽.

정도로 가까운 거리에 있다. 왼쪽으로 시선을 돌리면 메디치 가의 코지모 1세가 사보나롤라를 쳐다보고 있다. 코지모 1세의 동상이 보기 싫어 동상을 뒤로하고 방향을 틀면 '메르카토 누오보'Mercato nuovo(신시장)로 이어지는 길이 보인다. 시장의 한쪽 모서리에 1378년 춈피의 난을 주도했던 미켈레 디 란도Michele di Lando, 1343~?의 조각상이 있다.

이 모든 인물이 같은 날 같은 시각에 팔라초 델라 시뇨리아에 있지는 않았지만, 그들은 이 길을 걸었을 것이다. 그리고 각자의 상념에 빠졌을 것이다. 더 많은 이들의 공화국 정치참여를 꿈꾸었던 디 란도, 예술후원으로 피렌체 시민의 마음을 사고 싶었던 메디치 가문, 메디치 가문의 부패와 독재를 반면교사로 삼아 사치로부터의 엄격한 거리두기를 내세우며 예술조차도 불구덩이에 내던지고 결국 자신도 불길 속에서 사라진 사보나롤라… 이 광장에 자신만

피아차 델라 시뇨리아의 코지모 1세 동상

바르톨로메오가 그린 사보나롤라의 초상

의 방식으로 연결되었던 그 사람들을 하나 하나 떠올리다보면 들뜬 마음은 어느새 사라진다. 사보나롤라는 화형당했지만, 잠볼로냐^Giambologna가 만든 코지모 1세의 동상은 피아차 델라 시뇨리아에 굳건히 서 있다. 코지모 1세는 예술후원자이자 동시에 그러한 행위로 평판을 만들고 유지하는 데 놀라운 재주를 지닌 메디치 가문의 재능을 물려받은 군주였다. 경건주의자 사보나롤라는 그런 메디치 가문이 후원하는 예술을 위험한 대상으로 여겼다. 코지모 1세가 예술에 대한 하나의 극단을 보여주었다면, 사보나롤라는 또 따른 관점의 극단을 드러냈다.

피렌체의 15세기는 숨막히는 반전 속에서 아슬아슬하게 이어진다. 사보나롤라가 화형당한 바로 그 다음날 피렌체에 공화국이 다시 들어섰고, 그 공화국의 외교안보 담당 제2서기관으로 임명된 사람이 있었으니 그가 마키아벨리이다. 베키오 다리 건너의 집에서 팔라초 델라 시뇨리아의 사무실로 출퇴근했던 마키아벨리, 그는 베키오 다리를 매일 오갔다. 아마도 사보나롤라가 화형당한 그 자리를 좋든 싫든 매일 보았을 것이다. 16세기로 접어든 1512년 8월, 스페인 군이 메디치 가문의 복귀를 요구하며 피렌체를 침공했고, 메디치 가문은 스페인 동맹군의 도움으로 다시 피렌체를 장악했다. 메디치 지지자들이 팔라초 델라 시뇨리아로 몰려 들어와 공화국 편이었던 마키아벨리에게 사임을 요구했다. 그는 자의반 타의반으로 팔라초 델라 시뇨리아를 떠났다. 그리고 1513년 『군주론』을 썼다.

마키아벨리의 관점에서 코지모 1세 토스카나 대공의 동상을 바라본다. 코지모 1세, 피렌체를 군주국으로 바꾸고(공화주의자 입장에서는 군주국으로 퇴행시키고), 자신의 것으로 만들었다. 길드 연합 공화국의 본산이었던 팔라초 델라 시뇨리아를 자신의 거처인 팔라초 베키오로 퇴락시켰다. 또한 베키오 다리 건너에 거대한 '팔라초 피티'Palazzo Pitti를 지었고, 정적으로부터 자신을 지키기 위해 팔라초 피티와 팔라초 베키오 사이를 지상을 거치지 않고 이동할 수 있는 '바사리 통로'를 만들게 한 장본인이다.

길드가 예술의 후원자인 도시, 15세기 피렌체

팔라초 델라 시뇨리아에서 피렌체 두오모는 멀지 않다. 빠른 걸음으로 5분이면 도달할 수 있는 거리다. 400미터 정도 되는 칼차이우올리 거리 Via dei Calzaiuoli가 두오모와 팔라초 델라 시뇨리아를 이

어주는데, 거의 중간 즈음에 '오르산미켈레'^{Orsanmichele} 성당이 있
다. 15세기 이 거리에 도나텔로와 미켈로초^{Michelozzo}의 공방이 있었
다. 오르산미켈레에 조각품을 남긴 도나텔로와 기베르티 같은 예
술가들도, 두오모의 쿠폴라^{Cupola}(돔)를 완성한 브루넬레스키도, 팔
라초 델라 시뇨리아 앞의 「다비드」 상을 남긴 미켈란젤로도 수없
이 이 길을 걸었을 것이다. 그 길을 나도 가죽점퍼를 손에 들고 젤
라토를 먹으면서 걸었었고, 20여년 만에 다시 걷고 있다. 당시 나
는 이 거리를 몰랐다. 〈냉정과 열정 사이〉라는 영화도 보기 전, 스
물여덟의 청춘에겐 오로지 젤라토와 가죽점퍼의 거리일 뿐이었
다. 하지만 지금은 이곳을 걸었던 사람들 이름을 하나 둘 불러보며
걷고 있다. 그 이름을 하나씩 부르면서 걷기에 칼차이우올리 거리

는 너무나 짧기만 하다.

오르산미켈레의 외관은 성당의 전형적인 파사드(건축물의 전면)와는 전혀 다르다. 팔라초 델라 시뇨리아에서 두오모로 황급히 걸음을 옮기는 사람이라면 그냥 지나칠 수도 있는 건물이다. 산 미켈레 성당의 텃밭이 있던 자리에 피렌체 정부는 식량수급의 안정을 위한 곡물창고를 지었고, '산 미켈레 성당의 텃밭'이라는 뜻으로 '오르산미켈레'Orsanmichele라 불렀다. 1367년 곡물창고가 다른 장소로 옮겨가면서 예배당으로 개조되었다. 그때부터 피렌체의 21개 길드가 오르산미켈레의 파사드를 각 길드 수호성인의 조각으로 장식하기 시작했다. 길드의 위신이 달린 프로젝트였기에 각 길드는 최고의 조각가를 초빙했다. 리넨 방직공 길드Arte dei Linaioli가 도나텔로에게 「복음사가 성 마르코」1411-1413를 의뢰하자, 모직상 길드Arte di Calimala는 기베르티에게 「세례 요한」1413-1416 제작을 주문하며 응수했다. 갑옷 장인 길드Arte dei Corazzai는 도나텔로의 「성 게오르기우

오르산미켈레 성당. 14개의 조각상으로 장식돼 있다

스」[1415-1417]로 뒤를 이었다. 1430년까지 오르산미켈레의 파사드는 이렇게 하여 총 14개의 조각상으로 장식되었다. 오르산미켈레 주변 도로 역시 15세기 길드 기반의 피렌체 공화국을 증명하고 있다. 오르산미켈레의 정문으로 들어가는 길의 이름은 양모길드거리[Via dell'Arte della Lana]이다. 팔라초 델라 시뇨리아에서 오르산미켈레를 거쳐 두오모를 연결하는 칼차이우올리[Via dei Calzaiuoli]는 신발공 길드라는 뜻이다. 그 근처에 모직상 거리[Via Calimala], 모피상 거리[Via Pellicceria] 등이 있고 각 길드의 이름을 딴 길이 오르산미켈레와 베키오 메르카토를 연결해준다. 피렌체 공화국은 각종 길드의 이름과 도나텔로, 기베르티, 잠볼로냐와 같은 15세기 피렌체 예술가의 이름도 이어준다. 역시 이곳은 공화국 피렌체와 예술이 결합하는 현장이다. 팔라초 델라 시뇨리아에서 출발하여 잠시 오르산미켈레에 머물렀던 발걸음을 이제 두오모로 옮긴다.

팔라초 델라 시뇨리아처럼 두오모 주변에도 너른 광장이 있다. 그 너른 광장에 두오모를 비롯하여 산 조반니 세례당과 조토의 종탑이 들어서 있다. 두오모는 열린 공간이다. 산 조반니 세례당도 조토의 종탑도 모두에게 열린 공간이다. 적어도 두오모 광장 주변에선 신분의 차이에 의한 공간의 배분은 없다. 특정 신분에게만 허용된 공간도 없고, 금지된 공간도 없다.

1334년 4월, 조토는 두오모, 즉 피렌체 대성당 신축을 위한 총감독으로 선정되었고 7월 9일부터 지금은 조토의 종탑이라고 불리는 대성당 종탑을 짓기 시작했다. 이 종탑은 칼리말라 길드(모직상 길드)의 후원을 받았다.

페스트가 피렌체를 습격하지 않았다면, 그래서 피렌체가 절체절명의 위기에 내동댕이쳐지지 않았다면 지금 피렌체에 오는 누구나 사진을 찍는 산 조반니 세례당의 기베르티 청동문은 없었을지도 모른다. 15세기 피렌체에는 르네상스의 도래를 알리는 활기찬 예감이 아니라 페스트로부터 벗어나고 싶은 갈망이 숨겨져 있었다. 귀족이든 평민이든, 부자든 가난한 자든 피렌체에서 태어난 사람이라면 모두 산 조반니 세례당에서 세례를 받았다. 그곳은 피렌체 사람 공동의 출생지나 마찬가지다. 페스트로부터 피렌체를 구해달라는, 피렌체 사람의 생명을 구해달라는 기도가 여기에서 시작되는 것은 논리적으로 지극히 합당하다.

피렌체를 위협하는 페스트가 잠잠해지자 피렌체 정부위원과 상업조합은 이 도시에서 가장 오래되고 장중한 교회인 산 조반니 세례당에 출입문 두 개를 다시 만들기로 결정했다. 페스트의 원인을 알지 못하던 시대, 페스트에 대응하는 방법이 여전히 종교적이었을 때의 불가피한 선택이다. 단순한 장식을 위한 결정이 아니라 피렌체가 다시는 페스트의 위협을 받지 않기를 바라는 간절한 소망에 따른 결정이니, 아무에게나 이 과업을 맡길 수 없었다. 피렌체의 간절함을 표현할 수 있는, 이탈리아에서 가장 뛰어난 예술가가 이 사업을 맡아야 했다. 피렌체는 프로젝트를 일종의 공모전으로 추진했다. 7명의 예술가가 참여했다. 그중 브루넬레스키, 도나텔로, 기베르티에 주목할 필요가 있다. 경쟁자들이 1년 안에 시제품을 제작하고 완성품을 출품하면 심사를 통해 당선자를 결정하는 방식이었다. 작품 주제로 성경의 '이삭의 희생'이 주어졌다. 바사

산 조반니 세례당(좌)과 그 내부의 모습(우)

리는 이 경쟁을 이렇게 전한다. "모든 사람의 작품이 완성을 보아
심사를 받으러 상업조합에 제출되었다. 그리고 회두^{會頭}와 많은 시
민이 작품들을 보고 자신들의 의견을 각자 진술했다. 그들은 화가,
조각가, 금은세공사, 피렌체에 살면서 이 방면의 기예를 생업으로
삼는 사람들이며 이번 작품들을 심사하려고 회두의 초청으로 이
곳에 온 사람들도 있었다. 그들은 모두 34명으로 구성되어 있었고
각자 분야에서 퍽 노련한 공장^{工匠}들이었다."[10] 34명의 심사위원 중
의 한 명이 조반니 디 비치 메디치[1360-1429]였다. 1402년, 산 조반니
세례당에 메디치 은행의 설립자 조반니 메디치와 브루넬레스키,
도나텔로와 기베르티가 함께 있었던 순간인 것이다.

---

10. 조르조 바사리, 이근배 옮김, 『르네상스 미술가 평전 1』, 한길사, 2018, 593쪽.

공모전에서 우승한 기베르티는 20여년에 걸쳐 청동문을 제작했다. 완벽을 추구했던 그는 어떠한 작은 흠집도 허용하지 않았다. 청동문이 제작되는 동안 기베르티는 보조인력을 고용했다. 작업장은 사실상 예술학교 구실을 했다. 보조작가들은 기베르티를 도우며 기예를 익혔다. 그들 중 후에 기베르티를 능가하는 작품을 남겨 15세기의 피렌체를 빛낸 또다른 인물들이 등장한다. 산타 마리아 노벨라 성당의 「삼위일체」와 산타 마리아 델 카르미네 성당의 브란카치 가문 채플에 「아담과 이브」를 그린 화가 마사초, 그리고 조각가 도나텔로가 그들이다.

　최종심에 기베르티와 함께 올랐던 브루넬레스키도 최고의 시제품을 선보였지만 심사위원들은 기베르티를 선택했다. 브루넬레스키의 재능을 아까워한 심사위원들은 그에게 기베르티와의 협업을 제안했지만, 자존심 때문에 그는 제안을 거부했다. 브루넬레스키는 피렌체를 떠나 로마로 갔다. 조토가 피렌체 대성당의 돔을 완성하지 못해서 지지부진하고 있을 때, 브루넬레스키는 로마에서 판테온을 연구하다 개발한 독특한 돔 건축 계획을 제출했고 마침내 조토를 이어받아 피렌체 대성당 돔 완공의 임무를 떠맡았다. 1420년에 시작된 대성당의 돔 공사는 1436년에 끝났다. 브루넬레스키는 금의환향하여 15세기의 피렌체를 구성하는 예술가 성좌의 또하나의 별이 된 것이다.

　조토의 종탑에 올라가면, 브루넬레스키가 완성한 두오모의 돔이 가장 잘 보인다. 반대로 조토의 종탑을 제대로 보려면 두오모의 꼭대기에 올라야 한다. 조토와 브루넬레스키가 서로 마주 보고 있

피렌체 대성당(두오모)

는 모습을 기베르티가 청동문 앞에서 지켜보고 있고, 그런 스승을 바라보면서 미래의 꿈을 키우는 도나텔로가 있는 곳, 그곳이 15세기의 피렌체다.

메디치 가 사람들만의 남다른 두려움

두오모에서 북쪽 길을 따라 조금만 걸으면 팔라초 메디치 리카르디(이하 팔라초 메디치)가 있다. 팔라초 메디치는 피렌체가 로마제국을 계승한 길드 기반의 공화국이라는 흔적을 보여주는 칼차이우올리 거리의 반대 방향에 있다. 1549년 피렌체를 군주국으로 만들고 팔라초 피티로 거처를 옮기기 전까지 메디치 가문은 1444년부터 팔라초 델라 시뇨리아에 거주하며 때론 자애로운 후원자의 모습으로 영향을 끼쳤지만, 다른 한편으로는 탐욕스러운 은행가이자 공화주의를 위협하는 위선적인 인물로 간주되어 수차례 쫓겨나기도 하며 피렌체와 미묘한 관계를 맺었다.

  팔라초 메디치의 겉모습은 저택이라기보다 요새의 느낌을 풍긴다. 파사드는 화려하지 않고 실내는 어둡다. 건물 크기에 비해 창의 크기도 작다. 밖을 향해 권력을 과시하거나 전시하기보다 은밀한 권력을 선호했던 메디치 가문의 태도가 건물의 외양에도 반영된 듯하다. 1397년 메디치 가문은 조반니 디 메디치가 로마에 있던 메디치 은행을 피렌체로 옮기면서 피렌체와 관련을 맺기 시작했다. 그런데 1420년대에 접어들면서 피렌체의 양모산업이 급격

팔라초 메디치. 창도 작고 피시드도 화려하지 않아 요새의 느낌을 순나

히 후퇴했고, 양모산업과 관련된 사람들이 피렌체를 떠나면서 인구는 빠르게 줄어들었다. 1427년경 피렌체의 인구는 1348년의 끔찍한 페스트 창궐 시기보다 더 줄어든 3만 7천여명에 불과했다. 산업에 변동이 생기면서 피렌체의 유력 가문도 흥망성쇠를 거듭했다. 겉으로는 길드 연합 공화국이었으나 피렌체에서 가장 강력한 가문이 되고 싶은 욕심까지 제어할 수 없었기에 유력 가문은 이전투구를 거듭했다. 로마에서 이주한 메디치 가문은 피렌체에 먼저 뿌리를 내린 다른 유력 가문의 경계 대상이었다. 1433년 스트로치 가문이 주도하여 메디치 가문을 추방했다. 그러나 이듬해 메디치 가문은 귀환하여 이번엔 반대로 스트로치 가문과 브란카치 가문을 피렌체로부터 추방했다. 조반니의 아들 코지모 데 메디치[1389-1464]의 시기 메디치 가문은 피렌체에 뿌리를 내렸고, 은행업으로 다른 어떤 가문도 넘보지 못할 부를 축적했다. 그리고 15세기 피렌

체의 예술후원자가 되었다.

메디치 가문은 부자였다. 하지만 부자라고 근심에서 자유로웠을까? 오히려 부자만의 고민이 있었다. 15세기 피렌체는 고대 로마의 후계자이자 공화국으로서의 정체성에서 기인한 자부심, 그리고 하느님의 도시라는 안도감에 의해 움직였다. 그런데 피렌체를 떠받드는 이러한 자부심의 두 가지 원천과 메디치 가문은 어울리지 않았다. 코지모 데 메디치는 막후정치로 피렌체를 지배하기 시작했을 뿐 아니라 은행업자로서도 막대한 부를 축적했기 때문이다. 코지모는 교황 에우제니오^{Eugenio}에게 해결책을 물었다. 교황은 아주 세속적이고 물질적인 해법을 제안했다. 산 마르코 수도원 복구비용 1만 피오리노를 부담하라는 조언이었는데, 1만 피오리노는 은행 하나를 세울 정도로 막대한 돈이다. 당신이 코지모라면 어떻게 할 것인가?

1436년 교황 에우제니오는 마침내 완성된 브루넬레스키의 두오모 돔을 축성^{祝聖}했다. 두오모는 팔라초 델라 시뇨리아와 더불어 피렌체의 스카이라인을 주도하는 건축물이 되었다. 그러나 두오모의 완성만으로 코지모는 안심할 수 없었다. 두오모, 그것은 모든 이를 위한 구원의 공간 아니던가. 코지모에겐 메디치 가문의 수장이자, 메디치 은행의 소유주, 또한 피렌체 공화국의 막후 실력자로서 자신만이 가진 배타적이고 특별한 근심을 해결할 수 있는 독점적인 그 무엇이 필요했다. 게다가 두오모는 양모길드의 자금 후원으로 지어지지 않았는가. 코지모는 산 마르코 수도원의 후원을 결심했다. 수도원은 팔라초 메디치에서 멀지도 않았다. 산티시마 안

멀리 두오모를 바라보는 코지모 동상

눈치아타^{Santissima Annunziata} 광장에는 코지모 동상이 있는데, 코지모 는 두오모를 바라보고 있다. 코지모는 이렇게 말하는 듯하다. 두오 모, 피렌체의 모든 사람을 위한 구원의 공간일지 모르나, 나는 나 에게 최적화된 구원의 공간을 내 뒤에 두고 있다. 산 마르코 수도 원 말이다.

돈이란…그렇다, 살아 있는 동안 있어야 하는 것이다

산 마르코 수도원 부근에 브루넬레스키가 설계한 인노첸티 고아

원이 있는데, 그 건물 옥상에 카페가 있다. 관광객에 시달리는 피렌체에서 잠시라도 고요함을 찾을 수 있는 곳이다. 사진 찍기에 바쁜 관광객이 끊임없이 소음을 만들어내는 피렌체의 다른 곳과는 달리 이 카페는 조용하다.

피렌체에 처음 왔을 때, 나는 돈이 없었다. 그래서 걷고 또 걸었고 피곤하면 길거리 구석 바닥에 주저앉아 쉬었다. 피렌체 상인의 상술에 놀아나 가죽점퍼를 사버렸기에 머릿속으로는 그 다음달 생활비를 걱정하고 있었다. 피렌체 스테이크를 사먹을 돈도 없었다. 슈퍼마켓에서 산 맛없는 빵에 잼을 발라서 끼니를 때웠고, 피곤해도 식당이나 카페에 들어갈 엄두를 내지 못했다. 젊은이는 그래도 추해 보이지 않는다. 때로 길바닥에 주저앉아 빵을 먹을 수 있다는 것은 아직 젊다는 표시이기도 했다. 젊음은 사라졌지만 약간의 돈은 생겼기에 젊은 시절 꿈도 꾸지 못했던 카페에 앉아 차를 마신다. 그리고 돈에 대해 생각한다.

돈은 신앙보다 힘이 세다. 죽음 이후엔 어떨지 모르나, 죽음 이전의 세계에선 그렇다. 돈은 죽음 이후엔 위력을 잃는다. 하지만 위력을 잃기 이전 돈은 현실의 고민을 해결해줄 수 있다. 돈이 없는 현재의 삶은 고통스럽고 돈이 많은 현재의 삶은 풍족하다. 돈이 없어서 고통을 겪고 있는 사람은 죽음에 무덤덤해진다. 하지만 돈이 있기에 돈의 위력을 아는 사람, 돈의 맛을 이미 본 사람이라면 죽음이 더 싫을 것이다. 죽음과 함께 돈의 맛을 더이상 보지 못함을 자신도 알고 있기에. 그렇다면 돈이 죽음 이후 맞이하게 될 세계에서 오히려 구원의 가능성을 낮출지도 모른다면 어떤 일이 일어날까?

　메디치 가문의 상인이 악마 같은 '베니스의 상인'을 닮지 않았다고 주장할 수 있는 근거가 있을까? 15세기에 신앙은 선택 사항이 아니라 삶의 필수조건이었다. 은행업이 고리대금업과 다름을 증명하는 것은 메디치 가문의 숙명적 과제였다. 그것을 증명하지 못하면, 그들은 베니스의 상인과 다를 바가 없어진다. 교회는 대금업을 이른바 섭리 위반$^{conto\ natura}$이라고 꾸짖는다. 메디치 가문만큼 속죄의 가능성에 목을 매는 집안이 또 있었을까? 가문의 유전병인 통풍만큼이나 속죄의 가능성에 대한 은밀한 관심은 메디치 가에 집요하게 이어진다. 돈을 더 많이 수중에 넣을수록 그 관심은 더 깊어진다.

　메디치 은행을 설립하여 막대한 돈을 벌었고 그 돈을 아들 코지모에게 물려준 조반니 메디치는 숨는 방법을 택했다. 남들 눈에 띄면 섭리 위반 논쟁의 대상이 될 것임을 알았던 그는 눈에 띄지 않는 길을 택한 것이다. 그는 사회적 삶을 실종시켰다. 메디치 은행이 올리는 막대한 수익은 호사가들의 입에 오르내렸지만, 조반니는 기막히게 돈 뒤에 숨는 방법으로 관심에서 벗어났다. 그런데 아들 코지모는 달랐다. 그는 이미 사람들 앞에 나섰고 대중은 그것을 알고 있었다. 메디치 은행의 수익은 아들 시대에 오면서 더 커졌다. 1435년에서 1450년까지 메디치 은행은 29만 791피오리노, 연간 1만 9,386피오리노의 수익을 올렸다.[11] 궁전 1채를 짓는 데 1천 피오리노가 들던 시대니까, 메디치 은행은 매해 궁전을 20채가량

---

11. 팀 팍스, 앞의 책, 75쪽.

지을 수 있는 돈을 수중에 넣은 셈이다. 그는 돈의 힘으로 공화국이라는 껍질을 건드리지 않으면서도 사실상 피렌체를 장악했다. 피렌체 사람은 누구나 코지모를 안다. 그는 아버지처럼 숨지 않으면서도 은밀하고 우회적인 방법으로 자신을 드러냈다.

메디치는 귀족도 왕족도 아니다. 그들은 평민이다. 하지만 돈은 평민 내부에 또다른 계층을 만든다. 메디치 가문은 귀족이나 왕족도 넘볼 수 없는 부를 지녔다. 부는 언제나 그랬듯 위력을 발휘한다. 돈의 힘으로 그들은 피렌체를 실질적으로 지배했다. 하지만 돈의 힘은 매우 위태로웠다. 권력을 세습받는 귀족이라면 시민의 평판에 아랑곳하지 않고 권력을 유지해나갈 수 있지만, 돈의 힘에 의지한 권력자인 메디치 가문에게 평판 유지는 권력 유지의 핵심요소였다. 평판 유지에 실패하면 추방당할 수도 있었다. 실제로 메디치 가문은 추방과 복귀를 반복했다. 좋은 평판을 획득할 수 있는 첫번째 방법은 피렌체 시민의 공통분모인 신앙에 대한 아낌없는 후원이었고, 두번째 방법은 피렌체를 예술로 표현하는 일이었다. 코지모는 "기독교적 헌신과 세속적 명예욕이 충돌할 때 가장 효과적인 해결방안은 예술과 건축"[12]임을 간파했다.

코지모는 성스러운 곳에 돈을 퍼부었다. 그리고 가문 특유의 불안감을 해결할 수 있는 은밀한 해법도 개발했다. 코지모의 후원으로 안젤리코 Fra Angelico 는 산 마르코 수도원에 「성모 마리아의 대관식」을 그렸다. 성모 마리아 주위에 있는 인물 중 성 마르코와 성 도미니코를 제외한 나머지 성인은 메디치 가문을 연상하게 하는 수

---

12. 같은 책, 203쪽.

조반니 디 메디치, 1360-1429

쿠지무 데 메디치, 1389-1464

피에로 데 메디치, 1416-1469

로렌초 데 메디치, 1449-1492

불행한 피에로, 1472-1503

호성인이다. 성 로렌초는 코지모의 죽은 동생 로렌초를 연상시키고, 코지모의 아들 이름 역시 성 조반니와 성 피에트로 같은 성인들 이름이다. 그림의 앞쪽에 최고급 크림색 가운을 입고 무릎을 꿇고 있는 사람은 성 코스마이다. 코스마는 발음 자체가 코지모를 연상시키지 않는가. 바닥에 깔려 있는 양탄자에는 메디치 가문 문장에 등장하는 붉은색 원이 가장자리를 따라 수놓여 있다. 하지만 이것만으로 충분하지 않았다.

산 마르코 수도원의 내부에 숨겨진 코지모 코드

미켈로초는 산 마르코 수도원의 작고 소박한 방을 설계했다. 수도사의 도서관도 지었다. 코지모가 기증한 책으로 그 도서관은 채워졌다. 프라 안젤리코는 수도원 2층에 줄지어 서 있는 작은 방의 그림을 담당했다. 수도원 2층으로 올라가면 입구에서 그 유명한 안젤리코의 「수태고지」를 만난다. 「수태고지」가 있는 지점에서 디귿자 형태로 작은 방들이 줄지어 서 있는데, 한쪽의 가장 깊숙한 곳에 화형당한 수도원장인 사보나롤라의 방이 있다. 그 반대편 깊숙한 곳은 코지모의 방이다.

코지모는 들키지 않으려고 조심했지만, 많은 돈을

번 깊은 죄책감을 씻기 위한 장치를 산 마르코 수도원 곳곳에 심어 놓았다. 그는 수도사 기도실 옆에 개인 기도실을 지었다. 코지모의 기도실은 다른 수도사의 기도실과 달리 방이 2개며 훨씬 크다. 방 문 위에는 모든 죄가 사해졌다는 교황의 칙서가 새겨진 돌이 있다. 개인 기도실 뒤에는 고촐리 Benozzo Gozzoli, 1420-1497 가 그린 「동방박사 의 경배」가 있다. 동방박사의 모티프를 코지모는 좋아했다. 그는 자신이 동방박사와 같은 인물로 받아들여지기를 원했다.

메디치 가문이 의뢰한 두번째 동방박사 그림은 팔라초 메디치 에 있다. 산 마르코 수도원이 완공되고 15년이 지나자 코지모는 고 촐리를 불렀다. 그리고 팔라초 메디치의 기도실에 같은 주제의 그 림을 그리도록 했다. 팔라초 메디치는 앞에서 언급했듯이 매우 수 수하다. 중정에 있었다는 도나텔로의 「다비드」는 바르젤로 미술관 으로 옮겨졌기에 피티 주변의 관광객과 비교해보면 한가로울 정 도다. 중정을 지나 실내를 둘러봐도 이곳이 한때 전세계에서 가장 부유했던 메디치 가문의 거처였을까 싶을 정도로 소박하고 단출 하다는 인상을 떨칠 수 없다. 게다가 메디치 가문이 수집한 예술품 은 모두 우피치에 있기에 15세기 피렌체, 아니 유럽에서 가장 부 유했던 가문, 예술후원을 아끼지 않았던 가문의 흔적은 찾을 수 없 다. 단 한 가지 예외, 메디치 가문의 야심과 그 야심 속에 숨겨진 메 디치 가문만의 고유한 근심의 흔적이 여기에 남아 있다. 베노초 고 촐리가 그린 프레스코 벽화가 그것이다. 15세기 피렌체의 메디치 가문을 알기 위해선 우피치에 전시된 예술수집품보다 팔라초 메 디치가 최적의 장소인 이유가 여기에 있다.

산 마르코 수도원 코지모의 기도실에 있는 고촐리의 「동방박사의 경배」

　　팔라초 메디치의 동방박사는 산 마르코 수도원의 동방박사보다
의도를 더 노골적으로 드러낸다. 메디치 가문 사람들은 이 벽화에
분명히 알아볼 수 있는 외양으로 그려져 있다. 팔라초 메디치에서
직접 보는 「동방박사의 행차」는 화집과는 완전히 다른 느낌이다.
이 벽화가 있는 팔라초 메디치의 예배실은 크지 않다. 아주 소박
한 장소다. 말년의 코지모는 「동방박사의 행차」가 잘 보이는 곳에
집무용 책상을 두었다고 한다. 코지모는 건강하지 않았다. 돈으로
도 통제할 수 없는 인간의 한계에서 코지모 역시 벗어나지 못했다.
팔라초 메디치가 무슨 소용이랴, 죽음이 다가오고 있는데. 메디치
궁의 넓은 방을 다 두고, 코지모는 「동방박사의 행차」가 벽 전체를

장식한 예배실로 집무용 책상을 옮겼다.

공화국 피렌체에서 누구보다 부자였고, 그 돈을 효과적으로 사용하는 방법을 알았으며, 그래서 사람들로부터 사랑을 받았던 코지모. 그의 야심이나 의도 아니면 코지모를 위대한 사람이라고 칭송하는 전제로부터 출발한다면 「동방박사의 행차」는 메디치 가문의 꿈이 담긴 일종의 메시지와도 같다. 얼핏 보면 피렌체 곳곳에 널려 있는 화려한 프레스코화 중 하나로 여겨 눈여겨보지 않고 넘어갈 수도 있지만, 15세기의 피렌체와 메디치 가문의 길항관계는 이 프레스코 연작에 담겨 있다고 해도 과언이 아니다.

이 그림은 코지모 메디치와 관련된 모든 사건을 재현하고 있다. 메디치 가문이 후원하여 1439년 대규모 공의회가 피렌체에서 열렸던 사건, 즉 메디치 가문이 콘스탄티누스 대제의 계승자인 콘스탄티노플의 황제는 물론 로마 교황과 동등한 지위를 지닌 콘스탄티노플 대주교가 포함된 공의회 대표들을 환대했던 것, 그리고 피렌체 공의회를 계기로 당대의 다수 지식인들이 피렌체를 방문하여 고대 학문의 부활을 진척시킨[13] 이 모든 것이 메디치 가문이 있었기에 가능했다는 것을 벽화는 웅변적으로 보여주고 있다.

작은 예배실에 들어가면 3면의 벽을 고촐리의 벽화가 가득 채우고 있다. 이 벽화는 서쪽부터 동쪽 벽으로 순서대로 봐야 한다. 동방박사 3명의 모티프가 이 프레스코화에서는 3명의 왕의 모습으로 등장한다. 서쪽 벽 그림의 가장 왼쪽에 흰 수염을 길게 기른 노인이 등장한다. 흰 수염은 이 사람이 누구인지를 알려주는 중요한

---

13. G. F. 영, 이길상 옮김, 『메디치』, 현대지성사, 2001, 170쪽.

단서가 된다. 피렌체 사람들은 수염을 기르지 않았다. 턱수염을 기르는 풍습은 동방, 즉 콘스탄티노플에서 유래한다. 고대의 머리 장식을 하고 있는 이 첫번째 왕은 1439년 피렌체 공의회에 참석했던 콘스탄티노플의 총대주교 요셉 2세. 고촐리는 총대주교 요셉이 피렌체에 들어올 때 입었던 옷을 그대로 재현했다.

두번째 왕은 역시 1439년 피렌체 공의회에 참석했던, 콘스탄티노플의 마지막에서 두번째 황제인 요한 팔레올로고스 8세다. 콘스탄티노플이 이슬람 세력에 의해 위험에 빠지자 황제 요한 팔레올로고스는 피렌체 공의회에 참석하여 범 기독교 세력에 콘스탄티노플 수호를 요청했다. 황제 요한 8세는 동로마 황제 특유의 모자를 쓰고 있고 피렌체 사람과는 달리 턱수염을 기른 모습이다. 1425년 요한 팔레올로고스가 황제의 자리에 올랐을 때, 한때 부와 명성을 자랑하던 로마제국의 수도 콘스탄티노플은 베네치아와 제노바에 해상 무역권을 빼앗긴 위태로운 처지였다. 황제 요한은 1437년 700여명에 달하는 수행원을 이끌고 공의회가 열리는 페라라로 향했다. 수행원 중엔 "라틴 신학, 특히 토마스 아퀴나스의 사상에 통달한 게오르기우스 스콜라리우스" 그리고 "가장 존경받는 인물인 게오르기우스 게미스토스 플레톤"[14]도 포함되어 있었다. 사실 황제 요한 팔레올로고스는 이슬람 세력으로부터 위협을 받는 콘스탄티노플을 기독교 세력이 지원해줄 것을 요청하기 위해 공의회에 참석한 것이었다. 그런데 동서교회의 통일을 위한 공의회는 별 소득 없이 공전되고만 있었으니 황제 요한은 속이 타들어갔다. 한

---

14. 존 줄리어스 노리치, 남경태 옮김, 『비잔티움 연대기 3』, 바다출판사, 2007, 706쪽.

가롭게 이탈리아 반도에서 시간을 보내고 있을 수 없었다. 그런데 공전 중인 공의회에 새로운 구원자가 나타났으니, 그가 코지모였다. 코지모는 공의회에 필요한 모든 경비를 부담할 테니 공의회 장소를 피렌체로 옮기자고 제안했고, 결국 17차 공의회는 피렌체에서 다시 열렸다. 고촐리의 「동방박사의 행차」는 바로 그 사건을 기록하고 있는 것이다.

세번째로 등장하는 왕은 로렌초 데 메디치이다. 코지모 자신이 아니라 후대의 메디치 인물을 동방박사 중 한 명으로 그려넣음으로써 코지모의 꿈이 분명해진다. 동쪽 벽의 「동방박사의 행차」에는 동방박사 셋을 따르는 수행원이 그려져 있는데, 코지모는 메디치가를 상징하는 6개의 원으로 된 문장이 새겨진 말을 타고 있다. 코지모의 옆에 동생 로렌초가 있고, 왼쪽 구석에 평소처럼 모자를 쓰지 않은 아들 피에로 메디치가 있다. 코지모, 로렌초, 피에로의 뒤를 피에로의 아들, 즉 코지모의 손자 줄리아노가 따른다. 메디치 가문의 모든 구성원 뒤에 학자와 문인이 긴 행렬을 이뤄 따라오고 있다. 피렌체 사람과 달리 명백하게 콘스탄티노플에서 온 그리스 학자 외양을 한 사람들이 메디치 가문의 구성원을 따라가는 장면, 이는 간접적이지만 분명한 메시지다.

1453년 콘스탄티노플이 이슬람 세력에 의해 함락되면서 막을 내리자, 갈 곳이 없어진 그리스 학자들은 피렌체에서 안식처를 찾았다. 피렌체 공의회를 유치해 그리스 학자와 인연을 맺기 시작했던 코지모는 별장 카레지에 플라톤 아카데미를 개설해 사상가들을 지원했고, 그리스 고문헌을 수집하여 산 마르코 수도원 도서관

고촐리「동방박사의 행차」
이하 같은 그림

서쪽 벽 확대, 총대주교 요셉 2세

중앙 벽 확대. 황제 요한 8세

동쪽 벽 확대, 로렌초 데 메디치

에 모으기 시작했다. 콘스탄티노플의 멸망 이후 로마제국의 철학자는 피렌체로 새로운 거처를 찾아 이주했다. 이로써 피렌체는 로마의 계승자이자 아테네의 계승자가 된 셈이었다. 십자군 전쟁이라는 구실로 콘스탄티노플을 약탈하기에 급급했던 베네치아는 콘스탄티노플과 동시에 몰락했다. 하지만 기원전 4세기에 처음 설립된 플라톤 아카데미는 6세기 유스티니아누스 황제 시절 기독교의 압력에 굴복하여 문을 닫았으나 코지모의 후원하에 다시 문을 열게 됨으로써 아테네를 계승했다.

두려울수록 예술을 후원한다

코지모는 죽음을 감지했다. 그는 기도실에서 「동방박사의 행차」를 보며 구원을 기도했을 것이다. 하지만 죽음이 더 가까이 오자 그것도 불안해졌다. 산 마르코 수도원에 비밀의 코드를 심어놓고, 메디치 가문만 사용하는 전용 예배실에 자신들을 동방박사의 모습으로 그려놓아도 구원을 장담할 수 없었다. 그는 산 마르코 수도원보다 더 가까워서 팔라초 메디치의 사실상 건넛집 격인 산 로렌초 성당에 돈을 쏟아 부었다.

1442년 코지모는 산 로렌초 성당의 후원권을 확보했다. 게다가 중앙제단을 장식할 수 있는 권리와 시신을 안장하는 내진內陣 후원권도 얻었다. 그럼으로써 산 로렌초 성당을 실질적으로 메디치 가문의 마우솔레움이자 그들의 모든 것을 집약시키는 복합단지로 만들었다.

죽음은 마지막 순간에 인간을 평등하게 만든다. 어느 누구도 죽음을 피해갈 수 없다. 죽음이 다가오면 위력을 발휘하던 돈은 힘을 잃는다. 영생은 돈을 주고 살 수 없다. 메디치 가문의 유전병인 통풍을 코지모라도 피할 수 없었다. 결국 코지모는 산 로렌초 성당에 묻혔다. 코지모의 지하 석관을 둘러싼 돌기둥은 위쪽의 교회바닥과 연결되어 있다.

코지모의 아들 피에로의 뒤를 이은 손자 로렌초^{Lorenzo, 1449-1492}는 할아버지보다 더 과감하고 대단하게 메디치 가의 돈을 썼다. 코지모가 추방당했다 귀환한 1434년부터 15세기가 막을 내리기 전까지 메디치 가문은 동방에서 책을 옮겨왔고, 그 책을 보존하기 위해 전문 필사자를 고용했으며, 연구하는 동안 생계유지를 지원하기 위해 대학과 연구기관을 세웠다. 로렌초는 단테와 보카치오의 작품을 내세워 지방 사투리라고 천대받던 토스카나어를 문학적 소양이 다분한 언어로 증명해냈다.

로렌초는 예술후원에 있어서도 선대를 뛰어넘은 과감함으로 폭넓은 지원을 했다. 보티첼리는 로렌초의 친구였다. 후기 보티첼리의 그림은 모두 로렌초와 연관을 맺고 있다. 보티첼리는 로렌초의 아들 줄리아노의 초상화를 그렸고, '불행한 피에로'로 불리는 장남의 초상화 역시 보티첼리의 몫이었다. 어린 미켈란젤로의 재능을 알아본 사람 역시 로렌초였다. 조각학교가 없던 당시 로렌초는 산 마르코 수도원 곁의 정원에 수집한 조각품을 전시했고, 젊은 조각가들을 불러 모아 그곳에서 공부하게 했다. 사실상 미술 아카데미 구실을 한 셈이다.

할아버지 코지모는 예술을 위해 돈을 제공하는 사람이었다면 손자 로렌초는 예술을 수집하는 사람이었다. 자신이 신플라톤주의자이기도 했던 로렌초는 미술을 바라보는 관점 역시 선대와 달랐다. 아름다움에 대한 추구가 종교적으로 정당화되는 근거를 신플라톤주의에서 발견함으로써 아름다움 그 자체에 대한 탐닉이 종교와 배치되지 않는다고 믿었다. 로렌초의 친구 보티첼리의 그림은 이러한 미학적 재해석이 없이는 받아들이기 어려웠을 것이다. 로렌초는 이런 사상에 고무되어 다양한 공공예술 사업들을 아낌없이 지원하고 지휘했다. 예술의 주제는 대부분 세속적이었지만, 일단 보기에 아름다워서 로렌초 자신과 도시의 이미지를 고양시키는 데 도움이 되었다. 물론 정치적으로도 유용했다. 아름다운 예술 창작활동을 후원하며, 그 자신이 시인이기도 한 지도자가 나쁜 지도자일 수 없으리라는 평판[15]을 얻었고 마침내 '위대한 자 로렌초'Lorenzo il Magnifico라는 별칭을 피렌체 시민들로부터 선물받았다.

메디치 가문은 아무리 부자라고 하더라도 돈만으로는 안 되는 일이 예술과 학문임을 깨달았기에 학자와 예술가를 제대로 대접했다. 만약 부자라면 돈으로 예술가와 학자를 후원하는 일이야 마음만 먹으면 가능한 일이다. 지금도 알량한 장학금을 주면서 마치 예술가와 학자에게 큰 선심이라도 쓰는 양 거들먹거리는 부자는 흔할 테니까. 그러나 메디치 가문이 획득한 독보성은 그들은 돈만

---

15. 팀 팍스, 앞의 책, 309쪽.

위대한 자 로렌초의 석상, 피렌체 우피치 미술관

으로는 되지 않는 것을 진심으로 존경했다는 점이다.

예술가나 학자도 이슬만 먹고 살지 않는다. 예술은 돈이 필요하다. 학문도 의지만으로 싹트고 자라지 않는다. 미켈란젤로에게는 조각할 수 있는 대리석을 살 수 있는 돈이 필요했다. 능력을 꽃피우기 위해 돈이 필요한 사람과 돈만으로 할 수 없는 것이 있음을 알고 있는 사람. 그 둘이 만났다. 그래서 15세기의 피렌체는 독보적인 도시가 된다. 21세기의 여행객이 15세기의 피렌체에서 그 흔적을 발견했다면, 그것 역시 충분히 가치가 있다.

미켈란젤로는 논-피니토로 15세기 피렌체에 대해 말한다

피렌체 르네상스 수다에 세뇌되어 그 비밀을 찾겠노라고 피렌체를 쏘다니는 헛수고를 피할 수 있는 문장이 하나 있다. 뵐플린[H. Wölfflin]은 말했다. "피렌체에서는 15세기의 넓은 하부구조 위에 절정을 이루는 왕관이 결핍되어 있다는 느낌"[16]을 받는다고. 뵐플린은 지나가듯 말했지만, 후대에 부르크하르트[J. C. Burckhardt]는 그 문장을 힘주어 말하고 앵무새처럼 따라했다.

피렌체에 르네상스의 모든 것이 다 있는 것 같지만, 사실 없는 게 더 많다. 방대한 스케치와 미완성작을 남긴 다 빈치의 몇 안 되는 완성작 중 피렌체에 있는 것은 아무것도 없다. 「최후의 만찬」은 밀라노에 있고, 「모나리자」는 여기저기를 떠돌다 파리의 루브르에 정착했다. 미켈란젤로는 피렌체에서 태어났고, 메디치 가문과 어린 시절부터 밀접한 관계를 맺었으나 이곳에 정착하지 않았다. 1494년 '위대한 자 로렌초'의 아들 피에로 2세가 피렌체로부터 도망치기 한 달 전, 미켈란젤로도 피렌체를 떠났다. 그는 피렌체가 다시 공화국 질서를 회복하자 피렌체로 돌아와 「다비드」를 남겼지만 다시 또 떠났다. 피렌체에 남아 있는 미켈란젤로의 흔적은 완성작이 아니라 미완성작이 대부분이다. 산 로렌초 성당의 파사드는 여전히 미완성이고, 팔라초 델라 시뇨리아에 설치될 예정이었던 미켈란젤로와 다 빈치의 라이벌 대결 「카시나 전투」와 「아기아

---

16. 하인리히 뵐플린, 안인희 옮김, 『르네상스의 미술』, 휴머니스트, 2002, 29쪽.

리 전투」그림은 이미 오래전에 사라졌다. 「다비드」원본이 전시되어 있는 아카데미아 미술관의 「노예」도 미완성이다. 산 로렌초 성당의 로렌초와 줄리아노의 무덤도 미완성이다. 그는 미완성작, 즉 논-피니토^{non-finito}의 대가이다. 그가 피렌체에 남긴 흔적 거의 대부분이 논-피니토인 이상 뵐플린의 주장처럼 15세기의 피렌체엔 '왕관'이 없다는 말은 옳다.

그러나 미켈란젤로의 논-피니토는 그의 변덕을 의미하지 않는다. 그의 불성실성을 뜻하지도 않는다. 미켈란젤로 논-피니토의 참된 의미는 메디치 가문의 후광에 의해 과도하게 강조되고 낭만적으로 묘사되는 15세기 피렌체 질서를 부자의 관점이 아니라 후원을 받아야 작업을 할 수 있는 예술가의 관점에서 바라볼 때 찾을 수 있다. 예술은 돈이 없으면 불가능하다. 예술가에게 돈은 자신이 혼신을 기울여 목표에 도달할 수 있도록 돕는 결정적인 수단이다. 그 수단이 없으면 모든 것은 그저 생각에 그친다. 생각에 그친 예술은 후세에 전해지지 않는다. 예술이 후세에 전해지기 위해서는 생각이 물질적 형태로 바뀌어야 한다. 돈이 그 역할을 한다.

예술가에겐 충분한 돈이 없다. 그래서 누군가의 돈을 필요로 한다. 대개의 경우 돈은 예술가가 아니라 다른 사람의 손에 있다. 돈이 있는 사람은 그 돈을 예술에 쏟아 부어야 할 절실함이 없다. 예술후원은 돈 있는 사람이 돈을 가지고 할 수 있는 여러 가지 중 하나에 불과하다. 이 모순 속에 15세기의 예술가가 있었다. 미켈란젤로 또한 피렌체의 15세기로부터 자유롭지 않다. 피렌체의 '논-피니토'는 돈으로 후원하는 사람의 입장이 아니라 돈을 필요로 하는

미켈란젤로의 미완성작. 산 로렌초 성당의 줄리아노 무덤(좌)과 로렌초 무덤(우)

현실 속 예술가의 입장으로 예술을 보아달라는 메시지다. 그런데 피렌체에 오는 사람들은 대부분 돈으로 후원하는 사람의 관점에서 피렌체를 해석한다.

피렌체를 떠나며

젊음을 잃고 다시 피렌체에 와서 15세기를 찾았다. 그리고 돈 많은 사람과 돈 없는 사람이 맺을 수 있는 아름다운 관계의 흔적을 이곳에서 발견했다. 스물여덟살에 본 피렌체와 쉰살이 넘어 본 피렌체는 달랐다. 그때는 보이지 않았던 것이 지금은 보였다. 스물여덟살 때엔 미켈란젤로의 최고 작품은 로마 바티칸에 있는 「피에타」라 생각했다. 그땐 매끈하고 화려한 것이 좋았다. 미켈란젤로의 「다비드」를 보면서 나도 「다비드」와 같은 몸매를 갖고 싶다고 생각했다. 그뿐이었다. 세월이 흘렀다. 석회석을 물로 녹일 정도의 세월은 아니었으나, 내가 최대 100년을 산다고 해도 그 100년 중 20여 년은 자연사의 시간으로는 보잘것없겠지만 인간사의 시간, 나의 역사의 관점에서 보자면 정말 긴 시간이다. 그 사이 나는 변했다.

피렌체를 다시 떠나야 하는 마지막 날을 두오모 오페라 박물관에서 보냈다. 피렌체의 15세기를 열었던 기베르티의 산 조반니 세례당의 청동문 원본을 보고 나서, 이제 피렌체 여행이 끝났다고 생각하고 박물관의 출구로 향하던 중 마지막 방에서 도나텔로의 「막달라 마리아」와 마주쳤다. 스물여덟엔 몰랐다. 곧 내게도 인생의 고통이 다가오게 될 것을. 도나텔로의 「막달라 마리아」를 보고도 그냥 지나쳤을 그때와 달리 두번째 피렌체에서 그 조각을 보는 순간 마른 눈물이 터졌다. 헐벗은 외모, 헝클어진 머리, 망연자실한 눈동자, 거의 실물 크기의 이 여인을 보자마자 숨이 막혔다. 굶주린 어떤 사람, 고통받고 있는 어떤 사람과 마주쳤을 때 할 수 있는 일이 무엇일까? 우리는 고통받는 사람을 구원할 수 없다. 고통의 보편성을 확인하는 것, 나는 지금 고통스럽지 않다 하더라도 고통은 마치 유령처럼 이 사람 저 사람을 떠도는 것이며 지금 막달라 마리아를 찾아온 고통은 언젠가는 이 여인의 신체를 떠나 내게 올 수 있음을 확인하는 것이 유일한 인간의 모습을 한 구원일 것이다.

도나텔로 「막달라 마리아」

「막달라 마리아」를 뒤로하고 오른쪽으로 도는 순간 미켈란젤로의 「반디니의 피에타」가 저기 서 있다. 「반디니의 피에타」는 바티칸 성 베드로 성당의 「피에타」처럼 매끈하지 않다. 미켈란젤로는 말년에 자신의 젊은 시절의 걸작으로 되돌아갔다. 그리고 예수의 죽음으로 고통받는 마리아를 내려다보는 자신의 모습을 피에타 속에 등장시켰다. 미켈란젤로는 묻고 있다. 고통받는 인간을 위해 예술은 무엇을 하고 있느냐고. 재능을 뽐냈던 젊은 시절의 미켈란젤로와는 다르다. 재능이 있고 없음은 쉽게 증명할 수 있다. 천재였기에 미켈란젤로는 쉽게 자신의 재능있음을 증명했다. 그것이 바티칸 성당의 「피에타」이다. 하지만 말년의 미켈란젤로는 질문을 던진다. 대체 인간의 고통 앞에서 예술가는 무엇을 할 수 있느냐고. 쉽게 답할 수 없는 질문, 하지만 일생을 예술을 위해 살았던 미켈란젤로가 결코 피해갈 수 없었던 말년의 질문이다. 젊어서 재능을 뽐내고 증명하기에 바쁜 사람이 놓쳤던 질문을 미켈란젤로는 말년의 「반디니의 피에타」로 표현한다.

내가 젊었던 시절, 내 목표는 한 가지였다. 내가 재능이 있는지를 증명하는 것. 재능의 증명에만 몰두했던 젊은 시절의 나는 학문을 하는 이유를 궁금해하지 않았다. 재능을 증명하는 일이 무의미하다고 느껴지는 중년의 나이에 접어들면서, 젊은 시절 결코 던지지 않았던 질문이 나를 가로막는다. 대체 사회학은 인간의 고통 앞에서 무엇을 할 수 있느냐고, 말년의 미켈란젤로에게 나 역시 묻고 싶다. 혹시 당신은 그 답을 얻었는지. 그때 피렌체에 다시 오고 싶다는 생각을 했다. 미켈란젤로의 「반디니의 피에타」를 다시 한번

보고 싶었기 때문이다. 분명 다시 온다 하더라도 지금으로부터 시간이 꽤 흐른 후일 텐데, 미래의 나는 피렌체에서 또 무엇을 발견하게 될까?

미켈란젤로 「반디니의 피에타」

4장

1781년 6월 13일, 모차르트가 아버지에게 편지를 쓰던 날의 빈

사실 장담할 수 있는 일인데, 여행하지 않는 인간은
(적어도 예술과 학문에 관여하는 자라면) 비참한 인간입니다.
(…) 평범한 재능을 지닌 인간은 여행하든 말든 언제까지나
평범한 채로 있기 마련입니다. 하지만 탁월한 재능을 지닌 인간은
늘 같은 곳에 머물면 못 쓰게 됩니다.[1]

그러나 피카소의 머릿속에는 오로지 병든 아버지 생각뿐이다.
피카소에게 그림을 가르쳐주었고, 피카소가 사랑하면서 미워하는
초월적인 아버지, 피카소는 열여섯살에 이런 말을 했다.
예술을 하려면 자기 아버지를 살해해야 한다.[2]

1. 볼프강 아마데우스 모차르트, 김유동 옮김, 『모차르트의 편지』, 서커스, 2018, 162쪽.
2. 플로리안 일리스, 한경희 옮김, 『1913년 세기의 여름』, 문학동네, 2013, 108쪽.

예술가는 각 시대의 한계에 갇혀 있다

조르조 바사리^{Giorgio Vasari}, 피렌체 출신이다. 그는 고향 피렌체와 토스카나 지방 출신 예술가들의 생애를 기록한 『르네상스 미술가 평전』을 출판하면서 "가장 존귀하신 피렌체 대공 코지모 데 메디치 각하"에게 헌정한다. 헌사에서 바사리는 코지모 1세를 이렇게 칭송한다. "존귀하신 영주 공작 각하, 하늘이 내리신 너그러운 성품을 지닌 각하께서는 가장 빛나는 선조의 발자취를 계승하고 재주 있는 자라면 그들이 어디에 살고 있든지 찾아내 항상 도와주시고 키우셨습니다."³ 헌사의 마지막 부분에서 바사리는 자신을 "각하의 가장 비천한 신하 아레초의 화가 조르조 바사리"라고까지 표현한다.

누군가에게 감사의 뜻이나 존경을 전하기 위해 책을 '헌정'하는 것은 아주 오래된 인간 관행이다. 현대의 작가도 헌사를 쓴다. 책은 인스턴트 라면을 끓이는 속도로 만들어지지 않는다. 책은 혼자의 능력만으로 완성할 수도 없다. 하나의 책을 쓰기 위해서는 또다른 수십권 수백권의 글쓴이의 도움을 받아야 하고, 원고가 책의 형태로 완성되기 위해서는 편집자를 비롯하여 디자이너 등 많은 사람의 노력이 더해져야 한다. 단 한 권의 책에 이렇게 수많은 사람들이 관련되어 있기에 책을 완성하는 동안 자신에게 도움을 주었던 사람의 이름을 언급하며 감사를 표하는 것이야말로 마땅한 도리라 할 수 있다. 하지만 우리 시대 저자는 자신을 이렇게 비천한 사람으로 낮추면서까지 헌사를 쓰지 않는다. 가장 흔한 헌정의 대상은 부모님이거나 사랑하는 사람 혹은 존경하는 학자다. 비록 그 책을 쓰기 위해 장학금 형태의 후원을 받았다 하더라도, 헌사에 호들갑스럽게 "재주 있는 자라면 그들이 어디에 살고 있는지 찾아내 항상 도와주시고 키워"주셨다는 바사리식의 겸양 표현을 남기는 작가는 없다. 만약 누군가 그렇게 쓴다면, 그 작가는 격이 떨어져 보일 것이다.

『르네상스 미술가 평전』은 바사리 필생의 역작이다. 그가 방대한 분량의 이 책을 집필해 동시대 예술가에 대한 상세한 기록을 남

---

3. 조르조 바사리, 이근배 옮김, 『르네상스 미술가 평전 1』, 한길사, 2018, 39쪽.

겼기에 우리는 피렌체를 더 잘 알 수 있다. 후대에까지 귀하게 쓰일 기록을 남겼다는 점에서 자부심을 가져도 좋으련만 바사리는 현대의 관점에서 보자면 비굴해 보일 정도로 자신을 낮추고 지나친 아부라 할 정도로 코지모 1세를 높이려 애쓴다. 바사리가 특별히 겸손하고 아부에 능한 성격이었던 것일까? 그렇다기보다 어찌 보면 예술가를 대접하는 당대의 관행을 그대로 따른 평균적인 사람이라고 보는 게 더 설득력 있는 해석일 것이다. 보통의 예술가는 시대의 관행을 따른다. 우리가 지금 간직한 15세기에 대한 이미지와 실제로 예술가들이 살았던 15세기의 현실은 달랐다. 현대에 들어와 가장 르네상스적 천재로 추앙받는 미켈란젤로라 하더라도, 시대의 한계를 뛰어넘지는 못했다.

메디치 가문의 후원을 받았고 그 후원을 배경으로 명성을 얻은 미켈란젤로는 메디치 가문을 피렌체에서 몰아낸 시정부의 의뢰를 받아들여 다비드 상¹⁵⁰¹⁻¹⁵⁰⁴을 제작했다. 인간의 맥락에서 보자면 배신이요, 예술가의 맥락에서 보자면 중립이다. 예술가에게 작품 의뢰의 맥락은 중요하지 않은 것일까? 우리는 미켈란젤로를 지조 없는 인물이라 치부할 수도 있지만, 좀더 정확하게 표현하자면 아무리 천재라 하더라도 자신을 둘러싼 시대의 환경에서 완전히 벗어날 수 없음을 보여준다고 하겠다.

당대에는 중요하다고 판단했기에 바사리는 『르네상스 미술가 평전』에 200여명의 예술가를 기록했을 것이다. 영향력과 인기 면에서는 크게 차이가 나지 않았던 그들 사이에도 뚜렷한 경계선이 그어지는 건, 의뢰자의 의중뿐만 아니라 자신의 의지를 새겨넣을 수 있는 능력의 차이 때문이다. 작품의 재료는 작품 의뢰자의 돈에 의해 좌지우지되지만 재료가 작품으로 변신하는 과정은 전적으로 예술가의 몫이다. 예술은 늘 그런 긴장 속에 놓여 있고, 예술가는 그 사이에서 위험한 줄타기를 한다. 그 위험한 줄타기에서 나름의 방식으로 자신을 기록한 예술가만을 현대는 기억한다. 그래야 시대의 한계를 뛰어넘은 예술가라 할 수 있다. 기억은 후대의 사람들이 외줄타기를 한 예술가에게 경의를 표하기 위해 부여하는 '이후의 삶'이다.

태어나지도 않았는데, 빈을 택한 사람들

태어난 곳, 즉 고향은 개인에게 중요하다. 고향은 운명처럼 정해진다. 그래서 고향은 양가감정을 불러일으킨다. 고향은 때론 원형적인 기원일 수도 있고, 족쇄일 수도 있다. 한 인물의 고향이 그 인물의 됨됨이와 의지를 다 설명하지도 못한다. 반면 태어난 곳은 선택할 수 없지만, 자신의 삶을 마감하는 도시는 선택할 수 있다. 만약 어떤 사람이 고향을 떠나 다른 곳을 선택해 그곳에서 죽었다면, 그곳은 그 사람이 누구인지 알기 위한 매우 소중한 정보다. 피렌체 출신인 단테가 우여곡절 끝에 라벤나에서 사망한 사례가 보여주듯이. 만약 어떤 도시가 많은 사람들에게 선택되었다면 그 도시는 하나의 해독해야 할 의미의 복합체인 셈이다. 바로 빈Wien이 그런 도시 중 하나다.

빈 중앙묘지의 음악가 구역

누가 자기 고향을 두고 빈을 선택했고 빈에서 생을 마감했을까? 그 질문을 품고 빈의 가장 큰 공동묘지인 중앙묘지Zentralfiedhof로 간다. 구도심에서 전차를 타면 30여분 만에 중앙묘지에 도착할 수 있다. 승객 대부분이 중앙묘지역에서 내린다. 어떤 사람은 꽃을 들고 있고 드물지 않게 커피를 든 사람도 보인다.

프랑스가 위대한 회화의 나라라면 독일(독일어권)은 위대한 음악의 나라라는 아도르노Adorno의 말은 지극히 타당하다. 빈의 중앙묘지에는 아도르노의 이 주장을 뒷받침이라도 하듯 음악가Musiker 구역이 따로 있다. 중앙묘지의 한가운데를 관통하는 넓은 길을 한참 걷다보면 왼쪽에 음악가 구역을 안내하는 표지판이 나타난다. 그곳으로 접어들면 유독 사람들이 모여 있는 곳이 있다. 그럴 만하다. 음악의 문외한도 그 이름을 모른다고 말할 수 없는 음악가 세명의 무덤이 삼각형 모습으로 배치되어 있기 때문이다. 모차르트를 가운데 두고 왼쪽에 베토벤 그리고 오른쪽에 슈베르트의 묘지

왼쪽부터 빈 중앙묘지의 베토벤, 모차르트, 슈베르트 무덤

가 있다. 비단 이들만이 아니다. 빈의 중앙묘지 음악가 구역 자체
가 서양음악사라 할 수 있을 정도로 중앙묘지에 묻혀 있는, 즉 빈
에서 삶을 마감한 음악가의 면면은 대단하다. 이들의 고향은 모두
다르다. 모차르트^{Wolfgang Amadeus Mozart, 1756-1791}는 잘츠부르크^{Salzburg}
에서 태어났다. 베토벤^{Ludwig van Beethoven, 1770-1827}의 고향은 본^{Bonn}
이다. 영화 「아마데우스」에서 모차르트를 시기하고 그를 독살한
인물로 그려지는 바람에 과소평가된 작곡가 안토니오 살리에리
^{Antonio Salieri, 1750-1825}는 이탈리아 출신이다. 요하네스 브람스^{Johannes}
^{Brahms, 1833-1897}는 저 먼 함부르크에서 태어났다. 프란츠 폰 주페
^{Franz von Suppe, 1819-1895}는 현재 크로아티아에 속하는 달마시아 출신
이다.

중앙묘지에 묻힌 음악가 중에서 빈에서 태어난 사람은 피아노
교본으로 유명한 카를 체르니^{Carl Czerny, 1791-1857}, 프란츠 슈베르트

Franz Schubert, 1797-1828와 현대음악의 창시자 아르놀트 쇤베르크Arnold Schoenberg, 1874-1951 정도에 불과할 정도로 대부분의 음악가들은 고향을 떠나 빈에서 안식을 찾았다. 잘츠부르크는 빈에서 296km 떨어진 거리에 있다. 본은 그보다 더 먼 곳이어서, 882km를 이동해야 도달할 수 있다. 브람스의 고향 함부르크는 빈으로부터 무려 972km 저편에 있다. 모차르트와 베토벤과 브람스는 자신의 고향이 아니라 빈을 선택했다. 빈은 그래서 특별하다. 모차르트와 베토벤과 브람스가 선택한 도시이기 때문에.

한 소년은 고향이 싫었다

고향을 누구나 좋아하지 않는다. 나도 고향을 좋아하지 않는다. 어릴 때부터 나중에 반드시 고향을 떠나 더 큰 도시로 가겠다는 생각을 하면서 살았다. 내 고향 경기도 파주시 광탄면은 서울에서 그리 먼 곳은 아니었지만 너무 작았고 그래서 심심했다. 당연히 어떤 지적 자극도 받을 수 없는 곳이었다.

　잘츠부르크, 도시라기보다 마을이라고 해도 괜찮을 정도로 작은 도시다. 잘츠부르크 역에 내리면 구도심까지 대중교통을 이용할 필요가 없다. 설렁설렁 걸으며 잘츠부르크를 구경하다 잘자흐Salzach 강의 마카르트 다리Makartsteg를 건너면 어느새 구도심에 도착한다. 구도심의 게트라이데가세Getreidegasse를 걷다보면 유독 카메라를 든 사람들이 많은 곳이 나타난다.

1756년 1월 27일 게트라이데가세 9번지에서 한 아기가 태어났다. 1773년 그 아이는 가족을 따라 잘자흐 강 건너 마카르트플라츠^{Makartplatz} 8번지로 이사했다. 그 아이는 1781년 잘츠부르크를 떠날 때까지 그곳에 살았다. 고향을 떠나 빈으로 향했던 그 아이가 후세 사람들이 음악의 신동이자 천재라고 부르는 볼프강 아마데우스 모차르트다.

잘츠부르크는 모차르트의 도시다. 도시 전체가 모차르트를 위해 존재하는 게 아닐까 싶을 정도로 그를 사랑하고 자랑한다. 잘츠부르크에 온 관광객은 모차르트의 흔적을 찾아다닌다. 이곳에서 모차르트는 하나의 상표다. 모차르트 생가에는 게부르츠하우스^{Geburtshaus}(생가)라는 간판이 붙어 있는데, 생가 옆의 노르트제^{Nordsee}(해산물 레스토랑)나 H&M(옷가게)처럼 게부르츠하우스는 모차르트라는 상품을 팔기 위한 상표나 마찬가지다. 모차르트의 이름을 딴 카페도 있다. 잘츠부르크를 대표하는 특산물은 도시 이름이 유래된 소금^{Salz}이 아니라 이미 오래전 모차르트 쿠겔^{Kugel}이라 부르는 초콜릿이 차지했다. 모차르트의 이름을 딴 음악학교도 있다. 음악 팬이라면 언젠가 한번 꼭 가고 싶어하는 잘츠부르크 페스티벌 역시 이곳이 모차르트의 고향이 아니었다면 열리지 못했을지 모른다.

그러나 모차르트는 한사코 고향을 떠나고 싶어했다. 지금은 모차르트를 배출한 작은 음악도시라는 이미지가 강하지만 모차르트 시대의 잘츠부르크는 지금과 달랐다. 잘츠부르크는 739년 주교가 다스리는 나라로 공인되었다가 798년부터는 주교가 대주교로 승

잘츠부르크의 잘자흐 강(좌)과 모차르트의 생가(우)

격되었다. 996년, 신성로마제국 황제 오토 3세가 잘츠부르크 대주교에게 일일 시장을 개설하고 동전을 주조할 권리까지 부여하면서 잘츠부르크는 금, 은, 구리 같은 천연 광물과 소금 교역으로 막대한 부를 축적했다.[4]

잘츠부르크는 부유한 도시였다. 궁정엔 돈이 넘쳐났다. 볼프강 아마데우스의 아버지 레오폴트는 그런 잘츠부르크 궁정의 음악가였다. 아이들이 태어났는데 아버지의 영향을 받아서인지 음악에 남다른 재능을 일찍부터 보여주었다. 모차르트와 그의 누나 난네를의 재능을 레오폴트는 알아챘다. 그의 천재성을 예증하는 일화는 차고 넘쳐흐를 정도로 풍부하다. 불과 다섯살에 피아노 연주자로 데뷔를 했다. 일곱살이 되던 1763년에 떠난 유럽 연주여행이

---

4. 김성현, 『모차르트』, 아르테, 2018, 124-125쪽.

1766년에 끝날 정도로 신동 모차르트의 인기는 대단했다. 4년에 걸쳐 뮌헨, 아우구스부르크, 프랑크푸르트, 브뤼셀, 파리, 런던, 헤이그, 제네바, 베른, 취리히 등 유럽 중요 궁정에 모두 초대받았고 궁정사회를 놀라게 했다. 모차르트는 궁정의 귀염둥이이자 셀러브리티(유명인)였고 슈퍼스타였다. 모차르트는 궁정의 열렬한 반응에 우쭐해졌다.

1762년 10월 13일 빈의 쇤브룬 궁전^{Schönbrunn Palace}의 서관 '거울의 방'에서 연주회가 열렸다. 황제 프란츠 1세가 연주회에 참석했다. 모차르트는 손수건으로 눈을 가린 채 연주하는 재주를 선보였다. 그는 그곳에서 프란츠 1세와 마리아 테레지아의 막내딸 마리 앙투아네트를 만났다. 이후 루이 16세의 왕비가 되어 베르사유 궁전으로 갔다가 프랑스 대혁명 과정에서 처형된 그녀를 모차르트는 사랑했다고 한다. 10월 21일 모차르트 가족은 궁정음악회에 다

모차르트 쿠겔 상점(좌)과 모차르트 카페(우)

시 초대되었고, 황제는 그 대가로 금화 100두카트를 지불했다. 100두카트는 450피오리노에 해당되는데 현재의 가격으로 추산하자면 최고 2만 7000달러에 달하는 거금이다.[5]

1763년 카로지 카르몽텔Carrogis Carmontelle이 남긴 모차르트 가족의 초상화에 신동 모차르트가 그려져 있다. 피아노를 연주하는 아이가 모차르트고, 모차르트와 같은 악보를 보면서 바이올린을 연주하는 사람이 아버지 모차르트, 즉 레오폴트다. 모차르트의 누나 난네를은 다른 악보를 손에 들고 노래를 하고 있다.

분더킨트Wunderkind, 즉 신동도 사춘기를 피할 수 없으며 언젠간 어른이 된다. 자의식이 생기고 자기 목표가 생긴 신동은 아버지와의 갈등을 피할 수 없었다. 아버지는 지금까지 궁정음악가들이 살았던 그 방식대로 아들이 살기를 기대했다. 우리는 모차르트를 위대한 음악가, 위대한 천재 혹은 마에스트로라고 생각하지만 그건 어디까지나 모차르트의 사후 명성일 뿐이다. 모차르트가 살던 당대에 음악가는 궁정에 소속된 수많은 하인의 한 종류로 받아들여졌다. 음악가는 시종이나 마부처럼 하인의 옷을 입었고, 하인의 부엌에서 식사를 했다. 그들은 고용주가 허락하지 않으면 여행도 할 수 없는 종속적인 존재였다. 모차르트가 존경했던 하이든도 그렇게 살았고, 바흐 역시 크게 다르지 않았다.

모차르트의 아버지는 음악가의 이러한 처지에서 어떤 문제점도 발견하지 못했다. 아버지는 전통을 의심하지 않는 사람이었다. 아버지의 눈에 본래 음악가는 그런 존재였다. 레오폴트는 요한 밥티

---

5. 같은 책, 62쪽.

스트 백작 집의 악사였고 잘츠부르크 대주교 밑에서 일하는 음악가였다. 아버지에겐 주어진 음악가의 처지 그 이상을 넘어서려는 야망도 궁리도 없었다. 아버지에게 음악은 호구지책이었다. 아버지는 아들의 천재성을 돈벌이의 수단으로, 사실상 서커스 공연과 다르지 않은 것으로 취급했다. 아버지는 신동 아들을 이렇게 선전했다.

소년이 바이올린 협주곡을 연주합니다. 건반을 헝겊으로 완전히 덮어씌운 피아노로 교향곡도 연주합니다. 게다가 멀리서 어떤 음을 들려줘도 정확하게 음 이름을 알아맞힙니다.

아버지가 아들 모차르트의 콘서트를 홍보할 때 사용하던 문구다. 아버지는 돈벌이를 위해 아들의 재주를 사용할 줄 아는 사업감각을 지녔다. 아버지는 아들이 이런 삶의 방식을 쭉 따라온다면 큰 문제가 없으리라 생각했다. 하지만 아들 모차르트는 성장했다. 그리고 계몽주의라는 새로운 시대정신을 읽어냈다.

아버지 모차르트가 익숙한 관습에 따라 판단했다면, 아들 모차르트는 머지않아 궁정의 시대가 저물고 새로운 시대가 오리라 예감했다. 지금까지 있어왔던 사회질서가 지속되리라 믿어 의심치 않았던 아버지와 무엇인가 변화를 감지한 아들. 아들 모차르트는 더이상 궁정의 구경거리가 되고 싶지 않았다.

신동으로서의 상품 가치가 점차 떨어지자 아버지는 아들 모차르트가 자신처럼 궁정에서 안정된 일자리를 찾길 기대했다. 그러

모차르트 가족의 연주여행, 아버지 레오폴트, 딸 난네를, 아들 모차르트

나 신하 음악가 혹은 신민의 처지에 충실하기를 기대했던 아버지 모차르트와 달리 아들 모차르트는 '신민'이 아니라 '시민'이 되고 싶었다. 신민의 처지에 만족하는 궁정음악가에게 궁정은 음악생활을 지속적으로 수행할 수 있도록 돕는 조력자였지만, 시민이 되려는 아들 모차르트에게 궁정은 오히려 자신의 이상을 방해하는 요인이었다.

모차르트의 아버지 레오폴트는 잘츠부르크 슈라텐바흐 제후 겸 대주교의 후원을 받는 상태였다. 슈라텐바흐 대주교가 사망하고 후임자로 히에로니무스 콜로레도^{Hieronymus von Colloredo} 백작이 1771년 잘츠부르크의 대주교로 취임했다. 그는 귀족이다. 그리고 잘츠부르크의 최고 통치자다. 전임 주교는 음악애호가였기에 궁정음악가에게 관대했지만, 히에로니무스 콜로레도의 눈에 아버지 레오폴트와 그의 아들 모차르트는 하인에 불과했다.

잘츠부르크 대성당은 도시 규모에 비해 매우 크다. 잘츠부르크 대주교의 권세가 어느 정도였는지는 대성당과 이어진 대주교 사택의 규모를 보면 알 수 있다. 당시의 잘츠부르크를 이해하려면 소박하고 금욕적일 것이라는 성직자에 대한 이미지를 지워야 한다. 성직자는 귀족과 더불어 중세를 지배하던 계층이다. 게다가 신임 잘츠부르크 대주교는 백작이기까지 하다. 그에게 시중을 드는 하인이 한둘이 아니었다. 히에로니무스의 눈에 레오폴트와 모차르트는 궁정에서 화제의 인물이 되었다고 건방을 떠는 주제넘는 아랫것에 불과했다. 예술가로서 자의식이 점점 형성되어가던 모차르트는 음악가를 시종 그 이상으로 보지 않는 대주교와 사사건건 부딪혔다. 모차르트는 유럽 연주여행을 떠날 수 있게 휴가를 달라고 대주교에게 지속적으로 요청했다. 대주교의 눈에 모차르트는 궁정음악가로 고용된 주제에 과도한 유급휴가를 요청하는 한심한 하인으로 보였다.

신동 모차르트는 이제 스무살이 넘어 자의식 강한 청년이 되었다. 1777년부터 1778년에 걸쳐 모차르트는 뮌헨, 아우구스부르크, 만하임 그리고 파리로 연주여행을 떠났다. 그리고 끝없이 잘츠부르크를 벗어날 기회를 타진했다. 1777년 8월 1일 아버지가 모차르트의 이름으로 잘츠부르크 대주교에게 모차르트를 놓아달라고 청원했다. "지극히 공손하고 순종적으로 청원합니다. 신성로마제국

잘츠부르크 대성당

의 지극히 높은 군주이시며 인자하심이 그득하신 군주 전하"로 시작하는 이 편지는 해직을 청원한다.

그러므로 예하께서는 제가 공손하게 해직을 청원하는 바를 자비로써 허락해주십시오. 다가올 추운 세월을 악천후에 내몰리지 않으려면 오는 가을을 이용하는 수밖에 없으니, 예하께서는 제가 황공한 가운데 소원하는 바를 귀찮게 여기시지 않으시리라 생각합니다. 이미 3년 전, 빈으로의 여행을 허락해주십사 청원했을 때, 제게 황송하게도 이 땅에서는 기대할 만한 게 전혀 없으니 다른 고장에 가서 행운을 찾는 게 좋겠다고 말씀하셨기 때문입니다.[6]

현재의 독일과 오스트리아 지역, 당시 알프스의 남쪽과 북쪽

---

6. 볼프강 아마데우스 모차르트, 앞의 책, 38-39쪽.

에 위치한 신성로마제국의 승계 지역에는 거대한 제국이 들어서지 못했다. 황제, 교황 할 것 없이 모든 중앙 군주들이 지역 통합을 시도했으나 허사로 돌아갔다. 대신 그 자리에 수많은 소국가가 들어섰다. 프랑스와 영국에서는 17세기부터 권력과 부 그리고 문화적 비중에 있어서 다른 귀족 가문을 능가하는 중앙 궁정이 발달했던 반면 독일과 이탈리아는 일일이 셀 수 없을 정도로 무수한 궁정들과 궁정을 지향하는 도시 지도자층들로 분열되어 있었다. 프랑스와 영국에서는 국가의 중앙집중화로 인해 음악가를 필요로 하는 중요한 자리는 거의 모두 수도 파리나 런던에 몰려 있었다. 이와 달리 독일과 이탈리아에는 궁정의 위신을 관리하기 위해 재능있는 음악가를 확보하려 경쟁을 벌이는 무수한 궁정과 도시가 있었다.[7]

이러한 조건은 아들 모차르트에게 아버지에겐 없었던 교섭력의 공간을 창출해주었다. 모차르트의 아버지는 궁정사회라는 제한된 영역 내에서 아들의 출세만을 바랐다. 레오폴트의 꿈은 아들 모차르트가 좀더 큰 궁정에서 출세하는 것, 즉 더욱 큰 궁정이 아들 모차르트를 궁정악장으로 받아들이는 것이다. 아버지가 무능했던 것은 아니다. 아버지도 나름 성공한 음악가였다. 아버지 레오폴트가 1756년에 바이올린 연주법에 관해 쓴 책은 큰 성공을 거두어 "18세기 후반에 독일의 가장 뛰어난 바이올린 연주자들은 모두 그의 책으로 공부"[8]했을 정도였다.

하지만 모차르트는 점점 더 완강해진다. 그는 잘츠부르크를 정

<hr>

7. 노베르트 엘리아스, 박미애 옮김, 『모차르트』, 문학동네, 1999, 40-41쪽.
8. 피터 게이, 정영목 옮김, 『모차르트』, 푸른숲, 2006, 13쪽.

말 떠나고 싶어한다. 궁정음악가에 만족할 수 없는 그는 아버지에게 편지로 자신의 결심을 알렸다. "잘츠부르크라는 곳은 제 재능에 합당하지 않은 고장이라는 이유만으로 이해해주세요. 첫째로 음악을 하는 사람이 존경받지 못하고, 둘째로 아무것도 들을 게 없습니다. 그곳에는 극장도 없고 오페라하우스도 없거든요. 예를 들어 오페라를 연주하려 해봤자 과연 노래 부를 사람이 있을까요?"[9] 그는 대주교가 있는 잘츠부르크로는 도저히 돌아가고 싶지 않았다. 1779년 1월 8일 23세의 모차르트는 뮌헨에서 아버지에게 이렇게 편지를 보냈다.

저는 잘츠부르크와 그 주민(잘츠부르크 태생의 인간)에 대해 참을 수가 없습니다. 그 말투와 생활 태도를 참을 수가 없습니다. 이제 간추려서 말씀드리겠습니다. 믿어주세요. 저는 아버지와 누나를 어서 포옹하고 싶어서 견딜 수가 없습니다, 다만, 잘츠부르크만 아니었다면…[10]

모차르트는 다른 도시에서 일자리를 얻는 데 실패했다. 모차르트는 궁정악단 오르가니스트로 복직했다. 그렇다고 궁정음악가로 만족할 수 없던 모차르트의 자의식마저 사라진 것은 아니다. 아니 오히려 그는 잘츠부르크를 벗어날 기회를 더욱 노리고 있었다. 1781년 3월, 대주교는 자신이 머물고 있는 빈으로 오라고 모차르트에게 명령했다. 빈으로 간 모차르트는 독일 기사단의 집^{Haus des Deutschen Ritterordens}에 머물렀다. 신동으로 이름을 날린 모차르트는

---

9. 볼프강 아마데우스 모차르트, 앞의 책, 159쪽.
10. 같은 책, 194쪽.

연주여행 때면 늘 유럽의 각종 궁정에 머물렀다. 그런데 그가 여섯살이었을 때 빈을 첫 방문하여 최초로 연주를 했던 콜라토 궁전 Palais Collato 도 아니고, 황제 프란츠 1세 앞에서 피아노 연주를 했던 빈의 쇤부른 궁전도 아닌 독일 기사단의 집이라니! 대주교는 모차르트에게 현실을 일깨워주고 싶었던 것이다. 너는 그래봐야 하인에 불과하다고, 하인인 네가 머물 곳은 궁전이 아니라 궁정관료의 숙소인 독일 기사단의 집이라고. 4월 대주교는 잘츠부르크로 돌아갔다. 그리고 모차르트에게도 잘츠부르크로 돌아오라 명령했다. 하지만 그는 돌아가지 않았다. 1781년 6월 8일 모차르트는 25세의 나이로 궁정의 속박에서 벗어났다. 아니 모차르트는 잘츠부르크 대주교로부터 굴욕적으로 쫓겨났다. 모차르트는 아버지에게 편지로 이 소식을 전했다. 1781년 6월 13일의 편지다.

한마디로 무엇이든 할 수 있었으련만, 그렇게 하지 않고 저를 문간에서 내팽개치고 엉덩이를 걷어찬 겁니다. 이쯤 되면 분명히 말하건대, 제게는 잘츠부르크라는 건 없는 것과 같습니다.[11]

모차르트는 말 그대로 궁정으로부터 엉덩이를 걷어차이고 쫓겨났다. 하지만 오히려 잘된 일이었다. 쫓겨난 덕분에 자유예술가로 변신할 수 있는 기회를 맞이했다. 모차르트는 음악가로서 작품을 개방된 시장에 판매하여 생계를 해결하겠다는 새로운 생각을 했다. 궁정에 소속된 음악가들은 생각해내지 못한 기발한 발상이었

---

11. 같은 책, 246쪽.

다. 음악시장은 아직 태동단계에 불과했지만, 입장료를 지불하는 관객을 위한 연주회를 기획하는 악보 출판인들이 막 생겨나고 있던 시점이었기에 전혀 불가능한 실험은 아니었다. 모차르트는 이 변화를 놓치지 않았다.

잘츠부르크에는 무엇이 없고, 빈에는 무엇이 있는가?

귀족은 아니었으나 모차르트는 궁중의 삶에 익숙한 채 자랐다. 그가 처음으로 연주를 한 곳도 궁중이었다. 신동으로 유럽 연주여행을 할 때에도 그는 궁정에 초청받아 연주를 했다. 음악을 이해하지 못하는 잘츠부르크 주교를 만난 것은 역설적으로 익숙한 세계로부터 벗어나는 계기가 되었다. 아무리 대주교가 인격적으로 마음

바바라 크라프트가 그린 모차르트 초상, 1819

에 들지 않았다 하더라도, 그 이유만으로 잘츠부르크를 떠나지는 않았을 것이다. 모차르트는 어렴풋이 다가올 미래를 느꼈다. 어린 시절부터 전유럽을 두루 여행했던 그는 궁정에 갇혀 있는 우물 안 개구리가 아니었다.

그는 세상의 변화를 감지했다. 여전히 신하 노릇을 해야 하는 궁정예술가가 지배적인 세상이라지만, 모차르트는 궁정의 울타리를 벗어나 누구에게도 소속되지 않은 자유로운 예술가가 될 수 있는 가능성을 감지했다. 아직 가능성만이 있던 시기이기에 자유로운 예술가로의 변신은 위험했다. 하지만 모차르트는 새로움을 향해 기꺼이 위험을 감수할 준비가 되어 있었다는 점에서 신하의 위치에 만족하는 전근대적 예술가와는 달랐다.

우리는 천재를 시대적 맥락에서 완전히 벗어난 예외적으로 특별한 사람이라고 간주한다. 하지만 그 어떤 천재도 자신이 살았던 시대와 무관한 채 홀로 특별하지 않다. 모든 천재는 그 시대의 천재이다. 각 시대는 그 시대가 요구하는 천재를 낳는다. 천재성에는 시대정신이 새겨져 있다. 모차르트의 진정한 천재성을 이해하려면 그가 살았던 시대 파악은 필수다. 천재는 요절한다는 속설처럼 모차르트는 서른다섯살의 나이로 1791년에 사망했다. 그가 사망하기 몇 해 전 1789년 프랑스 대혁명이 일어났다. 부르봉 왕가의 황제 루이 16세와 그의 아내 마리 앙투아네트는 혁명이 일어나자 베르사유에서 압송되어 파리에서 처형당했다. 모차르트에 열광하던 궁정의 권력과 교회의 권력은 프랑스 혁명과 함께 사라지고 시민계급이 주도하는 새로운 시대가 열렸다. 물론 프랑스 대혁명은 어느날 하늘에서 떨어진 갑작스런 변화가 아니었다. 이미 이전부터 혁명의 전조는 있었다. 단지 명민한 사람들만이 이 변화를 감지했을 뿐.

어두운 곳을 밝게 비추는 계몽이라는 이상, 계몽은 지금까지 의심되지 않았던 낡은 질서를 의심하는 비판적 사유의 최고 형태였다. 계몽의 빛을 받아들이자, 그 빛 아래 있는 사람들은 신분제조차도 의심의 눈으로 바라보게 되었다. 계몽주의의 이상은 유럽을 슬며시 흔들어놓기 시작했다.

그는 지금 껍질을 깨려 한다. 잘츠부르크를 벗어나는 것은 신하-예술가의 지위를 거부한다는 뜻이었다. 빈에서 그는 신하-예술가 이외의 또다른 가능성을 발견했다. 예술가는 새로운 가능성을 문득 느꼈을 때 보통 사람보다 기민하게 반응한다. 빈에서 모차르트는 궁정 밖의 사람들, 즉 관객을 발견했다. 그는 이제 그 관객을 믿어보려 한다. 25세가 된 모차르트는 궁정 내부의 귀족 관객에만 익숙한 아버지에게 이런 편지를 쓴다.

> 잘츠부르크에는 1크로이처만큼의 즐거움도 없습니다. 상종하고 싶지 않은 사람이 많습니다. 그리고 그런 남들에 비해, 저는 너무나 단순합니다. 제 재능을 북돋는 것이라곤 아무것도 없습니다! 제가 연주한다거나, 제가 쓴 곡이 상연되어봤자, 청중이라곤 마치 의자나 테이블만 있는 꼴이 될 겁니다. 하다못해 극장이라도 있었더라면… 제 모든 기쁨은 극장에 있으니까요.[12]

아버지는 반대한다. 하지만 아들은 이미 성장했다. 더이상 아들은 신동이 아니다. 아버지가 원하는 대로 살기엔 아들은 너무 강한 자의식을 지닌 예술가로 성장했다. 게다가 결혼이라는 고전적인 문제가 아버지와 아들 사이에 끼어들었다. 빈에 남아 있는 아들, 잘츠부르크에 있는 아버지, 아버지는 빈에 있는 아들이 두렵다. 자신의 귀여운 그 자랑스러운 아들이 성장하여 어른이 되는 것을 아버지는 견디지 못한다. 아들은 아버지로부터 분리되어 독립된 개체가 되고 싶어하나, 자신의 삶을 신동 아들에게 투사할 때 얻는 대리만족에 익숙한 아버지가 오히려 분리불안을 느낀다. 잘츠부르크에서 분리불안으로 잠을 이루지 못하는 아버지에게 아들은 1781년 12월 15일 '분리'의 정점을 찍는 소식을 전한다.

---

12. 같은 책, 236쪽.

그런데 제 상대는 누굴까요? 그 말을 들으시고 제발 깜짝 놀라지 말아주십시오. 설마, 베버 댁 딸 중 하나가 아니냐고요? 맞습니다. 베버 댁의 일원입니다. 하지만 요제파도, 조피도 아닌, 가운데 딸 콘스탄체입니다.[13]

아들은 아버지의 축복을 기대했는데, 아버지의 반응은 다르다. 아버지에게선 답장이 없다. 아버지는 불안하다. 그의 성숙해진 음악가적 능력이 어린아이라는 육체 안에 있을 때 아버지는 아들을 통제할 수 있었다. 아무리 신동이어도, 신동 역시 보호자가 필요한 어린아이니까. 그런데 그 아들이 이제 성인이 되려 한다. 결혼은 아버지에게 여러 의미를 지닌다. 그런데 아들 모차르트는 그 격렬한 분리, 아버지가 아들을 품안의 '신동'이 아니라 하나의 음악가로 받아들여야만 하는 달갑지 않은 분리, 익숙하지 않은 새로운 관계를 '허락'이라는 형식이 아니라 '연애'라는 자기 결정으로 통보하려 한다. 아버지는 아들의 편지에 답장할 수 없다. 아버지의 침묵이 길어질수록 "모차르트에게는 사랑에 빠지는 것, 나아가서 결혼하여 자신의 가정을 꾸리는 것이 아들로서 아버지에게 복종해야 하는 상황에서 벗어날 수 있는 지름길"[14]이 되었다. 그는 미성숙한 어린아이에서 벗어나 결혼을 통해 스스로 계몽된 주체가 되려 한다. 아들은 아버지의 무응답이 완곡한 반대의 뜻임을 알아챈다. 그리고 다시 편지를 쓴다. "어째서 제가 편지를 받을 수 없는지, 저는 이해할 수 없습니다. 그처럼 저에 대해

13. 같은 책, 281쪽.
14. 피터 게이, 앞의 책, 51쪽.

노하고 계십니까? (…) 설마 제가 결혼을 바라고 있다는 데 대해 화가 나신 건 아니겠지요?"[15] 아버지는 여전히 답이 없다. 화가 나 있다는 뜻이다.

아버지는 완곡하게 거부의 뜻을 표하면 자랑스러운 아들이 잘 츠부르크로 돌아오리라 생각했다. 여전히 아버지에게 모차르트는 사랑스러운 아들이다. 그러나 모차르트는 이미 계몽된 주체다. 그는 신동으로 돌아갈 수 없다. 미래로 가야 한다. 모차르트에게 결혼은 아버지와의 상징적 단절이다. 아들은 잘츠부르크로 돌아가는 대신 자신이 선택한 여자와 1782년 8월 4일 성 슈테판 성당에서 결혼한다. 이로써 아들 모차르트는 두 명의 아버지를 살해한다. 신하임을 강요하는 잘츠부르크 대주교가 모차르트를 걷어차면서 해고하는 바로 그 순간 모차르트는 사회적 아버지를 살해했다. 대주교는 더이상 모차르트를 가두지 못한다. 그는 쫓겨난 것이 아니라 자유를 얻은 것이다. 아버지의 허락과 축복을 받지 않은 채 콘스탄체와 결혼을 감행함으로써 모차르트는 육신의 아버지 레오폴트와 결별하고 상징적으로 '친부살해'의 과정을 거친다. '친부살해'의 무덤 위에 모차르트는 자신만의 예술 궤적을 쌓아올린다. 이제 잘츠부르크로부터 도망치는 빈 체류가 아니라, 의지로 선택한 빈 생활이 시작된다.

---

15. 볼프강 아마데우스 모차르트, 앞의 책, 287쪽.

「피가로의 결혼」을 완성한 빈 돔가세 5번지 자택(좌)과
「후궁으로부터의 유괴」를 완성한 밀히가세 자택의 표지(우)

빈에서 모차르트는 관객을 만났다

1785년의 지도를 보면, 빈은 성곽에 둘러싸인 전형적인 성곽도시
다. 그 중심에 성 슈테판 성당이 있다. 이슬람화된 콘스탄티노플,
즉 이스탄불로부터 빈을 방어하기 위해 만들어진 성벽이 아직 있
던 시절이다. 지금의 스케일 감각으로 보자면 빈은 작은 도시지만,
모차르트가 빈으로 이주하던 시기의 감각으로 보자면 빈은 결코
작은 도시가 아니었다. 18세기 중반 빈은 유럽에서 네번째로 큰 도
시였다. 도시에 5만 명의 시민이, 배후에는 12만 명이 거주하고 있
었다.[16] 15세기 피렌체에서 태어난 예술가는 마침 그곳에 예술에
조예가 깊었던 메디치 가문이 있었음을 행운으로 여겨야 한다. 뛰

---

16. Mozart Huas Wien, *Mozart. Die Jahre in Wien*, Metroverlag, 2017, p.22.

어난 재능을 가진 예술가라도 메디치 가문 같은 후원자를 만나지 못하면 살 방도를 스스로 모색해야 하기 때문이다. 그래서 모차르트는 대도시에 주목했다. 대도시 빈에는 궁정에는 없는 '관객'이 있지 않은가. 또한 모차르트는 오페라에 관심을 두었다. 오페라는 궁정의 소수 귀족이 아니라 시민 관객을 위한 음악이 아니던가.

모차르트는 빈으로 이주하고 나서 자주 이사했다. 그가 살던 거주지는 대부분 성 슈테판 성당 주변에 흩어져 있다. 모차르트 거주지 중에서 「후궁으로부터의 유괴」^{Die Entführung aus dem Serail}를 완성한 현재 밀히가세^{Milchgasse} 1번지, 1782년에 살았던 그라벤 거리^{Graben Strasse} 17번지, 이른바 피가로 하우스로 불리며 현재 모차르트 박물관으로 쓰이고 있는 돔가세^{Domgasse} 5번지 그리고 1790년 9월 28일 이사하여 그가 사망할 때까지 살았던 라우엔슈타인가세^{Rausensteingasse} 8번지 등이 빈에 남아 있는 모차르트의 거주지다.

모차르트가 관객을 만났던 곳, 즉 모차르트의 오페라가 공연되었던 당시의 극장은 남아 있지 않다. 부르크테아터^{Burgtheater}(궁정극장)는 1741년 5월 14일 합스부르크의 여제 마리아 테레지아의 소망으로 미하엘 광장에 지어졌다. 마리아 테레지아는 자신이 머무는 궁전^{Burg}에 딸린 극장^{Theater}을 원했다. 그래서 극장 이름이 궁정극장인 부르크테아터인 것이다. 권력자가 예술에 관심을 기울일 경우 예술가는 권력자의 권력에 기대어 예술을 발전시킬 기회를 맞이할 수 있다. 모차르트도 그랬다. 마리아 테레지아는 모차르트를 꼬마였을 때부터 알고 있었다. 그 모차르트가 성인이 되었고,

모차르트 시대의 부르크테아터, 왼편은 미하엘 교회

잘츠부르크 주교로부터 벗어나 빈으로 왔다.

마리아 테레지아의 소원에 의해 만들어진 부르크테아터는 모차르트가 궁정 귀족의 구경거리인 신동으로서가 아니라 음악가로서 자신의 예술을 펼쳐놓는 궁정 밖의 세계다. 부르크테아터에서 「후궁으로부터의 유괴」는 1782년 7월 16일에, 「피가로의 결혼」Le nozze di Figaro은 1786년 5월 1일에, 「코지 판 투테」Cosi fan tutte는 1790년 1월 26일에 초연되었다. 모차르트의 피아노 협주곡 24번도 부르크테아터에서 초연되었다. 물론 당시의 부르크테아터는 현재 링슈트라세에 있는 같은 이름의 부르크테아터와 달리 성 미하엘 교회 건너편, 그러니까 말 그대로 궁전 바로 옆에 있었다.

「후궁으로부터의 유괴」와 「피가로의 결혼」은 초연부터 대성공을 거두었다. 1787년 10월 29일 예외적으로 프라하의 에스타테스

Estates 극장에서 초연된 「돈 조반니」 Don Giovanni는 빈에서 큰 성공을 거두지 못했으나, 「코시 판 투테」 그리고 1791년 9월 30일 쉬카네 더가 운영하던 비덴극장 Theater auf den Wieden에서 초연된 「마술피리」 Die Zauberflöte까지 마침내 성공을 거둠으로써 궁정예술가에서 시민예술가로 변한 모차르트는 오히려 작곡가로서 전성기에 도달했다. 그는 관객을 얻었다. 자신을 하인 취급하는 귀족이 아니라 자신을 음악가로 여기는 시민 관객을 얻는 데 성공한 것이다. 그래서일까? 「피가로의 결혼」엔 미래사회의 관점에서 바라볼 때 비로소 알아챌 수 있는 궁정의 시대착오가 풍자와 유머의 코드로 기입되어 있다. 심지어 「피가로의 결혼」에서 수잔나는 "모든 여성은 일어서야 해/무자비한 남자들에 의해 부당하게 학대받는 슬픈 여성을 지키기 위해"라는 가사의 아리아를 부르기도 한다. 구질서는 자유예

「마술피리」가 초연된 비덴극장. 지금은 '빈 극장'으로 불린다

술가 모차르트의 오페라에서 조롱의 대상이 되었다. 그의 오페라
엔 궁정과 귀족의 시대가 끝나고 새로 열리게 될 근대사회를 대표
하는 시대정신이 오롯이 담겨 있었던 것이다.

그의 변신은 적절했다. 모차르트가 오페라를 통해 시민예술가
로서의 면모를 쌓는 동안 마리아 테레지아의 딸이자 베르사유의
왕비가 된 마리 앙투아네트는 시대의 변화를 거스른 채 철딱서니
없는 사치를 일삼다가 프랑스 혁명을 재촉했다.

프랑스 혁명은 신민의 시대가 끝나고 시민의 시대가 열렸음을
알리는 사건이었다. 모차르트보다 15년 늦은 1770년에 태어난 베
토벤은 이 시대의 이상을 음악에 수용했다. 나폴레옹에게 바치는
교향곡을 작곡했고, 교향곡 9번엔 계몽주의의 이상을 담았다. 베
토벤의 위대함은 시대의 이상을 담아낸 예술에 있지, 그의 불우한
처지에 있지 않다. 모차르트의 대담한 시도가 없었다면 우리가 아
는 베토벤이 탄생할 수 없었을지도 모른다는 점을 간과해서는 안
된다. 베토벤도 모차르트의 뒤를 이어 1794년 궁정예술가에서 자
유예술가로 변모했다. 베토벤의 이런 변신은 시민예술가로서의
길을 힘들게 열었고 과감하게 실험했던 모차르트의 길을 따라간
것이다.

신동 모차르트는 음악의 천재였지만, 성인 모차르트는 음악의
천재이자 동시에 시대정신을 읽어내는 천재였다. 이러한 천재성
의 협주가 우리가 기억하는 위대한 모차르트를 만들어낸 것이다.

성공에도 불구하는 그는 가난했다, 가난한 사람은 꿈을 꾼다

유명인을 소재로 한 예술작품은 유명 예술가를 이해하는 데 도움을 주기도 하지만, 때로 치명적인 장벽이 되기도 한다. 모차르트의 경우가 그렇다. 모차르트는 산업이다. 모차르트가 산업이 되면 어떤 극단까지 갈 수 있는지 확인할 수 있는 사례는 많다. 앞에서 언급했듯이 모차르트 쿠겔이라는 초콜릿이 있다. 하지만 모차르트와 초콜릿이 대체 무슨 상관이란 말인가. 모차르트 산업의 또다른 예, 너무나 잘 알려진 영화 〈아마데우스〉다. 〈아마데우스〉를 통해 모차르트를 이해했다고 착각한다면, 그건 불경죄에 가까울 것이다. 차라리 모차르트를 모른다고 고백하는 게 불경죄를 피하는 지름길이다.

그 영화의 모든 내용이 사실이 아니다. 어린 시절 그는 천재였지만, 커서는 시민음악가가 되었다. 그는 또한 빈곤에 시달리지도 않았다. 물론 그가 돈을 빌린 것은 사실이다. 하지만 그가 돈을 벌지 못했기 때문이 아니라 사치를 부렸기 때문이다. 거기엔 또다른 이유를 찾아볼 수 있다. 그의 사치에는 허영이나 낭비벽 탓으로만 돌릴 수 없는 배경이 있는데, 예술가로서의 그의 자부심이 바로 그것이다. 그는 자신이 귀족의 하인이 아니라 귀족과 동급임을 보여주고 싶어했다. 모차르트의 사치 속엔 "고용된 일꾼이나 벼락출세한 무례한 놈이 아니라, 교양을 갖춘 예술가로서 적어도 음악의 영역에서는 주인과 동급임을 보여주려는 의도"[17]가 숨어 있었다.

　모차르트는 궁정 귀족의 환호를 받았지만, 궁정 귀족이 예술가를 어떻게 대하는지도 그 누구보다 잘 아는 예술가였다. 궁정 귀족과 모차르트의 관계는 양면적이었다. 한편으로 그는 그들로부터 멀어져 시민 관객에게 다가가고 싶었으나, 현실적으로 아직 시민 관객을 대상으로만 예술가가 먹고살 수 있는 조건은 마련되지 않은 상태였다. 여전히 빈 음악계의 가장 중요한 관객층은 궁정 귀족이다. 그는 이중적이다. 그는 궁정 귀족으로부터 벗어나고 싶어하면서도 궁정 귀족과 동일한 사람이 되고 싶어했다. 그는 인정 욕구에 휩싸여 있었다. "자신의 음악적 업적으로 (귀족과) 동급의 인간으로 대우받기를 원했다."[18] 빈에서 실패하지 않았음에도 불구하고 그가 끝없이 생활고에 시달렸던 것은 모차르트가 처한 이중성 때문이다.

　이른바 「피가로의 결혼」을 완성한 곳이자 1785년 1월 15일 하이든에게 헌정한 6개의 현악4중주곡(KV 387, 421, 428, 458, 464, 465)을 작곡한 돔가세 5번지는 그가 빈에 살던 시절의 실내를 알 수 있는 유일한 장소이다. 아버지 허락 없이 콘스탄체와 결혼식을 올린 성당이자, 때이른 죽음으로 장례식장이 되었던 성 슈테판 성당 뒤편의 작은 골목길에 있는 건물이다. 지금은 모차르트 하우스로 개조되어 일반에게 공개된다. 이곳에서 그는 귀족처럼 입고 먹고 생활하고 싶어했다.

　1782년 9월 28일 모차르트는 폰 발트슈테덴 남작부인에게 편지

17. 피터 게이, 앞의 책, 138쪽.
18. 노베르트 엘리아스, 앞의 책, 52쪽.

를 보냈다. 프록코트 때문이다.

제 마음을 매우 설레게 하는 저 아름다운 빨강 프록코트 때문에 부탁드리는데, 어디서 구하셨고 값은 얼마입니까? 저에게 정확히 알려주시지 않겠습니까? 실은 그 아름다움에 마음이 빼앗겨 가격에 대해 깜빡하고 있었습니다. 그런 프록코트를 꼭 갖고 싶습니다. 그 옷이라면, 제가 오랫동안 마음에 품던 단추를 달더라도 보람이 있을 겁니다. 그 단추는, 제가 콜마르크트의 카페 밀라니 맞은쪽 브란다우 단추 공장에서 제 옷에 단추를 고르면서 봤습니다. 진주조개인데, 둘레는 무엇인지 흰 돌로 에워싸고 한가운데에 아름다운 노랑 돌이 들었습니다. 진품이고, 아름답고, 좋은 것이라면 무엇이든 갖고 싶습니다!"[19]

모차르트가 그렇게 갖고 싶었던 빨간색 프록코트, 편지까지 써서 그 프록코트를 손에 넣고 싶어했던 모차르트의 행동을 그저 사치 성향이라 단정할 수도 있다. 그러나 그의 심층으로 들어가면 물건을 손에 넣고 싶은 충동을 제어하지 못하는 순진하고 철이 들지 않은 모차르트가 아니라 어떤 방법으로든 귀족과 동등해지고 싶었던 모차르트의 충동을 발견할 수 있다. 그를 궁정음악가로 출세하는 데 머물지 않고 자유로운 예술가가 될 수 있도록 만든 충동, 그로 하여금 고향 잘츠부르크를 떠나게 하고 빈에 정착하게 만들었던 그 충동 말이다.

---

19. 볼프강 아마데우스 모차르트, 앞의 책, 317쪽.

빈 호프 가르텐의 모차르트 입상

빈에서의 첫번째 친부살해는 실패했다

아버지와 결별하면서까지 감행한 그의 빈 선택, 모차르트가 빈에서 감행했던 상징적 '친부살해'는 오히려 자신의 이른 죽음으로 실패로 돌아갔다. 1791년 12월 5일 그는 세상을 떠났다. 빈에서의 마지막 주거지인 라우엔슈타인가세 8번지 역시 성 슈테판 성당에서 그리 멀지 않은 곳이다. 모차르트의 아내 콘스탄체의 여동생 조피 하이벨은 모차르트의 마지막 모습을 한 편지에서 이렇게 묘사했다. "의사 코로세트를 사방으로 찾아 헤맨 끝에 극장에서 발견했습니다. 하지만 그는 마지막 장면을 보고 나서 오겠다는 겁니다. 그러고는 와서 모차르트를 보더니 불타는 듯 뜨거운 머리에 냉습

포를 했지만, 그 바람에 모차르트는 더 센 충격을 받고 숨을 거둘 때까지 의식이 돌아오지 않았습니다. 입으로 「레퀴엠」의 팀파니를 표현하는 듯한 모습이 그의 마지막이었습니다."[20]

요제프 다이너(모차르트의 단골 맥주집 주인으로 많은 증언을 남긴 인물)에 의해 기록된 모차르트의 장례식은 이렇다.

유해는 12월 6일 오후 3시에 성 슈테판 교회에서 정화의식이 치러졌다. 그러나 교회 안이 아니라 그 북쪽 곁 예배실에서 치러졌다. 매장은 제3급 장례로 치러지고 (…) 모차르트가 숨진 밤은 어두운 폭풍의 밤이었다. 정화의식 때에도 큰 바람이 불어치고 뇌우가 쏟아지기 시작했다. 비와 눈이 동시에 내리고 마치 자연이 세상 사람들과 더불어, 위대한 작곡가를 위해 노하고 있는 것만 같았다. 사람들이라 해봤자 불과 몇몇밖에는 그 모습을 볼 수 없었다. 소수의 친구와 3명의 부인네가 시체 곁에 있을 뿐이었다. 모차르트 부인은 없었다. 이들 소수의 사람들은 우산을 손에 들고 관 주변에 서 있었는데, 이윽고 넓은 쉴러 거리를 지나 성 마르크스 묘지로 인도되었다.[21]

영화 〈아마데우스〉에는 누군지 알 수 없는 미스터리한 인물이 마치 모차르트의 죽음을 재촉하듯, 「레퀴엠」의 작곡을 의뢰하는 것으로 돼 있지만 사실 「레퀴엠」의 청탁자는 비밀스러운 사람이 아니다. 살리에르에 의한 독살설을 믿고 싶어하는 사람들의 바람과는 달리 「레퀴엠」의 실제 위촉자는 발제크 백작으로 그해 초에

---

20. 같은 책, 441쪽.
21. 같은 책, 447쪽.

성 슈테판 성당 내부.
여기서 모차르트의 결혼식과 장례식이 있었다

죽은 자신의 부인을 위해 그 곡을 바치고 싶었던 것이다. "간단히 말해서 이 위촉에는 초자연적인 요소가 전혀 없었고 유령이나 어떤 섭리가 개입한 것도 아니었다."[22]

어떤 예술가는 시대가 그를 수용할 수 있는 때보다 일찍 세상에 나와 천재라는 칭호를 얻지만, 시대의 속도보다 더 빨리 미래에 도달한 천재는 대부분 시대와 불화를 맺는다. 모차르트는 신동이었기에 주목받았고, 또한 행복했지만 그만큼이나 불행한 사람이었다. 그는 궁정 귀족이 궁정음악가에게 명령하는 오랜 관습에서 벗어나기 위해 몸부림쳤다. 그에게 '자유예술가'의 지위는 저절로 주어진 것이 아니라, 그의 삶 자체로 얻어낸 지위였다.

---

22. 피터 게이, 앞의 책, 227쪽.

모차르트는 중앙묘지가 아니라 성 마르크스 묘지에 묻혀 있는데 정확히 어디에 묻혔는지는 알 수 없다고 한다. 천재의 비극적 죽음이라고 과장할 필요는 없다. 그 당시 관습이 그랬을 뿐이다. 빈의 중앙묘지에 있는 모차르트의 묘지는 실제로 그의 주검이 묻힌 곳이 아니라 그를 기념하는 곳이다. 중앙묘지의 모차르트 곁에 베토벤이 있다. 매우 적절한 배치다. 베토벤이 이룩한 성취의 상당수는 모차르트의 때이른 시도와 실패에 기반을 두고 있기 때문이다.

모차르트 이후의 예술가는 모차르트의 삶을 물려받는다. 모차르트는 '자유예술가'의 출현이 돌발적인 특별한 사건이 아니라, 돌이킬 수 없는 불가역적인 전환이었음을 증명했다. 적어도 빈에서만큼은 모차르트 이후 '자유예술가'를 시대에 적응하지 못한 괴짜로 볼 수 없었다. 모차르트보다 불과 15년 늦게 태어난 베토벤 역시 고향 본이 아니라 빈을 선택한 음악가다. 그 빈에서 베토벤은 물 만난 물고기처럼 뛰논다. 베토벤은 의뢰인의 관습적 취향이 아니라, 작곡가의 내면의 목소리를 곡에 새긴다. 이제 음악을 듣는다는 것은 의뢰인의 사회적 지위를 귀로 확인하는 의미에서 벗어난다. 음악을 이해하기 위해서는 작곡가의 내면의 목소리에 귀를 기울여야 한다. 콘서트홀은 자신의 지위를 전시하는 장소가 아니라, 작곡가의 언어를 귀로 듣는 장소로 변했다. 베토벤은 음악이라는 언어로 내면을 웅변한다.

그가 걸어다녔을 빈 구도심의 골목길을 걷는다. 관광객이 많다. 마차도 다닌다. 그가 살았던 집이 있던 거리는 여전히 오래된 유럽 도심의 분위기를 유지하고 있다. 비엔나커피도 마셔본다. 슈니첼도 먹어본다. 그렇지만 무엇보다도 여전히 예전처럼 빈은 음악의 도시다. 빈은 화려하지 않다. 소박하다. 그렇지만 빈은 그 아름다움을 보이지 않게 숨기고 있다. 빈은 아름다움을 눈에 보이지 않는 소리의 형식으로 품고 있다.

빈음악협회 Musikverein 콘서트홀, 외양은 그다지 화려하지 않다. 빈 교향악단의 주 활동무대이자, 여기에서 매해 신년에 개최되는 음악회는 전세계로 생중계될 정도로 유명하다. 어린 시절 텔레비전으로 중계되는 빈 신년음악회를 보면서 빈을 상상했다. 빈은 길거리의 가로등도 샹들리에를 닮은 화려한 도시이리라 짐작했는데 정작 빈음악협회 콘서트홀의 파사드는 꾸밈을 억제한 절제된 모습이다. 그러나 음악회가 시작되면서 극장이 소리로 채워지면 빈은 갑자기 빛나는 모습으로 바뀐다. 음악이 들리지 않는 빈은 소박한 도시지만, 그 소박한 도시 파사드의 인테리어가 음악으로 가득 차기 시작하면 빈은 화려한 도시로 변한다. 외부에서 건물이라는 대상으로만 바라볼 때의 콘서트홀과 관객이 되어 참여한 콘서트홀은 같은 공간이라고 할 수 없을 정도로 변신한다.

음악이 그 공간을 채웠는가, 그 음악을 듣는 관객이 그 공간 속에 있는가 없는가의 여부에 따라 이렇게 한 도시가 달라질 수 있음을 빈은 증명한다. 최고의 음악은 최고의 관객이 있을 때 가능하다. 궁정 관객은 예술을 유흥을 위한 그 어떤 것 이상으로 생각하지 않는다. 궁정 관객이 그러한 태도를 유지하는 한, 무대 위의 예술가는 궁정음악가 그 이상일 수 없다. 거드름 피우는 궁정 관객 대신 어서 그 공간을 소리로 채워주실 기다리는 관객이 있는 무대의 예술가는 더이상 궁정음악가가 아니다. 예술은 그것을 간절히 원하는 사람과 만나는 그 짧은 순간에 빛난다. 예술을 늘 어디에나 있는 공기처럼 대하는 관객과 예술이 마치 다른 행성에서 불어오는 신비한 공기인 양 코로 호흡하는 관객은 전혀 다른 분위기를 만들어낸다.

빈음악협회 콘서트홀과 빈국립오페라극장은 입석표를 판매한다. 싸면 4유로 비싸도 8유로 정도면 살 수 있다. 빈의 맥도날드에서 빅맥세트를 사먹을 수 있는 정도의 돈이면 구할 수 있는 티켓이다. 좌석이 지정되어 있지 않기 때문에 입석표를 산 사람은 일찍부터 줄을 서서 공연을 기다린다. 일찍 줄을 서면 입석 공간에서도 좋은 위치를 점할 수 있다. 절실할수록 일찍 극장에 가서 줄을 선다. 좌석이 확보된 표를 가진 사람보다 훨씬 더 일찍 극장에 도착해야 한다. 극장문이 열리고 관객 입장이 허용되면 가장 먼저 입석 공간이 가득 찬다. 입석 공간이 차고 한참 후에야 플로어 좌석 관객이 입장을 한다. 빈에선 마치 법칙이 있는 것처럼 가장 저렴한 좌석의 관객이 제일 먼저 들어오고 좌석표 가격의 역순서대로 객석이 채워진다.

2시간 이상을 미동도 없이 선 채로 음악을 들어본 적 있는가? 입

국립오페라극장(좌)과 빈음악협회 콘서트홀의 입석 관객(우)

석 관객들은 그렇게 한다. 음악에 대한 열정이 없으면 불가능한 행동이다. 입석이 경제적 형편이 어려운 젊은 사람으로만 채워지리라 짐작하면 큰 오산이다. 입석 관객은 허름한 옷을 입고 있으리라 생각해도 착각이다. 음악에 대한 예의를 갖추기 위해 격식있게 차려입은 사람도 많다. 이런 사람들이 모여 입석 특유의 분위기를 만들어낸다. 여기에 모인 사람은 사회적 지위를 과시하지 않는다. 자신이 어떤 사람인지 알아달라고 요구하는 거만한 몸짓도 하지 않는다. 오히려 그들은 자신의 모든 정체는 숨긴 채 오로지 관객으로 존재한다. 그저 성실하게 관객이려는 사람, 한사코 관객이어야 하는 사람, 당연히 관객임을 받아들이는 사람이 모인 입석은 빈에서 가장 빛나는 공간이다. 만약 내가 무대에 오른 연주자라면 입석 공간에 있는 그들을 위해 연주할 것이다. 모차르트가 그렇게 간절히 원했던 관객이 지금 여기에 있다. 모차르트는 너무 서둘렀다. 그래서 그는 천재이다. 그가 기대했던 관객은 지금에야 빈에 도착했다.

모차르트는 빈을 떠났고,
이스탄불을 방어하던 성곽의 자리에 환상環狀도로가 들어섰다

모차르트, 그가 음악을 남기고 빈을 떠난 후 많은 세월이 흘렀다. 어떤 도시는 세월의 흐름을 몰락으로 공간에 새긴다. 벤야민의 표현에 따르면 북유럽적 질서와 청결함이 끝나는 유럽의 남쪽 도시 나폴리는 마치 사람의 인내력을 테스트하는 듯한 불결함으로 나폴리 왕국의 몰락을 공간에 새긴다. 빈은 동심원적인 도시 확장으로 시간을 공간에 새겼다. 시간의 흐름에 따라 빈의 원형은 동심원 형상으로 팽창했다. 동심원 형상으로 확장하는 빈의 흔적을 따라 그라벤 거리를 뒤로하고 발걸음을 헬덴 광장으로 옮긴다.

　이슬람화된 이스탄불은 빈과 적대적이었다. 도시는 이스탄불의 침략을 받았다. 관광객이 빈의 대표명물이라고 착각하는 비엔나 커피조차 이슬람화된 과거의 콘스탄티노플, 이스탄불이 남긴 흔적이다. 빈을 공격했던 이스탄불이 후퇴하면서 커피를 두고 감으로써 빈에 낯선 음료 커피가 유입되었던 것이다. 빈을 지켜주던 그 든든한 성곽은 오스만제국이 점차 쇠락함에 따라 중요성을 상실했다. 성벽 자리는 점점 커다란 공터로 변해갔다.

　프란츠 요제프 1세는 1848년에 황제의 자리에 올랐다. 한 사람

이 황제의 자리에 머무는 시간은 얼마나 될까? 이전 황제가 사망해야 물려받을 수 있으니, 선황제가 장수라도 하고 황제 계승자가 첫아들이기라도 하면 어떤 황제는 수십년간 황태자로 있다가 죽음을 목전에 둔 늙은 나이에 황제의 자리에 오를 수도 있다. 그러나 프란츠 요제프 1세는 달랐다. 그는 18세에 재위했다. 게다가 장수하여 1916년에야 사망했으니 60년 넘게 자리를 지켰다. 그는 단지 황제가 아니었다. 그는 광활한 영토를 지배한 군주였다. 그는 "신의 은총을 받은 오스트리아 황제, 헝가리와 보헤미아의 왕, 달마티아, 크로아티아, 스로보니아, 갈리시아, 로도메리아, 일리리아의 왕, 예루살렘의 왕, 오스트리아 대공, 토스카나와 크라쿠프의 대공, 러트링겐 공작, 잘츠부르크, 슈타이어, 카린시아, 카르니올라, 부코비나의 공작, 지벤쥐르겐 대공, 모라비아 총독, 오버슐레지엔과 니더슐레지엔, 모데나, 파르마, 피아첸차, 구아스탈라, 아우슈비츠와 차토르, 테셴, 프리울리, 라구사, 자라의 공작, 합스부르크와 티롤, 기부르크, 고리치아와 그라디스카의 대공 백작, 트리

오스트리아-헝가리 제국의 황제 프란츠 요제프 1세

엔트와 브리크센의 군주, 오버라우지츠와 니더라우지츠 총독, 이스트리아 총독, 호헤넴스, 펠트키르히, 브레겐츠, 저넨베르크의 백작, 트리에스테, 카타로와 빈디셰 마르크의 영주, 세르비아 보이도니나 대공 등등"[23] 그 호칭만 나열해도 한 페이지가 모자랄 정도의 존재다. 이 황제는 성벽이 있던 공터를 자신의 제국의 위엄을 전시하는 도화지로 삼았다. 빈을 원형으로 둘러싼 성곽의 자리에 폭 18미터의 거대한 환상도로가 건설되었고, 그 대로는 빈을 원형으로 순환한다는 의미에서 링슈트라세^{Ringstrasse}라는 이름을 얻었다. 그 도로 주변에 오스트리아-헝가리 제국의 영광을 상징하는 건물이 하나 둘 들어섰다. 링슈트라세와 그 주변의 건축물은 오스트리아-헝가리 제국의 화려함을 상징한다. 황제는 궁전을 새로 지었고, 새 궁전 맞은편에 합스부르크 왕가의 소장품으로 자연사박물관과 미술사박물관을 지었다. 부르주아와 정치적 타협으로 제국의회 의사당을 짓고 오페라극장에다 부르크테아터까지 새로 지음으로써 링슈트라세 주변의 건축 공사를 마무리했다. 모차르트의 시대 빈의 경계였던 성곽 자리는 프란츠 요제프 1세 시대에 이르러 빈의 새로운 중심지로 변했다. 빈을 방문하는 관광객은 프란츠 요제프 1세의 링슈트라세를 순환하며 빈을 구경한다. 링슈트라세를 거치지 않고 빈을 관광하는 것은 불가능하다. 빈에 오래 머무를 수 없는 사람이라면 링슈트라세를 따라 구경하는 것으로 충분하다고 말하기도 한다.

구도심에서 호프부르크 문을 거쳐 링슈트라세에 도착했다. 호

---

23. 플로리안 일리스, 앞의 책, 45쪽.

링슈트라세를 순환하는 열차. 뒤에 보이는 건물이 부르크극장이다

프부르크 왼편에 모차르트의 조형물이 링슈트라세를 바라보고 있다. 전면에 거대한 석조 건물 두 채가 서로 마주보고 있다. 오른쪽이 자연사박물관[1872-89] 왼쪽이 미술사박물관[1891]이다. 헬덴플라츠 Heldenplatz에서 시계 반대방향으로 링슈트라세를 따라 이동하면 요한 슈트라우스의 「아름답고 푸른 도나우」에 맞춰 왈츠를 추는 세계적인 무도회 '오페라 볼'Opera Ball이 매년 열리는 호프부르크 슈타츠오퍼[1861-1869](국립오페라극장)가 있다. 오페라극장으로 들어가본다. 관광객은 가볍게 옷을 입었지만, 빈 사람으로 추정되는, 게다가 빈의 상류사회 소속인 듯한 사람들은 마치 프란츠 요제프 1세 시대의 사극 무대에 출연한 엑스트라라도 된 것처럼 차려입었다. 링슈트라세는 미래를 향한 열정보다는 과거에 대한 노스탤지어로 가득 찬 듯하다.

순환하는 전차에서 1906년 빈의 링슈트라세를 촬영한 영상이 있다. 「빈 유람」 Eine Fahrt duch Wien 이라는 제목의 영상인데, 이 영상에서 우리는 프란츠 요제프 1세 시대의 빈의 모습을 생생하게 확인할 수 있다. 아마도 헬덴플라츠 주변에서부터 촬영된 것으로 보이는 이 영상은 부르크테아터 1874-1888 를 지난다. 이 영상을 촬영한 사람의 시각에서 빈을 보기 위해 나도 오페라극장에서 다시 전차를 탄다. 이번에는 시계방향으로 움직인다. 곧 호프부르크 궁전, 자연사박물관, 미술사박물관과 마주친다. 부르크테아터를 지나 시청사 1872-1883 와 제국의회 의사당 1874-1883 이 등장한다. 링슈트라세를 프란츠 요제프 1세는 건축박물관으로 만들고 싶었나보다. 그는 황제답게 제국의 질서를 부정하는 공화국적 미래보다는 황제의 질서가 건재했던 과거를 전시하기를 원했다. 그는 세상의 변화에 눈을 감았다. 그가 황제였던 시절 전기, 수세식 화장실, 전화 등이 등장했지만 그는 그 모든 것을 싫어했다. 황제는 미래를 보지 않았다. 황제에게 미래는 익숙한 것을 낯설게 만드는 불편한 것일 뿐이었다. 한 사람이 68년 동안 황제였다. 68년의 시간은 그의 감각과 동시대인의 감각 사이의 거리를 점점 더 멀어지게 한다. 충분히 넉넉한 과거를 만끽했고 현재에서도 어떤 부족도 느끼지 못하는 사람은 굳이 미래에 기대를 걸 필요가 없다. 도무지 링슈트라세에서는 미래가 느껴지지 않는다. 고딕 스타일로 설계된 시청사, 고대 그리스 스타일을 모방하여 온갖 조각상으로 치장된 제국의사당은 건축양식으로만 보자면 고전적인 건물처럼 보인다. 철골로 지어진 파리의 에펠탑이 1889년에 완공된 점을 생각해보면 에펠

빈 미술사박물관. 맞은편에 거의 흡사한 양식의 자연사박물관이 있다

탑과 비슷한 시기에 지어진 빈 제국의사당의 의고주의^{擬古主義} 경향은 너무나 뚜렷하다.

카카니엔의 대학에서 굴라쉬를 먹다

시청사와 의사당을 지나 링슈트라세는 우리를 빈 대학¹⁸⁷³⁻¹⁸⁸⁴으로 이끈다. 전차에서 내려 대학 본관 건물로 들어간다. 빈 대학 부근에 오면 관광객은 눈에 띄게 줄어든다. 모든 도시 대학 교정에서 나는 비교할 수 없는 편안함을 느낀다. 여행경비도 절약할 겸 학생 식당에 들러 한 끼를 해결하는 것도 좋은 방법이다. 서울에서 점심은 1만원 미만에서 대충 해결할 수 있다. 8유로 정도에 해당되는 금액인데, 유럽의 도시에서 이 가격에 점심을 해결하려면 맥도날드에 가는 수밖에 없다. 어느 도시든 학생식당은 저렴한 가격으로 여행자가 배불리 먹을 수 있는 기회를 제공한다. 게다가 대학의 학생식당은 나를 청춘의 그 시절로 데려가기도 한다.

점심을 먹으러 빈 대학의 멘자Mensa, 즉 학생식당으로 자리를 옮겼다. 빈 대학 멘자는 본관 근처에 있는 신관Neues Institutgebäude의 꼭대기 층에 있다. 한편에 야외 테라스가 있어서 여느 스카이라운지 부럽지 않은 전망을 제공한다. 굴라쉬를 점심으로 먹으면서 생각했다. 굴라쉬는 헝가리 음식일까, 오스트리아 음식일까? 링슈트라세를 만든 프란츠 요제프 1세 황제 시대를 무엇이라 명명할 수 있을까?

한 왕가는 다른 왕가와 적극적인 혼인 관계를 맺음으로써 자신의 왕가 휘하의 영토를 넓혀갔으나, 자신을 비추는 거울이 없어 자신을 부르는 이름조차 없다가 1800년쯤이나 되어서야 비로소 스스로 "합스부르크 왕가"라 부르기 시작했다. 그 왕가가 지배했던 나라를 역사책에서는 역시 모호한 이름인 신성로마제국이라 기록했는데 그 나라는 19세기에 들어서도 그 모호함을 떨쳐내지 못했다. 1806년부터 1867년까지 오스트리아 제국이었고, 1867년부터 전쟁이 끝나는 1918년까지 공식적으로는 오스트리아-헝가리 제국이었지만 사람들은 여전히 오스트리아라고 불렀다. 우리가 지금 당연하게 이탈리아 도시라고 생각하는 베네치아는 1866년까지 오스트리아-헝가리 제국의 도시였고, 이탈리아의 상징이다시피한 커피 일리illy의 본고장 트리에스테는 1918년까지 오스트리아-

헝가리 제국의 도시였다.

　로베르트 무질의 미완성 장편『특성 없는 남자』중에서 나는 무엇이라 불러야 할지 모호한 제국 '카카니엔'을 다룬 부분을 좋아한다. 무질이 카카니엔^{Kakanien}이라 불렀던 오스트리아, 1913년의 8월 당시 32살의 '특성 없는 남자' 울리히는 카카니엔을 이렇게 설명한다. 카카니엔은 "지금까지는 점점 몰락해왔고 이해받지도 못했으며, 알아채지도 못한 채 그렇게 많은 것이 상징적으로 돼버린 나라"이다.[24] 카카니엔은 "문자로는 오스트리아-헝가리 제국이라고 씌어졌고, 말로 할 때는 오스트리아라고 불렸다."[25]

　그렇다. 1913년 8월 특성 없는 남자 울리히조차 여기를 무엇이라 불러야 할지 확정할 수 없었다. 현재의 감각으로도 이해할 수 없고 당시의 감각으로도 이해할 수 없었던 오스트리아-헝가리 이중제국, 쓰기로는 오스트리아-헝가리 제국이라 쓰지만 말로 할 때는 간편하게 오스트리아라 불렀던 그 제국의 중심지 빈은 관광객을 불러 모은다. 간단하게 오스트리아의 빈이라 쓰더라도, 그 기호는 현재의 국민국가 오스트리아가 아니라 오스트리아-헝가리 이중제국의 시간을 담고 있다. 링슈트라세를 따라 미하엘 광장에서 호프부르크 궁전을 지나오면서 나는 "문자로는 오스트리아-헝가리제국"이고 "말로 할 때는 오스트리아"의 빈과 마주쳤던 것이다.

---

24. 로베르트 무질, 안병률 옮김,『특성 없는 남자 1』, 북인더갭, 2013, 54쪽.
25. 같은 책, 56쪽.

프로이트는 링슈트라세를 걷는다

대학 구경은 또한 지적인 재미를 선사한다. 빈 대학의 본관에 들어서면 대학이 배출한 노벨상 수상자를 기념하는 코너가 있다. 더 안쪽으로 들어가면 잔디밭으로 구성된 중정이 있고, 그 중정을 따라 디근자로 긴 회랑이 펼쳐져 있다. 그 회랑을 따라 걷는다. 회랑에는 빈 대학이 배출한 자랑스러운 학자의 흉상이 줄지어 서 있다. 회랑의 길이가 결코 짧지 않다. 즉 전시되어 있는 인물의 숫자가 결코 적지 않다. 누구인지 잘 알고 있는 사람도 있지만, 짐작조차 하기 어려운 인물도 있다. 오스트리아, 그리고 빈이 다른 서유럽 도시에 비해서는 우리에게 피상적으로만 알려진 도시이기에 낯선 인물이 많다. 그럼에도 누구나 그 이름을 알고 있는 한 명의 빈 사람이 있다. 누구도 그 이름을 모른다고 부정할 수 없는 인물, 지크문트 프로이트다.

지크문트 프로이트의 오이디푸스 콤플렉스만큼, 링슈트라세에서 느껴지는 묘한 분위기를 설명하는 뛰어난 메타포가 있을까. 한 도시의 지적 분위기를 느끼기 위해서는 그 도시를 대표하는 대학을 방문하는 게 제일 좋은 방법이라 생각한다. 혹시라도 비어 있는 강의실이 있다면 들어가 앉아보는 것도 좋고, 뭔가 이 도시에 전할 말이 있다면 강단 쪽에 가서 말을 걸어보는 것도 좋다. 그러다 어느 대학에나 있는 카페테리아에서 차를 마시는 것도 좋다. 즉흥적으로 대학에 방문한 게 아니고 아예 대학을 방문할 작정이었다면,

숙소를 나서기 전에 그 대학의 카페테리아에서 읽을 책 한 권을 골라 들고가는 것도 좋다. 빈 대학 부근에서 태어났고 또한 빈 대학에서 공부했으며 프로이트와 친구였던 슈테판 츠바이크의 프로이트 평전『프로이트를 위하여』를 골랐다. 그리고 카페테리아에서 읽었다.

별도의 캠퍼스가 없는 유럽의 대학처럼 빈 대학에도 특별하게 캠퍼스라 부를 만한 곳은 없다. 본관 옆에 작은 공원이 있는데, 학생들은 그곳을 마치 대학의 캠퍼스라도 되는 것처럼 사용한다. 그 공원의 이름이 프로이트 공원이다. 공원 곳곳에 빈 대학 학생들이 흩어져 있다.

프로이트는 대학의 교수직을 얻지 못했으나 빈 대학 근처에 자신의 병원을 열었다. 빈 대학에서 출발하면 프로이트 공원을 거쳐 현재 프로이트 박물관으로 쓰이고 있는 그의 병원까지는 천천히 걸어도 10~20분 안에 도착할 정도로 가까운 거리다. 프로이트는 매일 링슈트라세를 산책했다고 한다. 링슈트라세의 제국 질서 중 일부인 빈 대학은 프로이트를 받아들이지 않았으나, 그는 빈 대학 근처에 살았고 늘 링슈트라세를 산책했으니 빈 대학 건물을 좋든 싫든 매일 바라봐야 했을 것이다. 빈 대학을 출발하여 프로이트가 정신분석학을 완성한 진료소를 향해 걷는다. 이 거리를 걷는 프로이트를 상상해본다. 링슈트라세는 현재의 스케일로 보더라도 넓은 길이니 당시엔 구도심의 좁고 구부러진 길과 비교할 수 없는 대로였을 것이다. 모든 것은 현대적이다. 워낙 넓은 길이기에 가로수가 늘어서 있는 별도의 인도에 사람은 물론 전차가 오고가기에도 부족함이 없는 대로다.

츠바이크의 『프로이트를 위하여』는 그 어떤 프로이트 입문서와 비교해도 손색이 없는 최고의 안내서다. 츠바이크는 프로이트에 감정이입하며 링슈트라세를 걷고 싶은 사람에게 최상의 시나리오를 제공한다. 츠바이크의 안내를 따른다. 그는 썼다. "아름다운 호화 상점과 우아한 산책로를 가진 깨끗한 거리도 지하에는 하수도의 오물을 실어 나르는 운하를 감추고 있는 것처럼, 청춘의 성생활 전체는 사회의 도덕적인 표면 아래에서 눈에 보이지 않아야 하는 것이었다."[26] 그렇다. 프로이트는 현대화된 링슈트라세의 밑에 하수도가 있음을 잊지 않았다. 그는 저변에 있기에 단지 보이지 않을 뿐인, 링슈트라세가 감추고 싶은 그 어떤 비밀을 파헤친 사람이다.

드러나서는 안 되는 것들, 링슈트라세의 질서가 억압하고 있는 것을 프로이트는 자신의 진료소에서 끄집어낸다. 링슈트라세와

---

26. 슈테판 츠바이크, 곽복록 옮김, 『어제의 세계』, 지식공작소, 2014, 97쪽.

빈 프로이트 박물관 내부에 전시된 가구들. 프로이트의 진료소를 박물관으로 쓰고 있다

빈 대학 그리고 빈의 세련된 모든 외양은 황제의 확장이다. 그 황제는 하수도가 없다고 시침떼고 있다. 프로이트는 프란츠 요제프 1세에게서, 그리고 확장된 황제의 링슈트라세에서 '거시적 아버지'를 느낀다. 그는 그 아버지를 살해하고자 하는 오이디푸스의 충동을 물려받는다. 모차르트가 시도했으나 실패했던 대담한 행위를 프로이트는 구체적으로 실행한다. 츠바이크는 가장 함축적으로, 하지만 가장 정교하게 프로이트적 충동을 이런 문장으로 표현했다. "모른 체하지 말고 확인하라는 것이다. 돌아가지 말고 들어가라는 것이다. 눈 돌리지 말고 깊이 들여다보라는 것이다. 외투를 입히지 말고 벗기라는 것이다."[27] 그 요구에 제일 먼저 답하는 사람들이 예술가다.

---

27. 슈테판 츠바이크, 양진호 옮김, 『프로이트를 위하여』, 책세상, 2016, 59쪽.

구스타프 말러는 링슈트라세를 떠나려 하고 아돌프 로스는 망설이고 있다

미학적으로 뛰어나기에 미술사의 한 장면을 구성하는 그림도 있지만, 기록적 가치 때문에 대접받아야 하는 그림도 있다. 특히 사진술이 등장하기 이전의 풍경을 기록한 그림이라면 더욱 그렇다. 테오 차쉐Theo Zasche의 그림 「링슈트라세 산책로」가 그런 경우다. 테오 차쉐의 그림은 뒤늦게 링슈트라세를 찾아와 그 시절의 흔적을 찾으려는 사람에게 당시의 빈을 상상하도록 자극한다. 차쉐는 링슈트라세의 상징적 장면을 화폭 위에 재현하고 싶었을 것이다. 그는 오페라하우스를 정면의 오른쪽에서 바라보는 시선을 선택했다. 그래서 저 멀리에 있는 자연사박물관과 미술사박물관의 꼭대기도 그림에 담을 수 있었다. 링슈트라세에는 제국의 권력을 상징하는 건물과 빈의 예술애호를 드러내는 건물이 혼재되어 있다. 차쉐는 오페라하우스와 자연사·미술사박물관을 배경으로 선택함으로써 링슈트라세의 무엇을 그릴지 결정한 셈이다. 차쉐는 예술을 선택했다.

건물만으로는 링슈트라세의 분위기를 기록하는 데 역부족이다. 한 도시의 풍경은 건축물과 그 도시에 거주하는 사람에 의해 완성된다. 차쉐는 이제 인물을 선택해야 한다. 그는 좌우의 배경에 누구인지 알아볼 수 없는 익명의 군중을 그려넣었지만, 전경에는 누구인지 알아볼 수 있는 빈의 인물을 배치했다. 예술의 무대로 링슈트라세를 재현하겠다고 결심한 그이기에 예술관련 인물을 전면에

테오 차쉐 「링슈트라세 산책로」 정면 한가운데 오토 바그너를 배치했다

그렸다. 그림의 한가운데 한 인물이 서 있다. 그림 속의 그 사람은 정면을 응시한다. 이 그림을 보는 사람은 이 인물과 눈이 마주칠 수밖에 없다. 그는 건축가 오토 바그너Otto Wagner다. 오토 바그너가 설계한 칼 플라츠역이나 우체국저축은행 건물은 링슈트라세 특유의 고전적이고 과거지향적이고 허세가 가득한, 그래서 우리가 링슈트라세 양식이라고 별도의 이름을 부여할 수밖에 없는 건물과는 다르다. 그는 링슈트라세의 과거지향적 양식에 만족하지 못했다. 그는 건축이 동시대 삶의 조건에 적응해야 한다는 요구를 전면에 내세웠다. 우체국저축은행에서는 링슈트라세 양식의 규칙이 사라진다. 오토 바그너는 링슈트라세의 한복판, 예술의 상징인 오페라하우스를 배경으로 눈을 부릅뜨고 현재의 우리에게 말을 거는 듯하다. 예술은 현대적이어야 한다고.

그림의 오른쪽에 구스타프 말러 $^{Gustav Mahler}$가 보인다. 말러는 시선을 피하는 듯 보인다. 정면을 응시하는 오토 바그너와 달리 말러는 황급히 링슈트라세를 떠나려는 것처럼 보인다. 그는 배경에 위풍당당하게 재현되어 있는 오페라하우스의 상임지휘가가 아니던가. 지휘자로서 스타의 반열에 오른 구스타프 말러가 왜 링슈트라세를 떠나려는 듯 보이는가? 빈은 원래부터 보수 취향의 관객이 많은 도시다. 보헤미아 출신의 이방인 구스타프 말러, 게다가 유대인인 그는 스스로를 어디에서도 환영받지 못하는 이방인이라고 생각했다. 빈은 그를 지휘자로서만 인정했다. 말러는 작곡가로서는 인정받지 못했다. 왼쪽에 건축가 아돌프 로스 $^{Adolf Loos}$도 그려져 있다. 아돌프 로스 역시 구스타프 말러처럼 왠지 링슈트라세에 적응하지 못한 듯 선뜻 군중 속으로 들어오려 하지 않고 망설이고 있다.

링슈트라세 안쪽으로만 시선을 돌린다면 우리는 오스트리아-헝가리 제국을 발견할 뿐이지만, 링슈트라세에 바짝 붙어 마치 아버지 세대의 제국 질서에 날을 세운 듯한 아들 세대의 흔적을 동시에 바라보면, 이 평온한 도시보다 짜릿한 내적 긴장을 숨기고 있는 도시는 없다. 이젠 링슈트라세를 감돌고 있는 그 보이지 않는 묘한 긴장감을 찾아 떠날 차례다.

이것으로 충분하다, 이제는 링슈트라세로부터 '분리'가 필요하다

모호한, 결정되지 않은 채 딱 부러지게 이것이라고 말할 수 없는

빈의 독특한 분위기, 무질이 "몰락해왔고 이해받지도 못했으며 알아채지도 못한 채 그렇게 많은 것이 상징적"으로 되어버린 나라라고 말한 이곳에선 유독 예민한 감각을 지닌 사람들이 집중적으로 성장했다. 이렇게 모호한 나라를 이해하기 위해서는 츠바이크의 조언을 따르는 게 좋다. "한 민족 또는 한 도시의 궁극적인 것, 가장 깊숙이 숨어 있는 것을 안다는 것은, 책을 통해서 되는 것이 아니며, 가장 부지런히 찾아다니는 것으로 되는 것도 아니다. 언제나 단지 그곳의 가장 훌륭한 사람들을 통해서 알게 되는 것이다."[28] 반란자들은 링슈트라세 외곽에 포진했다. 원형으로 확장되어가던 제국의 빈을 젊은 예술가들이 포위하는 형상이다. 링슈트라세는 새로운 예술을 용납하지 않는 복고적 취향을 자신의 독특한 양식으로 삼고 있다. 빈의 복고풍에 반기를 든 젊은 예술가들이 자신들의 반란을 일컬어 '분리'라고 명명한 것은 너무 적절했다.

그들은 아버지로부터 '분리'를 청원했던 모차르트보다 더 과감하다. 그들은 모차르트처럼 청원하고 애원하는 편지를 쓰지 않는다. 대신 그들은 선언한다. 바야흐로 '선언' manifesto의 시대다. 독일의 마르크스는 공산주의 혁명을 선언했고, 이탈리아의 마리네티F. T. Marinetti는 미래를 선언했다. 빈의 젊은이들은 아버지로부터의 '분리', 전통으로부터의 '분리'를 선언하며 자신을 '분리파'라 이름지었다. 모차르트보다 더 과감한 그들은 '선언'을 실행으로 옮겼다. '분리'를 선언하고 자신들만의 전당을 지으려 한다는 계획이 발표되자, "퀸스틀러하우스 경영진은 1897년 5월 22일 서둘러 분리파

---

28. 슈테판 츠바이크, 『어제의 세계』, 166쪽.

회원들의 공식적인 제명을"[29] 추진했다. 아주 작은 움직임조차 요란한 소동이 될 만큼 빈은 미래를 향한 모든 문을 걸어잠근 도시였다. 도시 자체가 신경증 환자였다.

1897년 분리파 전시관 Wiener Sezessionsgebäude 이 문을 열었다. 그들이 분리되고자 했던 빈미술아카데미 Akademie der bildenden Künste Wien 로부터 멀지 않은 곳이다. 오토 바그너가 관람객을 똑바로 응시하고 구스타프 말러가 회피하듯 시선을 돌리고, 아돌프 로스가 링슈트라세 군중의 일원이 되기를 망설이고 있는 듯한 오페라극장 주변의 링슈트라세 인근이다. 차쉐의 그림에서 관람객을 똑바로 쳐다보던 오토 바그너도 결국 링슈트라세를 떠나 분리파에 결합했다. 오토 바그너는 클림트에 매혹되었다. 분리파에 참여하면서 바그너의 건축스타일도 극적으로 변화되었다. 아파트 거주민의 사회적 지위를 외적으로 표현하고 있는 링슈트라세 주변의 아파트와 달리 바그너의 아파트는 거주민의 평등성을 강조한다. 외부의 장식도 사라지고, 오직 절제되고 직선적인 선과 패턴으로 구조의 기하학성을 강조한다.

분리파 전시관은 크지 않다. 링슈트라세에 줄지어 서 있는 황제의 건물과 비교하면 부속건물의 크기에도 미치지 못한다. 물리적 크기와 상관없이, 또한 분리파를 이끌었던 클림트가 탈퇴하면서 불과 10여년도 버티지 못하고 소멸한 짧은 시간과 상관없이 그들은 '분리' 선언을 시작했다는 점에서 고전적 빈을 현대적 빈으로 바꾸는 데 기여한 일등공신들이다. 그들이 내걸었던 구호 '각 시

---

29. 크리스티안 브란트슈태터, 박수철 옮김, 『비엔나 1900년』, 예경, 2013, 301쪽.

대에는 그에 걸맞은 예술을!'^{Der Zeit ihre Kunst}, '예술에게 자유를!'^{Der Kunst ihre Freiheit}은 너무도 당연한 것이었으나 이마저도 혁명적으로 느껴질 만큼 빈은 고전적이었다. 심미적으로 민감한 젊은 세대에게 링슈트라세는 벼락부자 출신인 아버지 세대에게 퍼붓는 악담과도 같은 단어였다. 평온한 듯 보여도, 빈만큼이나 부친살해의 모티프를 은밀하게 숨기고 있는 도시는 없다.

한 명의 아들은 힘이 없지만 아들이 무리를 형성하면 사태는 달라진다. 아버지가 구축한 질서로부터 벗어나려는 아들이 특정한 시기에 무리를 형성해 등장한 도시는 지금까지 빈 말고는 없었다. 빈의 가장 빛나는 곳은 옛 건축물이 늘어서 있는 링슈트라세가 아니라 이러한 불온한 현장에서 찾을 수 있다. 불온함은 수동적인 구경꾼에게는 보이지 않는다. 아버지의 질서를 거부하는 불온한 빈을 찾아가기 전 이 예외적이고 독특한 도시의 정서를 만들어낸 주연배우들 이름만 일부 나열해보자면 이렇다. "지크문트 프로이트, 아르투어 슈니츨러, 에곤 실레, 구스타프 클림트, 아돌프 로스, 카

분리파전시관, 일명 제체시온이라 불린다

를 크라우스, 오토 바그너, 후고 폰 호프만슈탈, 루드비히 비트겐
슈타인, 게오르크 트라클, 아르놀트 쇤베르크, 오스카 코코슈카"[30]
등등. 단 한 명으로도 도시의 이름을 빛내줄 인물이 동시대에 무리
를 지어 나타났다. 후대의 사람들은 이 무리를 도시의 이름을 따서
빈 학파라고 부르기도 한다. 무의식의 비밀, 성충동의 에너지, 전
위적인 시각, 들어보지 못한 음악, 전통과 단절한 건축, 새로운 문
장을 위해 격투를 벌이던 빈 학파의 특별하고도 황홀한 도시의 순
간은 그러나 눈에 잘 보이지 않는다. 그 특별함과 결합한 화려함을
재현하는 것은 한 세기가 지난 후 방문한 우리의 몫이다.

카를 크라우스의 '분리'

1874년은 아주 특별해 보인다. 후고 폰 호프만슈탈Hugo von
Hofmannstahl, 카를 크라우스Karl Kraus 그리고 아르놀트 쇤베르크가 그
해에 태어났다. 그보다 조금 이른 1870년에 아돌프 로스, 1862년
엔 클림트, 1860년엔 구스타프 말러, 1856년에는 프로이트가 태어
났다. 1874년을 기준으로 그보다 조금 더 늦은 1880년에 로베르트
무질, 1881년에는 슈테판 츠바이크, 1889년에는 비트겐슈타인이
태어났다. 그들은 동시대인이다. 링슈트라세의 주인공 프란츠 요
제프 1세는 1916년까지 황제였다. 68년이나 재위했던 황제와 이
렇게 무리를 지어 나타난 인물들 간의 충돌은 불가피했다. 그들은

---

30. 플로리안 일리스, 앞의 책, 51쪽.

빈을 빛낸 인물들. 왼쪽 상단부터 카를 크라우스, 구스타프 말러, 후고 폰 호프만슈탈, 로베르트 무질,
빌헬름 라이히, 오토 바그너, 알반 베르크, 아르놀트 쇤베르크, 슈테판 츠바이크, 지크문트 프로이트,
아돌프 로스, 루트비히 비트겐슈타인

각자의 방식으로 링슈트라세를 공격했다.

카를 크라우스는 빈의 카페에 앉아 있다. 예나 지금이나 작업에 몰두할 만큼 충분히 넓은 집이 없는 작가에게 카페는 훌륭한 대안이다. 게다가 글을 쓰는 이유이자 목적이 당대를 묘사하고 당대를 비판하고 당대의 위선을 폭로하는 것이라면 서재 보다는 카페가 더 적당한 장소다. 크라우스는 1인 풍자잡지 「횃불」^{Die Fackel}의 대부분을 빈의 카페에서 썼다. 그는 카페 첸트랄^{Cafe Central}, 카페 임페리알^{Cafe Imperial}, 카페 그리엔슈타이들^{Cafe Griensteidl}의 단골손님이었다.[31]

카를 크라우스를 읽겠다는 생각으로 빈에 간다면 염두에 두어야 할 점이 있다. 크라우스가 단골이었던 카페 그리엔슈타이들은 노골적으로 관광객을 겨냥한 나머지 카페 클림트로 이름이 바뀌었다. 아직 크라우스 시대의 분위기를 간직하고 있는 카페 첸트랄 역시 링슈트라세를 공격하는 예술가들의 심상지도를 상상하기 위한 적합한 장소는 아니다. 세월이 지나면 공간의 성격도 변하겠지만, 요즘 시대 작가는 카페 첸트랄에서 글을 쓰지 않는다. 카페 첸트랄을 관광객이 장악한 지 오래되었기 때문이다. 카페 첸트랄에서는 새로운 예술에 대한 논쟁보다는 이곳에 왔음을 인스타그램과 페이스북에 알리려는 손길로 분주하다. 그러기에 카를 크라우스의 '분리'를 상상하려면 관광객이 입장하려고 줄 지어 기다리고 있는 카페 첸트랄을 피해야 한다. 그 어느 카페든 상관없다. 관광명소가 된 카페만 피하면 어디든 카를 크라우스의 '분리'를 상상하기에 최적의 곳이다. 비엔나커피로 알려진 아인슈패너^{Einspänner}나 비너 멜랑주 무엇이든 상관없다. 나는 인스타그래머의 타깃이 결코 아닌 듯한 한 카페를 골랐다. 카페의 의자와 커피 한잔이면 크라우스의 「횃불」로 갈 수 있는 충분한 에너지를 확보할 수 있다.

커피 한모금을 마시고 크라우스의 빈을 상상해본다. 빈은 탐미주의의 공간이었다. 빈만큼 예술에 탐닉하는 막대한 규모의 부르

---

31. 크리스티안 브란트슈테터, 앞의 책, 394쪽.

카페 첸트랄(좌)과 크라우스의 1인 풍자 잡지 「횃불」

주아를 확보한 근대 도시는 없었다. 탐미는 탐욕보다는 교양적 행동으로 보이나, 모든 탐미가 탐욕보다 낫다고 할 수는 없다. 차라리 탐욕은 때로 생존을 위한 인간 본성이라고 정당화될 수도 있지만, 이유없는 탐미는 탐욕보다 때로는 더 위선적이고 속물적이다. 크라우스는 그걸 못마땅하게 여겼다. 예술이 신분을 표시하는 도구로 전락한 빈의 탐미주의에서 위선을 느낀 것이다. 침을 뱉고 돌아서거나 위선적인 세계와 담을 쌓고 살 수도 있었지만 크라우스는 예술가이자 작가로서 이 도시의 감추어진 위선을 문장으로 폭로한다. 그의 무기는 논쟁과 풍자다.

예술이 과잉 인정되거나 과대 포장될 경우 예술은 본연의 해방적 힘에서 멀어진다. 예술을 위한 예술을 추구하는 탐미적 광풍이 빈을 휩쓸 때 예술가의 목표는 형식적 완벽성이 된다. 형식적 완벽성을 꾀하는 문장은 점점 기괴해진다. 당대에 대한 객관적인 사태 파악 없이 '주관적인 반응으로 그 초점이 옮겨지게 되고, 결과적으로 부사 그리고 형용사가 잔뜩 실린 언어'로 전달된다. 크라우스는 빈의 어떤 카페에서 소리친다. 주관적 감정의 웅얼거림이자 부사와 형용사가 난무하는 문장은 꺼져라! 주관적 감상으로 덕지덕지 칠해진 문장은 빈의 탐미주의적 위선의 다른 면에 불과하다. 이제 탐미주의의 위선을 폭로하라. 탐미주의로부터 '분리'되어라. 예술은 진리가 되어야 한다. 예술은 장식이어서는 안 된다.

크라우스의 그 외침을 아돌프 로스가 듣는다. 아르놀트 쇤베르크도 자극을 받는다. 크라우스가 문장으로 시도한 분리를 아돌프 로스는 건축으로, 아르놀트 쇤베르크는 소리로 행한다.

아돌프 로스의 '분리'

이제 카페를 나온다. 아돌프 로스를 찾아서 걸어야 한다. 주렁주렁 금으로 된 장신구로 치장하고 화려한 꽃무늬 프린트로 차려입은 사람을 길에서 마주치면 눈길을 빼앗기지 않을 재간이 없다. 빈 중앙묘지의 음악가 구역은 입구부터 친절하게 안내되어 있을 뿐만 아니라 무덤 자체도 화려하게 장식되어 있다. 장식은 눈길을 끄는 요소임에 분명하다. 아돌프 로스의 무덤도 중앙묘지에 있다. 로스의 무덤을 찾기는 쉽지 않다. 사람들이 주로 찾는 음악가 구역에서 동떨어진 위치에 있기 때문이다. 아돌프 로스의 무덤 가까이에 가도 우리는 그것이 무덤이라 생각하지 못하고 지나칠 수도 있다. 철저하게 장식이 배제된 무덤이기 때문이다. 보통 유명인의 무덤이라면 그를 대표하는 문구 하나쯤은 적혀 있다. 유명인이 아니더라도 최소한 그가 언제 태어났고 언제 죽었는지 정도는 묘비에 적혀 있다. 하지만 로스의 무덤은 이런 모든 기대에서 어긋난다. 정육면체의 돌에 그저 'ADOLF LOOS'라고만 적혀 있다. 그게 전부다. 어떤 장식도 없다. 그럴 만하다. 그는 장식을 범죄라고 여겼으니까.

링슈트라세에 줄지어 들어선 황제의 건축물은 화려하다. 예술작품은 건물을 '미화'하기 위한 수단이다. 로스는 이러한 장식 과잉의 링슈트라세 양식을 견딜 수 없다. 숨이 다 막힌다. 그는 링슈트라세의 과잉 장식으로부터 '분리'되고자 한다. 오토 바그너의 선례가 있다. 바그너의 우체국저축은행은 장식을 경계한다. 로스는 더 극단까지 나아간다. 그는 크라우스가 문장에서 달성하려 했던 과잉 수사로부터의 '분리'를 건축에서 구현하고자 한다. 우리는 다시 링슈트라세 안으로 들어간다. 호프부르크 궁전이 끝나는

오토 바그너가 설계한 우체국저축은행

곳 그리고 그라벤 거리가 시작되는 그 경계에 부르크토어^{Burgtor}(성문)가 있다. 링슈트라세 양식에 충실한 출입문이다. 빈틈없이 장식된 파사드가 특징인 이 문을 뒤로하고 그라벤 거리를 바라보면 왼쪽에 이질적인 건물이 하나 보인다. 믿을 수 없을 정도로 화려하게 치장된 호프부르크 출입문과 비교하면, 그 건물은 마치 호프부르크에 반항하기 위해 일부러 장식을 완전히 덜어낸 듯한 느낌을 준다. 아돌프 로스가 설계한 건물이다. 황제의 질서로부터 '분리'를 선언했던 분리파 건물이 링슈트라세의 외곽에 있었다면, 아돌프 로스의 이 건물은 호프부르크와 마주보고 있다는 점에서 사실 분리파보다 더 강력한 분리를 의미한다고 할 수 있다. 당연히 이 건물은 빈에 충격을 주었다. 호프부르크 앞에 이렇게 장식이 완전히 결여된, 오로지 비율에 의한 조화만을 미적 요소로 간직한 건물이 들어선 것 자체가 스캔들이었다. 로스는 자신의 건물을 둘러싼 빈의 스캔들을 이렇게 적었다.

건축 기술자 엡슈타인은 장식 없는 매끈한 파사드를 제안했으며 우리는 동의했다. 동시에 우리는 달리는 개처럼 보이는 수평으로 물결치는 파도 문양이 없이도 지붕과 외벽의 마감이 가능하다는 것을 보여주고자 했다. 그러나 지붕이 완성되자 빈 전체의 분노가 쏟아졌다. 사람들은 지붕이 둥글둥글하지도 않으며 아기자기한 문양도 없다는 사실에 경악했다. 당국에서 일하는 한 남자는 단단히 화가 났고 달리는 개가 꼭대기 층에 나타나지 않자, 1910년 8월 드디어 경찰을 동원

뚜렷이 대비되는 두 건축 양식. 부르크토어(좌)와 로스하우스(우).

하고 말았다.[32]

아돌프 로스는 링슈트라세 양식으로부터 '분리'를 선언하는 건축을 곳곳에 남겼다. 로스하우스를 뒤로하고 구도심을 향해 걷자마자 왼쪽 편에서 우리는 만츠^{Manz} 서점을 발견한다. 만츠 서점에서 암 그라벤 거리로 우회전하면 저 멀리 페스트 탑과 그 뒤에 성 슈테판 성당이 보인다. 조심해야 한다. 페스트 탑과 성 슈테판 성당에만 눈을 두면 로스의 또다른 흔적을 놓칠 수 있다. 페스트 탑에 살짝 못 미친 암 그라벤 13번지에 로스가 설계한 크니체^{Knize} 양복점이 여전히 있다. 로스 덕택에 우리는 빈의 구도심을 산보해야 하는 또다른 이유를 얻은 셈이다. 링슈트라세 내부 빈의 구도심엔

32. 아돌프 로스, 오공훈 옮김, 「미하엘 광장의 로스하우스」, 『아돌프 로스의 건축예술』, 112쪽.

모차르트의 흔적 위에 로스의 흔적이 더해졌다.

　장식은 덧붙이는 것이다. 크라우스가 형용사와 부사어로 범벅이 된 탐미주의적 문장을 거부했던 그 정신 그대로 로스는 건축에서 장식적 요소를 철저히 제거하며 반기를 들었다. 장식은 진실을 감춘다. 예술이 장식적 요소에 의해 포섭되면, 예술가는 현실을 좀더 아름답게 '미화'하는 기술자로 전락한다. 크라우스가 예쁜 글을 쓰는 문장 기술자가 되고 싶지 않았던 강력한 충동 그대로 로스는 예술과 진리를 결합하려 했다. 예쁜 것은 예술을 구성하는 요소가 될 수 있지만, 예술은 예쁘기만 한 것으로 구성될 수 없다. 예술은 진리를 추구해야 한다. 그리고 이제 또 한 명의 예술가가 크라우스와 로스의 '분리'에 결합한다.

쇤베르크의 '분리'

음악평론가 막스 그라프^{Max Graf}는 빈의 카페 그리엔슈타이들의 예술가 풍경의 목격자다. 그에 따르면 카페 그리엔슈타이들엔 평론가 헤르마 바르^{Hermann Bahr}가 있었다. 극작가 후고 폰 호프만슈탈도 빼놓을 수 없다. 당연히 카를 크라우스도 거기에 있었다. 작가들의 모임에 작곡가도 함께했는데 알렉산더 본 쳄린스키^{Alexander von Zemlinsky}도 빠지지 않았다. 그날 예술가들의 모임을 목격했던 막스 그라프에 따르면, 쳄린스키가 자신의 제자 중 한 명을 데리고 왔

다. 그 젊은 제자는 아르놀트 쇤베르크였다.[33]

정식 음악교육을 받지 않았던 쇤베르크는 다양한 분야의 예술에 관심을 보였다. 그는 아마추어 화가였다. 그가 남긴 자화상은 빈의 레오폴트 미술관에 에곤 실레, 구스타프 클림트, 오스카 코코슈카의 그림과 함께 전시되어 있다. 쇤베르크는 크라우스로부터 많은 것을 배웠다. 스스로 자신은 크라우스를 통해 글쓰기와 생각하는 방법을 배웠다고 증언할 정도다.[34] 크라우스는 작가였고 쇤베르크는 음악가였지만 그들은 전통으로부터 '분리'되어야 한다는 충동을 공유했다. 장식을 거부했던 아돌프 로스 역시 크라우스의 영향을 받았기에 그 세 명의 인물은 각자 활동 분야는 달랐지만 '분리'를 지향하는 빈의 예술가 정신을 상징한다는 공통점을 갖는다. 정신사적인 유사성이 아니라 사실상 거의 동일한 정체성이라고 평가할 수 있을 정도다. 그러니, 쇤베르크의 흔적을 찾다보면 우리는 예상치 못하게 크라우스를, 그리고 아돌프 로스를 만나게 된다.

베를린의 한 바에서 찍은 사진이 남아 있다. 화가 오스카 코코슈카, 아르놀트 쇤베르크와 그의 부인, 그리고 아돌프 로스가 함께 찍은 사진이다. 빈의 보수주의에 의해 거부당한 그들은 친밀한 관계를 형성했다. 쇤베르크는 아돌프 로스와 1895년경에 알게 된 이후 긴밀한 관계를 유지했다. 쇤베르크는 아돌프 로스의 『장식과 범죄』에 실린 그 유명한 강연을 1910년 1월 21일에 들었고, 거기서 받은 영감으로 1911년 자신의 『화성학강의』을 썼다. 건축에서

---

33. Max Graf, *Legend of a Musical City*, New York, 1945, p. 218f, Therese Muxeneder, *Jung-Wien*, Arnold Schonberg Center, 2018, p. 9-10에서 재인용.
34. Therese Muxeneder, 같은 책, p. 100.

오른쪽부터 아돌프 로스, 쇤베르크 부부, 오스카 코코슈카

모든 장식을 거부한다는 아돌프 로스의 철학을 쇤베르크는 음악에서 실현했다. 그는 1912년 한 강연에서 선언했다. "음악은 꾸미는 것이어서는 안 된다. 음악은 참된 것이어야만 한다."[35]

쇤베르크는 당대의 청중으로부터 이해받지 못했다. 그의 음악이 청중과 불화한 에피소드는 차고 넘친다. 빈을 떠나 베를린으로 갔다가 다시 빈으로 온 쇤베르크의 지휘로 빈음악협회 콘서트홀에서 1913년 3월 31일 연주회가 열렸다. 쇤베르크는 자신의 「실내교향곡 9번」^{Kammersymphonie op.9}과 자신의 제자 알반 베르크^{Alban Berg}와 안톤 폰 베베른^{Anton von Webern}의 음악을 지휘했다. 청중은 쇤베르크가 지휘하는 음악을 우롱했다. 이어 격노했다. 안톤 폰 베베른이 벌떡 일어나 소란을 피우는 관객들에게 집으로 꺼지라고 소리쳤고, 관객은 그에게도 야유를 퍼부었다. 지휘를 멈춘 쇤베르크가

---

35. 같은 책, p.110.

소란을 피우면 무력으로 끌어내겠다고 하자, 한 사람이 1층 특별석에서 나와 쇤베르크의 따귀를 때렸다. 이날 저녁은 일명 '뺨따귀 연주회'로 역사에 기록되었다.[36] 츠바이크도 현장에 있었다. 그는 자신이 목격한 뺨따귀 콘서트를 이렇게 묘사했다.

아르놀트 쇤베르크 초기 무조음 작품들 중 하나가 초연될 때 한 신사가 심하게 휘파람을 불어대자 내 친구인 부슈베크가 이와 똑같이 심하게 따귀를 때렸는데 그때 나는 그 자리에 있었다. 도처에서 우리는 모든 종류의 새로운 예술의 돌격대였고 전위였다. 그것은 단지 그 예술의 새로움 때문이었으며, 또한 새로운 예술이 우리를 위하여 세계를 변화시키려 하며, 그 변화가 이제 우리의 삶에 다가오기 시작했기 때문이었다. 즉, 우리들의 사물이 움직이기 시작한다고 느꼈기 때문이다.[37]

이 스캔들 속에서도 로스는 쇤베르크를 지지했다. 그 또한 빈의 청중으로부터 온갖 야유를 받으면서도 장식은 범죄라는 소신을 굽히지 않았으니까. 아돌프 로스는 1933년 8월 23일 쇤베르크보다 일찍 세상을 떠났지만, 그의 장례식에서 조사弔詞를 맡았던 그의 제자 하인리히 쿨카는 아돌프 로스가 살아생전 남긴 말을 전했다. 그는 평상시 이렇게 말했다고 한다. "만일 내가 죽게 된다면 아르놀트 쇤베르크에게 그는 나의 가장 좋은 친구였다고 전해주게."[38]

36. 플로리안 일리스, 앞의 책, 112쪽.
37. 슈테판 츠바이크, 『어제의 세계』, 57쪽.
38. Therese Muxeneder, 앞의 책, p. 115.

아들은 끊임없이 아버지를 살해하고, 예술은 그렇게 이어진다

요한 슈트라우스의 잘 알려진 왈츠 곡 「아름답고 푸른 도나우」를 들으면 편안해진다. 빈을 상징하는 아름다운 음악이기도 하다. 예술에서 편안함을 기대하는 사람이라면, 요한 슈트라우스를 빈에서 듣는 것으로 충분하다. 빈음악협회 주변의 인도에는 빈에서 활동한 음악가들을 기리는 명패가 바닥에 부착되어 있다. 여기는 빈이니까, 빈에서의 마지막 날도 콘서트홀에서 보내고 싶다. 그리고 여기는 빈이니까, 빈에서 마지막으로 듣는 음악은 요한 슈트라우스도 좋고 모차르트도 좋고 구스타프 말러도 좋겠지만 아르놀트 쇤베르크라면 더 좋을 것이다. 그렇지만 빈의 연주회 프로그램에서 쇤베르크의 음악을 찾기란 쉽지 않다.

여전히 음악협회에서 쇤베르크는 연주되지 않는다. 음악협회는 모차르트와 말러를 애호한다. 그것이 간극이다. 사랑받기 위해 애쓰는 예술이 아닌 진리를 추구하는 예술은 사랑받지 못하고 오히려 고립될 위험에 처한다. 그 위험을 알고 있기에 그것을 피하는 예술가가 있고, 쇤베르크처럼 그 위험을 잘 알고 있음에도 그것을 감행하는 예술가가 있다.

예술가의 예술에 대한 기대는 대중이 예술에 거는 기대와 다르다. 당대에 사랑받고 싶은 예술가는 대중의 평균적 기호를 참조해야 하지만, 예술의 본령이 반복이 아니라 새로움의 추구라 믿는 예술가는 대중과 거리가 멀어질 수 있다. 당대에 사랑받았던 예술가

쇤베르크가 그린 자화상

는 잊혀지지만, 비록 당대에 사랑받지 못했다 하더라도 새로움을 소개한 예술가는 예술의 역사에 기록된다.

빈은 자신이 모차르트의 도시임을 숨기지 않는다. 오히려 자랑스레 내세운다. 모차르트를 만나고자 빈을 찾는 사람들이 적지 않기 때문이다. 그에 비하면 쇤베르크와 크라우스와 아돌프 로스를 발견하고자 빈을 방문하는 사람은 적다. 그럼에도 모차르트를 가장 잘 계승한 사람은 쇤베르크이다.

아돌프 로스는 1924년 쇤베르크의 50번째 생일의 축사에서 장인은 작품을 위탁한 사람의 요구를 충실히 따르는 사람인 반면 예술가는 누군가의 요청에 의해서가 아니라, 스스로 과제를 부여하는 사람이라고 했다.[39] 로스는 쇤베르크야말로 진정한 예술가라 생각했고, 자신이 쇤베르크의 친구인 이유도 장인이 아니라 예술가가 되려 하기 때문이라 생각했다.

39. Adolf Loos, *Das ist Arnold Schönberg*, Therese Muxeneder, 앞의 책, p. 118에서 재인용.

장인도 신하도 아닌 자율적인 예술가가 되고 싶었던 모차르트의 꿈은 이렇게 한참 후 빈에서 다른 예술가에 의해 이뤄졌다. 아버지로부터 분리되고 싶었던 그의 열정, 자율적 예술가가 되고 싶었던 그의 충동, 그의 이른 죽음으로 완성하지 못했던 그 기획을 쇤베르크가 완성했다. 비록 빈은 여전히 그의 음악을 사랑하지 않는다 하더라도, 모차르트가 부활한다면 자신이 이루지 못한 꿈을 완수했다고 쇤베르크에게 박수를 보낼 것이다. 모차르트를 발견하기 위해 빈에 왔지만, 빈을 떠날 때는 쇤베르크와 함께 떠난다.

5장

1853년,
예술이 궁전의 굴레에서 벗어나
오스망식으로 개조된 도시로
나아가던 날의 파리

파리라는 데는 어떤 곳일까? 얼마나 엄청난 이름인가! (…)
그녀는 파리의 지도를 샀다. 그리고 지도 위를 손가락 끝으로
더듬으면서 수도의 이곳 저곳을 두루 가보았다. (…)
그녀는 부인용 신문 『라 크르베이유』나 『살롱의 요정』을 구독했다. (…)
새로운 유행, 솜씨 좋은 의상실의 주소, 불로뉴 숲의^{le bois de Boulogne}
축제일이나 오페라의 날에 이르기까지 모두 알고 있었다.[1]

그러나 가장 멋진 것은 파리에서 릴케와 함께 산책하는 것이었다.
그것은 가장 눈에 띄지 않는 것들을 깨어난 눈으로
그것들의 의미를 새롭게 보는 것을 의미했기 때문이다.
그는 모든 사소한 것도 주의 깊게 바라보았고, 간판에 쓰인 회사의
이름까지도 리드미컬한 울림을 가지고 있는 것처럼 생각되면 기꺼이
소리내어 입 밖에 내보았다. 이 파리라는 도시를 가장 구석진 곳과
깊숙한 곳까지 알아낸다는 것이 그의 정열이었으며
내가 그에게서 인정한 거의 유일한 정열이었다.[2]

1. 구스타프 플로베르, 김화영 옮김, 『마담 보바리』, 민음사, 2000, 87-88쪽.
2. 슈테판 츠바이크, 곽복록 옮김, 『어제의 세계』, 지식공작소, 2014, 179쪽.

파리는 노골적으로 아름답다

파리는 아름답다. 직접 걸었고 눈으로 확인했던 도시 중 세계에서 가장 아름다운 도시를 꼽아야 한다면 주저하지 않고 파리를 택하고 싶다. 도시풍경과 그 풍경이 빚어내는 분위기가 내가 정한 아름다움의 기준이다. 파리의 거리는 일관성이 있다. 5층 내외의 석조건물이 군집을 이루고 있는데 건물 간의 조화가 빼어나 세련된 인상을 준다. 거리의 간판이 서로 경쟁적으로 자신을 주목해달라고 아우성치는 홍콩과는 대조적이다. 현란한 색상 배치보다는 단일한 색의 섬세한 뉘앙스로 승부를 거는 미니멀룩을 잘 소화하는 패

세느 강의 아름다운 풍경

셔니스타 같은 느낌의 도시다. 석재로 구성된 파리 풍경에 높이 솟
아오른 철골구조 에펠탑은 파리를 세계 유행의 수도로 만들어주
는 단 하나의 도드라진 액세서리다. 진짜 멋쟁이는 장신구를 주렁
주렁 달지 않는다.

　음악적인 도시 빈이 자신의 아름다움을 비가시적인 형태로 숨
기고 있다면, 파리는 시각적 응시 대상을 전면에 내세운다. 세느
강은 잘 정비되었고, 강변에는 강의 흐름을 시각적 자극으로 느낄
수 있는 산책로가 있고, 유람선을 타고 부유하며 빼어난 도시풍경
을 감상할 수 있는 기회 역시 제공된다. 벤야민이 기꺼이 베를린을
떠나 파리에 정착하려 했던 것도 시각적인 아름다움에 민감한 사
람이라면 응당 이해할 수 있는 선택이다. 우디 알렌^{Woody Allen}은 파

리 예찬을 뛰어넘어 아예 영화 〈미드나잇 인 파리〉를 만들어 이 도시에 헌정하기도 했다.

파리에 가면 마음이 설렌다. 어떤 도시에서도 느낄 수 없는 감정이다. 지나치게 정돈된 마음이 오히려 권태롭게 느껴질 때 파리에 가고 싶어진다. 독일적인 엄격함이 집요하게 내면으로까지 파고들어 질식할 것 같았던 유학시절 파리는 근사한 대안이었다. 생활비를 아껴서라도 가끔은 파리에 가야만 베를린의 삶을 견딜 수 있었다. 그렇게 무리를 해가며 어떻게든 파리에 도착하면 권태가 사라졌다. 그게 파리의 힘이다.

Any Where out of the World, 이 세상 밖이라면 어느 곳이나

현실이 못마땅한 사람, 현실을 제대로 들여다본 이후를 감당할 자신이 없는 사람은 '여기'가 아닌 '저기 어느 곳'의 매혹에 사로잡힌다. 파리의 시인 샤를 보들레르 Charles Pierre Baudelaire 의 영혼은 이렇게 소리지른다. "마침내 나의 영혼은 폭발한다. 영혼은 현명하게 나에게 외치는 것이다. 아무곳이라도 좋소! 아무곳이라도! 그것이 이 세상 밖이기만 하다면!"[3] 가장 손쉬운 "이 세상 밖"은 내가 살고 있는 도시가 아닌 다른 도시. 현실을 외면하고 싶을 때 우리는 현실이 각인되어 있는 여기를 떠난다. 그리고 거기로 간다. 거기가 어디든 좋다. 남의 떡이 탐스러워 보이듯, 현실을 강요하는 여기가

---

3. 샤를 보들레르, 윤영애 옮김, 『파리의 우울』, 민음사, 1979, 227쪽.

아니라면 어디든 다 매혹적이지만, 거기가 파리라면 더할 나위 없이 좋다.

어디로 떠날 수 있다는 희망으로 현실을 버틴다. 그렇게 버티며 모은 돈을 떠난 그곳에서 아낌없이 쓴다. 그리고 다시 현실로 돌아온다. 직시하기 두려울 정도로 병든 현실에 대한 불만이 커질 때마다 탈출구를 찾는다. 탈출구는 여기가 아닌 곳, 현실에서 벗어난 그 어떤 곳이다. 그곳은 '다른 나라', '예술'이라는 이미지로 다가온다. '다른 나라'에선 현실이 작동을 멈춘다. 그곳에서도 역시 현실을 직시하지 않는 누군가가 있겠으나, 다른 현실로 도피한 사람에게 그곳의 현실은 보이지 않는다. 그곳의 언어와 맥락을 완전하게 파악하지 못한 여행객의 눈에 그곳은 나를 떠나게 했던 현실의 원칙이 지배하지 않는 곳으로 보인다. 모든 것은 이미지로 다가온다. 그 상상의 세계에서 현실은 잠시 작동을 멈춘다. 아무래도 다시 예술의 수도 파리에 가야겠다. 나는 떠난다.

파리에 오면 시테 섬에 간다

파리에 도착했다. 다시 가슴이 설렌다. 발걸음이 가벼워진다. 시차 적응도 하지 못한 상태지만 파리의 거리에서만 맡을 수 있는 공기와 보도의 촉감을 느낀다. 파리에 왔으니 카페부터 가야 한다. 파리의 어느 카페에서 보들레르를 읽는다. 우리가 흔히 카페 의자라고 부르는 토넷^{Thonet} 의자 14번, 파리의 카페에서 여전히 사용되고

로트렉의 「물랑루즈에서」. 하단에 토넷의자가 보인다

툴루즈 로트렉^{Henri de Toulouse-Lautrec}이 그린 「물랑루즈에서」에도 등
장하는 토넷의자는 나를 지금 여기에서 19세기 언젠가의 파리로
데려간다. 그 의자에 앉아 보들레르를 생각한다. 보들레르는 파리
의 카페에 앉아 "어떤 희한한 나라" "코카뉴의 나라"를 상상한다.
나는 서울에서 "어떤 희한한 나라"를 찾아 이곳으로 왔고 보들레
르가 코카뉴의 나라를 상상했던 파리의 어느 카페에 있다. 내친 김
에 보들레르의 상상을 따라간다.

참다운 코카뉴의 나라, 거기에서는 모든 것이 아름답고, 풍요롭고,
고요하고, 신실하고, 거기에서는 사치가 저를 기꺼이 질서에 비추어

보고, 거기에서는 삶이 기름지고 숨쉬기에 아늑하고, 거기에서는 무질서와 소란과 뜬금없는 것들이 숙정되었고, 거기에서는 행복이 고요와 결합하고, 거기에서는 요리마저 시적이고, 기름지면서도 동시에 자극적이고, 거기에서는 모든 것이, 내 사랑하는 천사, 그대를 닮았단다.[4]

그는 파리를 사랑했지만 파리를 늘 떠나려 했고 그래서 우울했다. 떠날 수 없을 때 사람들은 다른 곳을 그리워하고, 정작 다른 곳에선 떠난 곳을 그리워한다. 그럴지라도 떠나고 싶다. 보들레르도 그랬다. 『파리의 우울』*Le Spleen de Paris*을 읽는다. "이 삶은 하나의 병원. 환자들은 저마다 침대를 바꾸고 싶은 욕망에 사로잡혀 있다. 이 사람은 난로 앞에서 신음하는 편이 나을 것 같고, 저 사람은 창 옆으로 가면 치료가 되리라고 생각한다."[5] 여기가 아닌 다른 곳이라면 문제가 해결될지도 모른다는 기대, 그 기대가 낯선 곳의 설렘을 만들고, 설레는 감정을 마음에 품은 사람들이 파리로 몰려든다. 보들레르를 계속 읽는다. "나로서는 지금 내가 있는 곳이 아닌 저 곳에 가면 언제나 편안할 것 같기에, 이 이주의 문제는 내가 끊임없이 내 혼과 토론하는 사안 가운데 하나이다."[6] 나는 다시 파리에 와 있다.

---

4. 같은 책, 49쪽.
5. 같은 책, 128쪽.
6. 같은 책, 128쪽.

파리를 떠나고 싶었던 소년이 있었다

보들레르처럼 파리를 떠나고 싶었던 한 소년이 있었다. 1643년, 겨우 만 다섯살에 왕위를 물려받은 루이 14세. 왕좌에 올랐으나, 너무 어려 왕으로서 어떤 실권도 갖지 못했다. 어머니 안 도트리슈와 수석대신 마자랭 추기경이 섭정을 한다. 어린 왕 루이 14세는 어른이 되기를 기다렸다. 수석대신 마자랭이 사망하자 1661년 24세의 루이 14세는 그때서야 비로소 왕다운 왕이 되었다.

시테 섬^{Ile de la Cité}에서 시작된 파리는 점점 확장된다. 부르봉 왕가를 위한 화려한 궁전 루브르^{Louvre}와 튀일리^{Tuileries}가 섬 근처에 들어섰다. 성인이 되어 왕궁의 진정한 주인이 되었는데도 루이 14세는 파리를 떠나고 싶어한다. 1666년 어머니가 세상을 떠나자 그의 욕구는 더 강해졌다. 그 시대의 궁정을 꼼꼼하게 기록한 생시몽에 따르면 파리를 떠나려는 루이 14세의 고집은 유년시절의 끔찍한 기억에서 기원한다. 1649년 프롱드^{Fronde}의 난이 파리에서 일어났다. 어린 루이 14세는 1649년 1월 5일 궁정을 향한 성난 군중의 야유를 들으면서 어머니와 마자랭의 손에 이끌려 영문도 모르는 채 파리를 탈출했다. 프롱드 난이 진압되고 그는 다시 파리로 돌아왔고 그 사이에 성인이 되어 버젓한 왕이 되었지만, 파리의 궁전은 그로 하여금 자꾸 어린 시절의 악몽을 떠올리게 한다. 그는 파리가 싫다.

1653년, 루이 14세는 사냥을 하러 베르사유로 간다. 베르사유가 그의 마음을 끈다. 그게 시작이었다. 그는 새 궁전을 베르사유에 짓기로 결정한다. 1661년부터 대규모 토목공사가 시작되었다.[7] 궁전을 허투루 지을 수 없다. 지금까지 없었던, 세련되면서도 화려한 궁전이어야 한다. 건축은 르 보 Le Vau와 망사르 Mensart가 맡았고, 정원설계는 앙드레 르 노트르 André Le Nôtre, 분수는 관개기술자 프랑신느 Francine가, 실내를 장식하기 위한 그림은 샤를르 르 브룅 Charle Le Brun이 담당했다. 이로써 화려하지만 너저분하지 않고, 일관되게 베르사유만의 인상을 부여하는, 지금까지 없었던 궁전이 만들어졌다.

거대한 궁이 완공되자 1682년 5월 6일 루이 14세는 파리를 떠나 남서쪽으로 22km 떨어진 베르사유에 정착했다. 유럽의 모든 궁정이 부러워하며 닮고 싶어하는 베르사유 궁전, 불안과 근심을 피해 지은 베르사유 궁전, 그 궁전을 이제 루이 14세는 허수아비 왕으로 살아왔던 어린 시절, 마자랭과 어머니의 관계를 수군댔던 궁정귀족에게 왕이 무엇인지를 가르치고 왕의 위엄을 전시하는 쇼케이스로 삼고자 한다.

루이 14세는 베르사유 궁으로 귀족을 초청한다. 초대받은 귀족들은 궁에 머무는 동안 비용을 지불하지 않아도 된다. 모든 비용은 왕이 부담한다. 귀족들은 베르사유에 머물면서 왕이 제공하는 향응을 만끽한다. 오랜 기간 동안 귀족사회의 가십거리였던 어린 왕, 그 왕이 새 궁전을 짓고 초대하자 귀족들은 반쯤은 호기심에 겨워 기꺼이 응한다. 그저 추문의 대상을 가까이에서 관찰할 수 있는 좋은 기회라 생각한다. 그러나 루이 14세는 다른 계획을 갖고 있다.

7. 생시몽, 이영림 편역, 『루이 14세와 베르사유 궁정』, 나남, 2014, 251쪽.

험담을 늘어놓던 귀족들을 한곳에 불러모은 후 그들에게 알려주
자, 왕은 단 하나 유일한 존재임을. 루이 14세는 힘으로 귀족을 제
압하지 않는다. 그는 영리하다. 오랜 세월 귀족의 수군거림을 듣고
자랐기에, 그는 언젠가 힘을 갖게 되었을 때 그들을 제압할 방법을
궁리하고 또 궁리해왔다. 루이 14세는 힘보다 더 영리한 방법을 생
각해냈다. 그들이 나를 부러워하게 만들자, 그들에겐 없는 것이 나
에게 있음을 알리고 나를 닮고 싶도록 유혹하자. 루이 14세는 예
술을 그 수단으로 삼았다. 그는 역사가와 함께 화가를 데리고 다녔
다. 역사가에게는 글로, 화가에게는 그림으로 왕의 흔적을 남기게
했다. 초상화, 훈장과 화폐, 궁정무도회, 기마상, 개선문 이 모든 것
이 루이 14세의 위광에 예술적 화려함을 더해주었다.[8] 왕의 위신을

---

8. 콜린 존스, 방문숙·이호영 옮김, 『케임브리지 프랑스사』, 시공사, 2001, 194쪽.

드높일 예술을 원했던 루이 14세는 무용 아카데미[1661], 조각 아카데미[1662], 건축 아카데미[1671], 음악 아카데미[1672]를 창설했다. 아카데미는 궁정시대 예술의 표준을 제시하는 기관이 되었고, 베르사유는 궁정예술의 수도가 되었다.

그는 자신을 전시한다. 자신을 유일한 위치로 격상시키려 한다. 자신은 태양이다. 태양은 유일하지 않은가? 귀족은 태양이 될 수 없다. 오로지 왕만이 태양이 될 수 있다. 세상에서 왕만이 유일한 존재이기 때문이다. 루이 14세는 궁정 안에서 일어나는 모든 것을 알고 싶어했다. 궁정에 머무는 귀족들이 왕이 자랑하는 궁정예술에 어떻게 감탄하는지, 그 화려함에 눈이 돌아가 자신의 집이 갑자기 마구간처럼 느껴지는 그 당혹스런 표정을 하나도 놓치지 않고 싶었다. 그 결과 "베르사유 2층 U자형 건물의 한가운데 위치한 왕의 침실은 전체가 한눈에 보이는 판옵티콘 구조의 중심"[9]에 두었다.

궁정은 사교활동의 핵심 공간이다. 매일 파티가 벌어진다. 왕립 무료 호텔이나 다를 바 없는 베르사유에 초대된 귀족은 돈 한푼 들이지 않고 참석할 수 있다. 귀족 사이에서 소문은 빨리 퍼진다. 프랑스 전역에 베르사유의 화려함이 알려진다. 점점 베르사유는 루이 14세의 거처가 아니라 궁정 귀족사회 전체의 전시장이 되었다. 베르사유 궁은 궁전이 아니었다. 1744년 베르사유에는 하인을 포함해 1만 명 정도가 살았다고 한다.[10] 베르사유는 파리를 대체하여 왕의 궁정예술을 찬양하는 '하나의 도시'였다.

루이 14세가 구경거리가 될수록 또한 베르사유의 연회가 화려

---

9. 생시몽, 앞의 책, 265쪽.
10. 노르베르트 엘리아스, 박여성 옮김, 『궁정사회』, 한길사, 2003, 175쪽.

해질수록 귀족은 왕을 비난하기는커녕 그를 따라했다. 전 프랑스의 놀림거리였던 어린 왕이, 이제 전 프랑스의 귀족이 앞다투어 따라하고 부러워하는 힙스터로 바뀌었다. 그는 자본주의가 무르익었을 때, 패션산업과 사치산업 종사자들이 매출을 유지하기 위해 선택한 이른바 리미티드(한정판) 에디션의 힘도 알아챘다. 쥐스토코르(정장 외투) 칙허장(勅許狀, Justaucorps à brevet)은 루이 14세의 발명품 중 하나였다. 그는 1661년 12월 23일, 그 다음해에 이 옷을 선물 받을 사람의 명단을 발표했다. 고작 40명뿐이었다. 리미티드 에디션은 예나 지금이나 탐심을 불러일으킨다. 귀족은 서로 이 옷을 손에 넣고 싶어했다.

그건 단지 옷이었을 뿐이다. 그런데 그건 그냥 옷이 아니었다. 붉은색 안감을 댄 푸른색 옷에는 소맷부리 장식이 있었는데, 이 푸른색 옷은 붉은색 저고리와 한 세트를 이뤘다. 이 옷엔 화려한 문양이 금실과 은실로 수놓아졌다. 그 정도 화려한 옷은 귀족도 가지고 있다. 문제는 이 옷이 판매되지 않는다는 점이다. 루이 14세는

쥐스토코르

이 옷을 입고 연회장에 나타난다. 어떤 귀족은 루이 14세의 패션 감각에 놀란다. 그를 따라하고 싶다. 그러나 아무리 파리의 유명 옷가게에 수소문해도 그 옷을 구할 길이 없다. 유일한 방법은 왕에게 선물을 받는 것이다. 왕은 이 옷을 한정판으로 제작했고 그것을 자신의 맘에 드는 사람에게만 선물했다. "왕의 생전에 그 옷 한 벌이 여분으로 생기면 그것은 궁정에서 가장 중요한 인물들 중 한 사람에게 돌아갔다. 만약 젊은 영주가 그것을 차지했다면 그것은 대단한 특혜였다."[11]

1789년 프랑스 대혁명이 일어났다. 이로써 베르사유 시대는 끝났다. 모차르트가 결혼하고 싶어했던 합스부르크 왕가 출신의 프랑스 왕비 마리 앙투와네트는 파리로 압송되어 처형되었다. 베르사유 궁정에 유폐되어 있던 세련됨은 이제 파리로 옮겨졌다. 모든 것이 시각적으로 통제되었고 시각적 효과를 위해 동원되었던 베르사유의 전통은 파리로 이어졌다. 중세도시에 불과했던 파리는 베르사유 몰락 이후 베르사유를 승계했다. 무조건 아름다워야 했다. 그리고 그 아름다움은 심상이 아니라 시각적 자극의 대상이 되어야 한다는 베르사유의 철칙을 물려받자 우리가 아는 파리, 우리가 사랑하는 파리가 등장했다. 잠시 베르사유에 주인공 역할을 넘겨주었던 파리는 다시 프랑스의 중심이 되었다. 파리는 베르사유를 그저 하나의 궁전으로 만들었다. 혁명 이후 프랑스에서 도시다운 도시는 오로지 파리뿐이었다.

---

11. 생시몽, 앞의 책, 426-427쪽.

벤야민을 따라 제2제정기의 파리를 걷는다

세월이 흐르면서 도시가 동심원으로 확대되어 일종의 나이테 모습으로 역사를 간직한 빈과 달리 파리는 철저하게 과거를 부정하면서 19세기를 맞이했다. 혁명 이전의 모든 흔적은 19세기의 질서에 따라 재편되었다. 혁명이 일어났다. 앙시앙 레짐(절대군주제)은 붕괴되었다. 새로운 기준이 필요한 시대가 등장했다. 베르사유의 세련미는 다시 정의되어야 했다. 루브르 궁전은 1793년 8월 10일 박물관이 되어 파리 시민에게 개방되었다. 혁명과 반혁명이 교차되는 동안 프랑스는 팽창했고, 봉건제가 몰락한 자리에 자본주의가 정착했으며, 파리는 귀족의 도시였던 베르사유와 달리 부르주아의 도시가 되었다.

특히 제2제정기 Le Second Empire, 1852-1870는 과거의 파리와 완벽한 단절이 이뤄지는 시기였다. 페스트에 취약한 도시, 오물이 넘치는 도시, 난개발로 구불구불하고 좁은 길로 이루어진 중세도시 파리가 사라지고 베르사유를 물려받은 도시, 세상에서 가장 아름답다고 칭송받는 파리가 태어났다. 베를린에서 태어났으나 파리에 매혹되었고 결코 파리를 떠나고 싶어하지 않았던 독일인 벤야민은 제2제정기의 파리를 기꺼이 세계수도라 일컬었다. 보들레르를 번역하고 제2제정기의 현대성을 탐구했던 벤야민은 중세의 과거와 단절하고 근사한 옷으로 갈아입은 파리를 여행할 때 최상의 안내자다. 파리에 왔으니, 벤야민이 이끄는 대로 제2제정기의 파리를 산책하기로 한다.

벤야민은 보들레르를 읽었다. 보들레르는『파리의 우울』에서 대도시를 서정적 산문으로 변환시키고 싶은 유혹을 이렇게 노래했다.

이제 나는 당신에게 조그만 고백 하나를 해야겠소. (…) 아주 묘하게도 회화적인 옛날 생활의 그림에 그가 적용시킨 방법을 현대 생활의, 아니 차라리 더욱 추상적인 현대의 어떤 생활의 묘사에 적응시켜 보자는 의도 말입니다. 우리들 중 누가 한창 야심만만한 시절, 이 같은 꿈을 꾸어보지 않은 자가 있겠습니까? 리듬과 각운이 없으면서도 충분히 음악적이며, 영혼의 서정적 움직임과 상념의 물결침과 의식의 경련에 걸맞을 만큼 충분히 유연하면서 동시에 거친 어떤 시적 산문의 기적의 꿈을 말이요. 이같이 집요한 이상이 태어난 것은 특히 대도시들을 자주 드나들며 이들 도시의 무수한 관계에 부딪히면서부터입니다. 나의 친애하는 친구, 당신 자신도 째지는 듯한 유리 장수의 소리를 상송으로 번역해보고 싶은 유혹을 느끼지 않았었나요? 이 소리가 거리의 가장 높은 안개를 가로질러 다락방에까지 보내는 모든 서글픈 암시들을 서정적 산문으로 표현해보고 싶은 유혹을 느끼지 않았던가요?[12]

파리라는 도시를 산문으로 번역하고 싶었던 보들레르의 열정을 물려받은 벤야민은 파리를 걷는다. 우리는 벤야민을 따라 걷는다.

---

12. 샤를 보들레르, 앞의 책, 19쪽.

생 루이 섬의 보들레르 자택(좌)과 몽파르나스의 보들레르 묘지(우)

보들레르는 화가 콩스탕탱 기^{Constantin Guys}를 모범으로 삼아 파리를 걷는다. 콩스탕탱 기는 "영원한 아름다움과 대도시 속에서의 놀라운 삶의 조화, 혼란스러운 인간의 자유 속에서도 하늘의 섭리로 유지되는 조화에 놀라서 감탄한다. 그는 거대한 도시의 풍경, 안개가 쓰다듬고 햇살이 따갑게 후려치는 돌들의 풍경을 관망한다."[13] 콩스탕탱 기는 파리를 걷고, 달리면서 찾는다. "그는 무엇을 찾는가? 내(보들레르)가 지금까지 묘사한 이 사람(콩스탕탱 기), 활발한 상상력을 갖고 늘 거대한 인간들의 사막을 횡단하며 여행하는 이 고독한 사람은, 순수한 플라뇌르^{Flâneur}(소요객)의 목적보다 더 높은 목적을, 그리고 상황의 덧없는 즐거움과는 다른, 좀더 보편적인 목적을 갖고 있는 것이 확실하다. 그는 여러분들이 허락한다면 내가 모더니

13. Charles Baudelaire, *The Painter of modern life and other essays*, Phaidon, 2001, p. 10.

티라고 부르는 그 어떤 것을 찾는다."[14] 그것이었다. 콩스탕탱 기를 모델로 삼은 보들레르의 뒤를 이어 벤야민이 파리에서 발견하려 했던 것은 바로 제2제정기 파리의 모더니티, 즉 동시대성이었다.

파리가 다시 태어났다

프랑스는 날로 번성한다. 아프리카 식민지는 프랑스의 자본주의가 팽창하는 자양분이다. 정치적 불안정과 달리 경제는 날로 성장한다. 프랑스의 모든 것을 담고 있는 파리는 이러한 변화를 그대로 반영한다. 파리는 새로워져야 했다. 1853년 파리의 지사로 임명된 조르주-외젠 오스망Georges-Eugène Haussmann은 파리 대개조[15]에 착수한다. 중세도시 파리의 좁은 길 대신 대로가 들어섰다. 대로는 새로운 파리의 주요 시각적 상징물을 잇는다. 파리의 새로운 위상에 걸맞게 새로 지어진 오페라극장과 루브르를 잇는 오페라대로가 들어섰고, 에투알 개선문Arc de triomphe de l'Étoile 주변은 사방팔방으로 뻗은 대로의 시점이 된다. 생 제르맹Saint Germain대로, 생 미셸Saint-Michel 대로가 지어지고 파리의 외곽이었던 몽마르트Montmartre도 파리로 편입되면서 파리는 팽창하는 프랑스 자본주의의 역동성을 전시하는 쇼케이스가 된다. 하지만 천박한 모습은 아니다. 파리는 베르사

---

14. Walter Benjamin, "Das Passagen-Werk", *Gesammelte Schriften Bd. V*, Suhrkamp, Frankfurt a. M., 1991. p. 12.

15. 나폴레옹 3세는 중세의 모습을 벗어나지 못한 파리의 재건설을 구상해왔고 황제의 자리에 오르자마자 새로운 파리 건설에 착수했다. 그는 1853년 파리 지사 자리에 오스망 남작을 임명하고 파리의 도시구조 개혁을 명하였다.

오스망식으로 개조된 파리의 대로

유로부터 배운 세련미의 외양을 철저하게 갖춘다.

파리는 물질적 도시가 아니라, 환각이 공간화된 도시이다. "황제와 장관들은 파리를 프랑스의 수도만이 아니라 세계의 수도로 만들기를 원했다."[16] 도시는 인간의 감각기관 중에서도 유독 시각을 자극하는 곳이다. 보들레르는 콩스탕탱 기에게 바치는 「파리의 꿈」이라는 시에서 파리를 이렇게 노래했다.

인간은 일찍이 본 일도 없는,/ 그 무서운 경치의,/ 어렴풋하고 먼 이미지가,/ 오늘 아침에도 나를 호린다.// (…) 계단들과 파사주들의 바벨탑,/ 그것은 광 없거나 광나는 금 속으로 떨어지는 분수와 폭포들로 가득 찬, 하나의 끝없는 궁전이었으니;// 수정의 커튼들처럼,/ 육중한 폭포들이,/ 금속의 절벽들에,/ 눈부시게 걸려들 있었다.// (…) 시퍼런 물의 널따란 띠들이,/ 장밋빛과 초록빛 강둑 사이로,/ 이 세상 끝을

16. Walter Benjamin, 앞의 책, p. 193.

향해 흐르고 있었다./ 수천만 리에 걸쳐;// 그것은 엄청난 보석들이었고/ 마술의 물결들이었다; 그것은/ 제가 반사하는 모든 것들로/ 눈부신 거창한 거울들이었으니!// (…) 또 그 움직이며 바뀌는 불가사의들 위엔/ 영원한 고요가 감돌고 있었으니/ (무시무시한 새로움! 모두가 눈요기!/ 귀를 위한 것은 하나도 없구나!)[17]

파리는 군중을 끊임없이 시각적으로 자극하고, 시선으로 유혹한다. 도시의 어떤 시설도 허투루 만들어지지 않았다. 폭이 각각 7.8미터, 9.74미터인 골목길 사이의 건물은 최고 높이가 각각 11.7미터, 14.6미터였다. 폭이 10미터가 넘는 길이어야 최고 17.55미터 높이의 건물을 세울 수가 있었다.[18] 중심부는 더 까다로운 규제를 받았다. 오페라대로의 경우 모든 건물의 1층 벽면은 샤토-가이야르 Château Gaillard 지방의 돌로 외벽을 마감해야 했다.[19] 오스망식 건물이 늘어선 대로의 건물 로얄층은 2층이었는데, 거기에는 당시 최첨단 소재인 쇠로 만든 쇠시리 발코니가 들어섰다. 새로 조성된 대로에는 마로니에와 플라타너스 가로수가 조성되었고, 모더니티 파리의 상징인 모리스 원통 광고판도 곳곳에 설치되었다. 제2제정기의 벼락부자들은 시각적 거대함과 화려함에 집착했다. 오페라 가르니에 Opera Garnier 의 실내장식은 베르사유를 뛰어넘을 만큼 화려했고, 그 무대엔 그랜드 오페라가 올려졌다. "겉치레를 위하여, 화려한 장면과 배경을 위하여, 효과의 누적과 고조를 위하여 다른 어

17. 샤를 보들레르, 박은수 옮김, 『보들레르 시전집』, 민음사, 1995, 195-197쪽.
18. 이지은, 『부르주아의 시대. 근대의 발명』, 모요사, 2019, 40쪽.
19. 같은 책, 41쪽.

장 베로 「파리의 키오스크」
모더니티의 상징인 모리스 광고판

느 예술보다 더 많은 가능성을 제공"[20]했기에 오페라는 파리의 부
르주아가 애호하는 장르가 되었다. 오페라 가르니에의 화려함에
부응하는 오페라만을 파리는 받아들였다. 작곡가 자코모 마이어
베어 Giacomo Meyerbeer 는 그중에서도 가장 사랑받는 스타 작곡가로 떠
올랐다. 성공을 찾아 파리에 온 리하르트 바그너 Richard Wagner 는 자
신의 실패가 유대인 마이어베어의 음모 때문이라고 이를 갈았다.
"모두가 눈요기"라는 보들레르의 탄식은 짧지만 가장 정확한 제2
제정기 파리에 대한 묘사이다. 파리는 제2제정기 동안 지나칠 정
도로 아름다워졌다. 그리고 세계적 명성을 얻었고, 지금까지도 제
2제정기의 파리를 눈요기하려는 관광객을 전세계에서 끌어 모으
는 도시가 되었다.

---

20. 아르놀트 하우저, 백낙청·염무웅 옮김, 『문학과 예술의 사회사 4』, 창비, 1999, 129쪽.

새로운 파리는 낡은 파리를 숨긴다 — 궁정예술과 동시대의 예술

변덕스런 유럽의 날씨 탓에 야외활동을 할 수 있는 날이 그리 많지 않다. 날씨에 영향받지 않으면서 실외시설을 이용할 수 있도록 설계하는 것은 도시의 오랜 꿈이었다. 자본주의가 팽창하면서 상품의 거래가 활발해지자, 야외활동의 제약은 상품거래에 있어서도 큰 문제가 되었다. 상품을 파는 가게들은 손님들을 시각적으로 유혹하기 위해 쇼윈도우를 만들었지만 이것도 날씨가 뒷받침되어야 한다. 비가 오는 날 행인들은 거리에서 어슬렁대지 않고 재빨리 목적지로 움직인다. 우리는 아케이드라고 부르지만 파리에서는 파사주Passage라 부르는, 상점이 연결된 새로운 건축은 변덕스러운 날씨가 특징인 파리에 제격이다. 파사주는 실내 같은 실외이자 통행로이다. 단 결정적인 차이는 파사주에는 당시 최신 건축 소재인 철골과 유리를 사용한 천장이 있다는 점이다. 석재 지붕은 실내를 어둡게 하지만 철골과 유리로 천장을 만들었기에 실내는 환하다. 채광에 전혀 문제가 없다. 비가 오는 날에도 파사주는 비에 젖지 않은 채 사람들을 어슬렁거리게 만드는 파리의 새로운 시설이다. 유럽 도시 어디에도 파리처럼 파사주가 많은 도시는 없다. 파리가 파사주이고 파사주가 파리라 할 정도로 파리 도심엔 파사주가 거미줄처럼 퍼져 있다.

파사주는 진보라는 이념이 시각적 대상물로 나타난 공간이었다. 베르사유와 파리의 궁전을 장식하던 예술은 이제 자본주의적 상품에 매혹적인 외양을 부여하기 위해 동원되기 시작했다. 파사주의 상품은 사용가치에 충실한 기능적 물건에 머물지 않는다. 기능에서 더 나아가 심지어 아름답다. 동시대인들은 지치지 않고 상품 미학의 전당 파사주를 찬양했다. 산업의 사치를 위해 발명된 이 파사주의 지붕은 유리로 씌워지고, 대리석 벽으로 된 통로가 건물의 모든 구역까지 이어져 있다. 천장에서 빛을 받는 파사주 양측에는 극히 호화스러운 상점들이 들어서 있기에, 파사주는 하나의 도시, 축소된 세계가 된다. 최초로 가스 조명이 시도된 것도 이 파사주 안에서였다.

산책자 벤야민은 지금 파사주 안에 있다. 그를 따라 안으로 들어간다. 그는 파사주 속에서 하나의 군중이 되어 다른 군중들을 물끄러미 바라본다. 그와 함께 파사주를 산책한다. 1779년 파리에 최초로 문을 연 파사주이자 에밀 졸라의 소설 『나나』의 배경이기도 한 파사주 드 파노라마 Passage de Panorama 는 갤러리 생 마르크 Galerie St. Marc, 갤러리 데 바리에테 Galerie des Variétés, 갤러리 페이도 Galerie Feydeau 와 연결돼 있어서 파리의 산책자는 비 오는 날에도 파사주에서 파사주로 이어지는 도시산보를 할 수 있었다. 1825년엔 파사주 뒤 그랑 세르프 Passage du Grand Cerf, 다음 해엔 갤러리 베로 도다 Galerie Véro-Dodat 와 갤러리 비비엔느 Galerie Vivienne, 갤러리 콜베르 Galerie Colbert, 1836년엔 파사주 주프로이 Passage Jouffroy 가 들어섰는데 1847년에 만들어진 파사주 베르도 Passage Verdeau 는 파사주 주프로이와 연결되었다.

그러나 제2제정기에 접어들면서 오스망에 의한 파리 개조가 정점에 달하자 파리 시내 전역에 가스등이 보급되고 도로가 공공미

파사주 뒤 그랑 세르프(좌)와 파사주 베르도(우)

술에 의해 정비되면서 파리 사람들은 더이상 파사주를 필요로 하지 않게 되었다. 유행과 판매의 중심지였던 파사주는 낡고 영락하여 공동화空洞化되어버렸다. 에밀 졸라는 몰락한 파사주를 배경삼아 엽기적인 살인사건을 소재로 한『테레즈 라캥』*Thérèse Raquin*을 쓰기도 했다.

진보라는 시간의 최전선에 있는 것처럼 보였던 파사주도 영원히 시간의 맨 앞자리를 지킬 수는 없었다. 최신의 것은 또다른 최신이 등장하면 쇠락한다. 최신이라는 표현 자체가 삶이 한시적임을 예고한다. 19세기가 제공했던 최신 테크놀로지로 무장한 파사주, 한때 상품의 아름다움을 전시하는 최신 시설이었던 곳, 파리 사람들을 홀리던 곳, 파리 사람들로 하여금 어슬렁대며 쇼윈도우를 들여다보게 하던 상품물신성의 원초적 공간 파사주는 그보다

BHV 마레 백화점(좌)과 프렝탕 백화점(우)

더 최신의 기술로 무장한 백화점이 등장하면서 급격한 몰락의 길을 걷는다.

　도시 관상학자이자 탐정인 벤야민은 파사주라는 파리의 모나드^monad 속에서 모더니티의 알레고리^Allegorie를 발견하려 한다. 보들레르가 『악의 꽃』^Les fleures du mal을 통해 파리의 풍경에서 알레고리를 찾으려 했던 것처럼.

> 파리는 변해요! 한데 울적한 내 마음속에서는
> 움직인 게 하나도 없군요! 새 궁전들도, 비계들도, 돌덩이들도,
> 낡은 변두리들도, 모두가 내게는 알레고리로 바뀌니,
> 그리운 옛 생각들이 바위보다도 더 무겁군요.[21]

---

21. 샤를 보들레르, 『보들레르 시전집』, 167쪽.

파사주가 몰락할 즈음 파리 곳곳에 백화점이 솟아올랐다. 1852
년에 르 봉 마르쉐^{Le Bon Marché}가 문을 연 이후, 루브르 백화점^{Grands}
^{Magasins due Louvere}이 1855년에 문을 열었다. 그 다음 해엔 BHV 마레
^{LE BHV Marais}, 1865년에는 오 프렝탕^{Au Printemps}, 1869년엔 사마리텐느
^{Samaritaine}, 그리고 1893년에는 갤러리 라파예트^{Galeries Lafayette}가 등장
했다. 파사주의 영광은 불과 100년도 가지 못해 백화점에 자리를
빼앗겼다. 하지만 백화점 역시 곧 영광을 잃었다. 파사주를 살해
한 백화점도 관광객에게 그저 그런 상품을 내놓고 파는 곳으로 전
락했다. 파리의 백화점엔 파리 사람이 없다. 이 역설을 보들레르는
모더니타라 했다. 벤야민을 따라 파사주에서 나온다. 이젠 몽마르
트 묘지로 갈 차례다.

스탕달의 거짓말엔 이유가 있다

프랑스는 파리이고 파리는 프랑스다. 그래서일까, 이름난 프랑스
인의 무덤은 대부분 파리에 있다. 몽마르트 묘지와 몽파르나스
^{Montparnasse} 묘지를 비롯하여 페르 라세즈^{Père Lachaise} 묘지에 이르기
까지 묘지들은 다양하고 그곳에 묻힌 유명인도 많아서 무덤 순례
하기에도 며칠이 필요할 정도다. 파리의 묘지에서 유명인의 무덤
을 찾는 건 숨바꼭질과도 같다. 묘지 입구에 안내판이 있지만 워낙
복잡해서 안내판만으로 찾는 사람의 묘지를 발견하기란 결코 쉬
운 일이 아니다. 도어스^{Doors} 리드 싱어 짐 모리슨^{Jim Morrison}이나 전

설의 샹송 가수 에디트 피아프는 페르 라세즈 묘지에서 워낙 찾는 사람이 많아 상대적으로 쉽게 찾을 수 있다. 하지만 사회학의 창시자 오귀스트 콩트^{Auguste Comte}의 무덤은 찾느라 30여분을 헤맸다. 물론 오귀스트 콩트의 무덤을 찾고 되돌아가는 길에 예상하지도 못했던 피에르 브르디외^{Pierre Bourdieu}의 무덤과 마주치기도 했지만.

묘지에서 유명인의 무덤을 찾을 때 주의사항이 있다. 워낙 많은 무덤이 있고, 유명인이라고 해도 묘석이 유달리 화려하지도 않기 때문에 잘못하면 근처까지 갔다가 지나칠 수도 있다. 게다가 본명과 필명을 잘 구별해야 한다. 어느 묘비든 죽은 사람의 본명이 가장 크게 씌어 있다. 몽마르트 묘지에도 앙리 베일^{Marie-Henri Beyle}이라고 크게 씌어진 묘지가 있다. 그냥 지나칠 수 있는 비석이다. 앙리 베일이라는 이름 밑 괄호 속에 적혀 있는 스탕달^{Stendhal}이라는 이름을 발견하지 못한다면.

본명이 아니라 스탕달로 알려져 있는 앙리 베일의 무덤은 몽마르트 묘지에 있다. 그의 묘비에는 이런 비문이 씌어 있다. "앙리 베일이라는 프랑스 이름으로 세례를 받고 외진 시골도시 그르노블에서 태어난 밀라노 사람 아리고 베일^{Arrigo Beyle}의 마지막 안식처." 그는 파리의 이방인인가? 어찌하여 그르노블에 태어난 그가 밀라노 사람이 되었고, 어떤 연고로 밀라노 사람 앙리 베일은 알프스 산맥을 넘어 파리에서 마지막 안식처를 찾았단 말인가. 몽마르트 묘지에서 앙리 베일의 비석을 세심히 읽은 사람은 뿌리 뽑힌 자, 고향에 돌아가지 못할 운명을 살았던 망명객 등의 이미지를 떠올릴 수 있다. 누군지 모르는 그 가련한 사람을 위해 잠시 묵념이라도 하고 묘지를 떠난 사람이라면 차라리 그가 스탕달임을 모르는 편이 나을지도 모른다. 속았다고 할 수는 없다. 사실 앙리 베일은 스탕달이지만, 스탕달은 앙리 베일이 아니기도 하니까.

앙리 베일은 소설을 써야겠다고 결심했고, 실제로 작품을 쓰기 시작했다. 그가 『적과 흑』을 쓰기 시작한 그날 이후 "앙리 베일은 죽고 다른 이름이 영원불멸의 삶을 시작한다. 그 이름은 스탕달이다."[22] 앙리 베일이라는 유한한 자연인이 불멸의 예술가로 전화轉化되는 순간이다. 앙리 베일의 무덤에 스탕달이라는 이름을 먼저 쓰지 않은 것은 논리적이다. 그곳에 묻혀 있는 사람은 자연인 앙리 베일이기 때문이다. 1842년 3월 22일 앙리 베일은 파리에서 죽었지만, 예술가 스탕달은 죽지 않았다. 그가 마지막에 기거하던 방에는 무수한 종이들, 메모들, 일기장이 널려 있었다. 그 종이뭉치는 앙리 베일의 유언장 집행자인 사촌 로맹 콜롱에게 건네졌고, 로맹 콜롱은 그것들을 그르노블의 도서관에 넘겨주었다.

시간이 흘러 1888년 11월, 오스망의 파리 개조에 의해 도시의 확장은 불가피해졌다. 외곽의 시골이었던 몽마르트와 시내를 연결하는 직선 도로가 필요했는데 그 도로는 몽마르트 묘지를 지나가야 했다. 죽은 사람의 묘지가 산 사람을 방해했다. 직선 도로는 필요했지만, 무조건 무덤을 파헤치기에는 왠지 찜찜했다. 살아 있는 사람은 죽은 사람과 타협안을 찾았다. 무덤을 파헤치는 대신 무덤 위를 건너가는 다리를 설치하기로 했다. 그래도 몇 개의 무덤을 파헤치는 것은 불가피했다. 몽마르트 묘지 4번째 줄의 11번째 구

---

22. 슈테판 츠바이크, 나누리 옮김, 『츠바이크가 본 카사노바, 스탕달, 톨스토이』, 필맥, 2005, 141쪽.

앙리 베일(스탕달)의 묘비.
'썼노라, 사랑했노라, 살았노라'고 씌어 있다

역에서 버려진 무덤이 발견되었다. 그 묘비에는 밀라노 사람 아리
고 베일이라 씌어 있었다. 베일? 누군가 베일을 기억해냈다. 그리
고 베일은 새로운 안식처를 찾았다. 그가 죽고 난 후 46년 후의 일
이다. 사후 46년, 베일의 무덤은 그렇게 잊혔다가 기적처럼 되살아
났다. 폐허로 전락한 베일의 무덤은 대부분의 죽은 자가 피해갈 수
없는 운명 때문이었다. 인간은 두 번 죽는다. 첫번째 죽음은 생물
학적 죽음이다. 비록 생물학적으로 죽었다 하더라도, 그를 기억하
는 누군가가 있는 한 죽은 자는 완전히 죽지 않았다. 그가 완전히
그리고 다시 한번 죽는 순간은 죽은 자를 기억하는 사람이 아무도
없어 무덤을 돌보는 이조차 없을 때 찾아온다.

몽마르트를 관통하는 도로가 건설되지 않았다면
스탕달은 영원히 잊혀졌을지도 모른다

베일은 두번째 죽음에서 부활했다. 우연의 일치일까. 그가 두번째 죽음에서 부활하던 무렵, 폴란드의 언어학자 스트리엔스키가 그르노블 도서관에서 빈둥대던 중 2절판 노트 원고를 발견했다. 그는 스탕달의 원고를 읽었고, 출판업자를 찾아가 잊혀진 스탕달 원고의 출판을 설득했다. 몽마르트에서 스탕달의 무덤이 발견되던 날 그루노블 도서관에 처박혀 있던 원고 역시 부활했다. 스탕달의 일기는 그렇게 세상에 모습을 드러냈다.[23] 스탕달은 1821년부터 자신의 묘비에 뭐라고 적을지를 골똘히 생각했다. 세상을 떠나기 무려 20여년 전부터. 그는 '이곳에 잠들다'란 비문 대신 '밀라노 사람 앙리 베일, 그는 썼노라, 살았노라, 사랑했노라'를 선택했다. 하지만 세월이 지난 후 사람들은 스탕달이 정한 단어의 순서를

23. 같은 책, 147쪽.

'썼노라, 사랑했노라, 살았노라'로 바꾸었다. 스탕달의 유언 집행자인 로맹 콜롱이 스탕달이 구상한 비문을 조금 고치는 게 좋겠다고 판단하곤 그렇게 바꾼 것이다.

이제 예술은 무엇을 지향해야 하는가?

베르사유의 예술가는 무엇을 위해 예술을 하는지 스스로에게 묻지 않아도 된다. 궁정예술가에겐 따르기만 하면 그만인 궁정예술의 규칙이 제시되기 때문이다. 궁정 밖의 예술가는 무엇을 지향해야 하는가? 모차르트는 그 답을 찾다 일찍 세상을 떴다. 그 질문을 스탕달이 물려받았다. 스탕달은 자신은 귀족을 위해 예술을 하지 않겠다고 결심했다. 그는 특정한 사람을 원했다. "스탕달은 자신이 살았던 시대를 훌쩍 뛰어넘어 그들 행복한 소수, 밑줄을 그어주지 않아도 책을 읽을 수 있는 귀 밝고 눈 밝고 이해가 빠른 사람들, 모든 신호와 눈빛을 마음의 본능으로 이해하는 사람들을 위해서만 책을 썼고, 그들에게만 자신의 감정의 비밀을 털어놓는다."[24] 그는 귀족을 원하지 않았다. 그는 새로운 사람을 원했다. 스탕달은 그런 사람을 찾았지만 결국 만나지는 못했다. 그가 찾던 사람에 가장 부합하는 인간 유형인 보들레르는 스탕달보다 늦게 태어났다. 스탕달이 죽었을 때[1842] 보들레르는 아직 데뷔도 하기 전이었다.

  자신이 찾는 사람을 아직 만나지 못했기에 그가 취할 수 있는 방

---

24. 같은 책, 156-157쪽.

법은 시대와 거리를 두는 것뿐이었다. 그는 자신을 재구성해야 했다. 스탕달의 거짓말은 자신을 재구성하기 위한 수단이다.

시인으로서의 그는 아름다운 형식을 경멸하고 시민법을 진정한 시학으로 선언했다. 군인으로서의 그는 전쟁을 비웃었고, 정치가로서의 그는 역사를 무시했고, 프랑스인으로서의 그는 프랑스인들을 조롱했다. (…) 그는 계급, 종족, 지위, 조국 등의 그 어디에도 자신을 끼워 맞추지 않을 때 행복감을 느꼈다. 노예 같은 무리에 끼어 성공을 향해 넓은 길을 무거운 발걸음으로 느릿느릿 걷기보다는 두 다리를 가진 역설적인 존재로서 자기 발로 자기 길을 산책하듯 걸을 때 그는 더욱 감동을 느꼈다. 차라리 뒤처지는 것이, 차라리 아웃사이더로 홀로 있는 것이 더 낫다.[25]

앙리 베일은 자신을 부정하고 스탕달로 재구성해내야만 했다. 그는 죄책감을 느끼지 않았다. 세속의 눈으로 앙리 베일이 스탕달인 척하는 것은 거짓말이었겠으나, 스탕달이 된 앙리 베일에게 그것은 거짓말이 아니라 예술가가 자신의 시대에 응대하는 방법이었기 때문이다. 스탕달은 죽지 않았다. 아니 앞으로도 스탕달은 죽지 않을 것이다.

---

25. 같은 책, 158쪽.

1874년 4월 15일, 그들이 한자리에 모여 우정을 나누던 날의 파리

오스망 남작에 의한 파리 대개조에 의해 파리와 프랑스의 다른 도시를 연결하는 기차역이 파리 곳곳에 등장했다. 클로드 모네^{Claude Monet}의 연작으로 유명한 생 라자르 역^{La gare Saint-Lazare} 역시 그 중의 하나이다. 모네가 연작 그림에서 그렸던 유리와 철골 구조의 천장은 지금도 여전하다. 쉴새없이 기차를 타고 내리는 생 라자르 역의 군중을 뒤로하고 유럽다리를 향해 발걸음을 옮긴다.

　로마거리^{Rue de Rome}를 따라 걷다가 오른쪽으로 방향을 틀면 귀스타브 카유보트^{Gustave Caillebotte}의 그림에 등장하는 '유럽다리'가 등장한다. 모네 역시 그림에 담았던 유럽다리의 모습은 변했고, 그 시절처럼 기차를 구경하는 사람은 더이상 없다. 유럽다리를 조금 지나자마자 1870년부터 1878년까지 에두아르 마네^{Édouard Manet}의

카유보트 「유럽다리」

아틀리에가 있던 상트페테르부르크 대로^{Rue de Saint-Petesbourg} 4번지가 나온다. 마네의 아틀리에를 조금 지나자마자 익숙한 풍경이 등장한다. 카유보트의 「파리의 거리, 비 오는 날」의 배경이 된 거리 풍경이다. 그림 속 돌이 깔린 도로는 아스팔트로 바뀌었고 사람들의 옷차림도 변했지만 건물은 그대로다. 사거리에서 왼쪽으로 방향을 꺾어 조금 걸어가면 바티뇰^{Boulevard des Batignolles}거리 34번지에 도착한다. 1층에 약국이 있는, 파리에서 흔한 양식의 건물이다. 앙리 팡탱-라투르^{Henri Fantin-Latour}의 그림 「바티뇰의 스튜디오」¹⁸⁷⁰에 그려진 라투르의 스튜디오가 있던 자리이다.

라투르의 그림을 보면서 바티뇰 거리에 모인 예술가를 하나씩 떠올려본다. 그림 속에 마네가 있다. 마네는 이젤 앞에서 어떤 남자를 그리고 있다. 모델은 작가 이스트루다. 마네의 이젤을 보고 있는 사람이 화가 피에로 오귀스트 르느와르^{Pierre-Auguste Renoir}이다.

팡탱-라투르 「바티뇰의 스튜디오」

프레데리크 바지유 「콩다민 가의 화실」

르느와르 옆의 소설가 에밀 졸라^{Émile Zola}는 다른 곳을 보고 있다. 졸
라는 누굴 보고 있을까? 관람객과 눈이 마주치는 사람은 바지유의
친구이자 아마추어 음악가 에드몽 메트르^{Edmond Maitre}이다. 그림으
로 봐도 엄청 키가 큰 인물은 프레데리크 바지유^{Frédéric Bazille}, 그 뒤
에 모네가 보인다.

라투르 그림 속에 등장하는 바지유는 같은 해에 또다른 집단 초
상화 「콩다민 가의 화실」을 그렸다. 「바티뇰의 스튜디오」에 나왔
던 인물 중 상당수가 다시 등장한다. 계단 위의 졸라는 계단 밑의
르느와르와 대화를 하고 있다. 껑다리 바지유가 어떤 그림을 보여
주고, 모네와 마네가 그 그림을 보고 있다. 에드몽 메트르는 오른
쪽 구석에서 피아노를 치고 있다.

1842년에 죽은 스탕달은 혼자였는데, 제2제정기의 예술가들은

혼자가 아니다. 그들은 모여 살고, 비슷한 주제의 그림을 그리고 서로의 그림을 보여주고 논평하는 사이다.

마네의 1862년 그림 「튀일리에서의 음악회」에서도 예술가 사이의 네트워크를 확인할 수 있다. 특이하게도 마네는 자신을 중심이 아니라 왼쪽 가장자리에 배치했다. 그림에는 마네 주변의 사람이 모두 등장한다. 마네 옆에 외알 안경에 지팡이를 집고 서 있는 인물은 동물화와 풍속화를 주로 그린 발루아 백작 알베르다. 그 옆의 턱수염의 인물 역시 마네의 친구이자 시인·평론가인 자샤리 아스트뤼크다. 그들 뒤에는 라투르의 「들라크루아에게 보내는 경의」에도 등장하는 평론가 쥘 샹플뢰리와 오렐리앵 숄이 있다. 회색 턱수염에 빨간 모자를 쓴 마네의 아버지, 마네의 피아노 선생이자 나중에 아내가 된 쉬잔 렌호프도 보인다. 작곡가 오펜바흐는 오른쪽으로 약간 떨어진 나무 앞에 앉아 있다. 그 앞에 왼쪽을 향해 돌아서 있는 인물은 외젠 마네(마네의 동생)이고, 그 오른쪽에 모자를 약간 벗어 들고 있는 인물은 화가 샤를 몽지노이다. 그림 속엔 라투르도 등장한다. 라투르의 오른쪽에서 대화에 열중해 있는 세 사람 가운데 오른쪽 인물은 미술품 수집가 테일러 남작이다. 테일러의 왼쪽 인물은 낭만주의 작가이자 평론가인 테오필 고티에인데, 젊은 예술가들을 신문·잡지에 소개했다.[26]

마네는 에밀 졸라의 초상화를 1868년에 그려 살롱전에 출품했다. 「졸라의 초상화」에도 역시 예술가들의 네트워크가 담겨 있다. 그림 속에서 에밀 졸라는 마네의 작품집을 읽고 있고 졸라가 앉아 있는 마네의 스튜디오의 한쪽 벽에는 벨라스케스의 그림과 스캔

26. 제임스 루빈, 김석희 옮김, 『인상주의』, 한길아트, 2001, 58쪽.

들을 불러일으킨 마네의 작품 「올랭피아」가 그려져 있다. 1867년 마네는 개인전 팸플릿에서 이렇게 말했다. "전통적 원칙이 옳다고 믿도록 길들여졌기 때문에 다른 원칙은 받아들이려 하지 않는다."[27] 하지만 1874년 4월 15일 파리에 모여 있던 이들은 그렇지 않았다.

아카데미 보 자르 Academie des Beaux-arts (국립미술학교)에 대응하려면 집단적인 움직임이 필요했다. 혁명으로 몰락한 중세 권력만큼이나 낡은 예술적 가치를 숭상하는 아카데미. 예술가들은 더이상 아카데미가 주최하는 살롱전에 출품했다 심사위원들의 미적 기준을 충족시키지 못한다는 이유로 울분을 참으며 탈락하길 원하지 않았다. 그들은 집단으로 항의하고 낙선전을 쟁취하며 아카데미가

---

27. 같은 책, 76쪽.

아니라 대중과 직접 만나는 채널을 확보했다. 1863년 살롱전 탈락에 항의하는 목소리가 커지자 나폴레옹 3세는 결국 낙선전 개최를 지시했고 그곳에 출품된 마네의 「풀밭 위의 점심식사」는 파리를 충격으로 몰아넣었다. 1865년, 낙선전을 의식해 살롱전에 전시된 마네의 「올랭피아」는 「풀밭 위의 점심식사」를 능가하는 논란을 낳았다. 무리를 지은 예술가들은 더이상 로마상^{Prix de Rome}을 받겠다고 살롱전에 출품하지 않았다.

1873년 모네와 파사로가 중심이 되어 '무명 화가 및 조각가, 판화가 협회'를 창설하고 전시회를 독자적으로 개최하기로 결정했다. 마침내 1874년 4월 15일 그들이 한자리에 모였다. 파리의 카퓌신 거리 35번지에 있던 사진작가 나다르^{F. Nadar}의 스튜디오에서 '독립전시회'가 열렸는데, 1870년 집단 초상화에서 얼굴을 보여준 상당수의 사람들이 이 전시회에 참가했다. 클로드 모네도 함께했다. 르느와르 역시 빠지지 않았다. 그들은 스스로를 보헤미안이라 불렀다. 보헤미안은 군집을 형성한다. 그들은 친구를 찾았고 집단

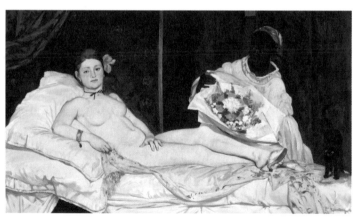

마네 「올랭피아」

을 형성했다. 보헤미안은 아카데미 보자르가 아니라 파리의 라탱지구quartier latin(파리 5구)를 안식처로 삼는다.

그들은 새로운 세계관을 제시한다

부르주아의 시대가 등장했지만 보헤미안은 부르주아적 가치관을 거부한다. 푸치니의 오페라「라 보엠」의 원작 소설 작가인 앙리 뮈르제Henri Murger는 라탱지구의 보헤미안을 세 종류로 구분했다. 첫번째는 몽상가 집단이다. 이들은 아마추어 예술가로 대부분 가난하며 굶어 죽기도 한다. 두번째 유형의 보헤미안은 유행 따라 보헤미안 생활을 선택한 자들이다. 일단 그 생활을 맛보고 나면 다시 부르주아 생활로 복귀한다. 세번째 유형은 예술가 보헤미안이다.[28] 파리의 부르주아가 부의 축적을 지상 최대의 목표로 삼고 있다면, 보헤미안은 부르주아의 이런 태도를 속물성이라 비판하고 최대한 거리를 둔다. 시간은 돈이라고 생각하는 부르주아와 달리 보헤미안들은 모든 점에서 부르주아적 사생활의 반대모델이었다. "우선, 시간 그리고 공간과 맺는 관계 면에서 부르주아들과는 정반대였다. 야행성 생활을 하며 규정된 스케줄도 없었다. 보헤미안들은 시계가 없었다. 긴밀한 사회성을 지녔으며 그 무대는 도시, 살롱, 카페, 거리였다."[29]

---

28. 김복래,『파리의 보헤미안과 댄디들』, 새문사, 2010, 66쪽.
29. 미셸 페로, "주변적 인물: 독신자와 외로운 사람들", 필립 아리에스/조르주 뒤비 편집,
    전수연 옮김,『사생활의 역사 4』, 새물결, 2002, 428쪽.

카페는 예술가들의 보금자리였다. 보헤미안에겐 카페가 필요했다. 카페라는 공간에서 그들은 반부르주아적 태도를 전시했다. 자신의 집에서 반대한다고 해도 아무 소용없다. 반자본주의적 태도는 전시되어야 하고 남의 눈에 띄어야 한다. 보헤미안의 삶을 지켜보는 증인도 필요했는데 증인 역시 카페에 있었다. 베를렌은 카페 볼테르Voltaire와 플로뤼스Fleurus에서 시간을 보냈고, 랭보는 카페에서 압생트를 마셨다.[30] 보들레르는 카페 랑블랭Café Lemblin의 단골손님이었고, 친구 이폴리트 바부가 보들레르에게 새로운 시집의 제목 '악의 꽃'을 조언해준 곳도 바로 이 카페였다. 나다르는 카페 드 뢰롭Café de l'Europe에서 권태를 달랬다."[31]

궁정예술가였다 혁명이 일어나자 재빨리 공화주의자로 변신한 후 또 다시 나폴레옹의 궁정예술가가 된 자크 루이 다비드Jacques-Louis David와 보헤미안을 자처하는 예술가들은 다르다. 자크 루이 다비드처럼 이들은 영웅 나폴레옹을 역사에 남기고 청송하기 위해 그림을 그리지 않는다. 이들은 '역사'가 아니라 '현대'를 그림의 소재로 삼는다. 당대의 일상을 화폭에 담는다는 점에서 보헤미안 집단을 이룬 이들은 모더니티를 추구하는 현대의 화가였다. 궁정화가의 눈에는 그릴 가치가 없어 보였던 도시민의 일상이 그림에 담긴다. 그들이 카페의 단골손님이었기에, 도시적 삶의 핵심을 이루는 카페를 그냥 지나칠 수 없다.

카페의 주역은 압생트다. 지금의 카페를 상상하면 안 된다. 그들이 터를 잡았던 카페는 영국의 펍이나 한국의 선술집에 가깝다.

30. 크리스토프 르페뷔르, 강주헌 옮김, 『카페의 역사』, 효형출판, 2002, 137쪽.
31. 같은 책, 143쪽.

드가 「압생트」(좌), 마네 「압생트를 마시는 사람」(우)

상품의 아름다움을 추종하는 사람들은 백화점을 자신의 터전으로 삼지만, 동시대의 아름다움을 그리려는 이들에게는 카페가 가장 적절한 장소다. 예술가만 카페의 단골손님은 아니다. 카페에는 제2제정기의 경제적 번영에서 밀려난 고단한 사람들이 모인다. 집으로 돌아가기 전 카페에 들러 초록빛 요정이라 불렸던 압생트를 한잔 마시는 것이 그들 삶의 최대의 위안이다. 당대의 예술가는 이 현대성을 놓치지 않는다. 예술가들 본인이 압생트의 팬이었다. 반 고흐는 압생트에서 새로운 색을 찾아냈고 압생트를 정물화로도 그렸다. 압생트 한잔을 테이블에 두고 있는 드가의 카페 그림에 등장하는 한 여인이 바로 그가 그린 「다림질하는 여인」일 수 있다. 다림질하는 여인은 집에 가기 전에 하루의 고단함을 압생트로 달랜다. 그 옆에서 압생트를 주문하고 앉아 있는 또 한 남자는 카유보트의 「마루를 대패질하는 인부들」에 등장하는 남자일 수 있

카유보트 「마루를 대패질하는 인부들」

다. 카페 주인은 손님이 오면 "그걸 드릴까요?"라고 물었다. 구태여 압생트란 이름을 거론할 필요조차 없었다. "그걸 드릴까요?"라고 물으면 그저 고개를 끄덕이는 것으로 충분했다.[32]

세상에 불만을 품는 자가 모이는 곳: 예술가의 흔적, 파리의 라탱지구

카유보트는 창밖을 내다보는 남자의 그림을 유독 많이 그렸다. 그림의 주인공은 부르주아 남성이다. 전형적인 오스망식 아파트, 그 중에서도 로얄층인 2층의 발코니, 그 발코니에서 남자는 밖을 내다본다. 파리는 화려하다. 그러나 그들의 뒷모습은 뭔가 만족스럽지 않아 보인다. 부르주아의 화려함은 그들을 만족시켜주지 못하

---

32. 같은 책, 176-177쪽.

는 것일까? 그들의 시선은 아파트 2층 실내에 머무르지 않고 왜 밖을 향하는가? 카유보트의 그림을 보고 있으면 자꾸 위고의 소설 『레미제라블』의 주인공 마리우스가 생각난다. 그는 부르주아 출신이다. 하지만 부르주아의 안락한 삶에 만족하지 못한다. 마리우스는 자신을 부르주아적 가치를 부정하는 도구로 삼는다.

자본주의가 팽창하면 자본주의적 물질의 풍요에서 오히려 권태를 느끼는 사람들이 등장한다. 그들은 자신을 댄디^{Dandy}로 여겼다. 댄디는 기꺼이 보헤미안의 친구가 되고자 한다. 부르주아는 보헤미안 예술가의 삶을 미친 짓으로 치부하지만, 댄디는 보헤미안의 생활철학을 이해한다. 보헤미안이 부르주아의 속물근성을 비웃고 경제주의적인 탐욕으로 절대 도달하지 못하는 예술의 고고한 성을 쌓는 이유를 댄디는 충분히 이해한다. 댄디 또한 부르주아의 삶

카유보트 「창가의 젊은 남자」

에서 권태를 느끼고 있다. 오페라 가르니에의 부르주아적 아름다움, 백화점에 전시된 상품화된 아름다움에 만족하지 못한 이들은 부르주아의 아파트를 벗어나 어떻게든 부르주아의 삶을 지배하는 '시간은 돈이다'라는 규칙을 위반할 궁리를 한다.

속물 부르주아는 시간을 아끼지만 댄디는 시간을 탕진한다. 댄디의 최대 적은 부르주아다. 댄디는 자신을 부르주아로부터 분리시키기 위해 최선을 다한다. 영국 댄디의 대표자 브러멜^{Beau Brummell}은 의복으로 부르주아와 거리를 두었다. 성공한 부르주아, 돈을 번 부르주아는 어떤 옷을 입어야 할지 판단할 수 있는 미적 감각이 없다. 안목이 없는 속물 부르주아는 결국 자신들이 부정했던 귀족을 따라한다. 브러멜은 귀족의 의복을 흉내내서 사치스럽고 현란한 무늬가 들어간 옷을 입는 부르주아를 경멸했다. 대신 그는 댄디만의 새로운 미적 기준을 제시한다. 언제나 완벽하게 손질된, 장식 없는 어두운 청색코트, 흰색 린넨셔츠와 정교하게 맨 넥타이는 댄디가 제시하는 새로운 미적 표준이다. 브러멜이 댄디의 외모를 만들었다면, 보들레르는 댄디를 내면화하여 외면과의 통일을 완성한다. 그는 부유한 부르주아 가문에서 태어났으나, 보헤미아 세계와 파리의 청년 문화에 연루되었고 1848년 프랑스 혁명에 열렬히 참가했다. 외교관이 되길 원했던 가족의 기대와 달리 그는 라탱지구의 가난한 예술가가 되었다.

그는 가난하지 않았는데 가난해졌다. 처음부터 가난한 것처럼 보이지는 않았다. 돈은 아무나 갖지 못하는 행운이다. 그 행운을 사용하는 방법도 제각각인데 어떤 이는 더 많은 부를 위한 수단으

댄디의 삶을 살았던 보들레르.
사진가 나다르가 찍은 모습

로 쓴다. 그러나 보들레르와 같은 영혼은 다른 목적으로 쓴다. 그는 행운을 예술품 수집의 수단으로 사용했다. 적지 않은 돈을 물려받았음에도 불구하고, 예술품을 사들이는 데 지나치게 몰두했다. 그는 부자로 태어난 행운을 타고났기에 가난해졌다. 그랬는데도 그의 가난은 그를 궁핍으로 몰아가지 못했다. 그는 가난했는데도 오히려 우아해졌다. 그는 2시간 이상을 들여 단장하지 않으면 외출하지 않았다. 댄디적 삶이란 본래 그런 것이다. 댄디는 직업을 거부한다. 부르주아의 가치관과 거리를 두려 하기 때문이다. 부르주아가 탐욕을 전시한다면 댄디는 미를 전시한다. 댄디의 본업은 우아함이다.

보들레르는 남루한 옷을 입지 않았다. 때로 옷이 해졌을지라도 그는 항상 하얗게 세탁하고 칼라를 제대로 세워 입었다. 가난한 자의 희고 깨끗한 셔츠, 이것은 쉽게 조화될 수 있는 것이 아니다. 댄디였던 그는 이 부조화를 이뤄냈다. 우아한 복장의 추구는 댄디의 귀족주의적 정신의 상징이라고 생각했고 이를 실행으로 옮겼다.[33] 비싼 옷을 입는 것과 우아하게 입는 것은 다르다. 돈만 많다면 누구든 파리의 봉 마르쉐나 갤러리 라파예트에서 최고가의 최신 유행 상품을 구입할 수 있다. 옷은 수동적이지 않다. 누가 어떻게 입느냐에 따라 백화점을 떠난 옷의 운명은 달라진다. 우아함은 취향의 문제이다. 돈이 있다고 우아함이 저절로 얻어지지 않는다. 우아함은 속물적 삶과 거리를 두고, 댄디적 취향을 오랜 세월 유지한 후에야 습득되는 아비투스habitus에 가깝다.

부자는 댄디가 될 가능성이 높지만, 모든 부자가 댄디가 되진 못한다. 어떤 부자는 속물적 취향을 제압하는 우아함을 갖추지 못했기에 벼락부자 스타일을 벗어나지 못한다. 발자크가 정의한 우아함을 떠올려본다.

새로운 사람이 등장했다. 그는 의복 및 장신구에 대한 취향이 훌륭하다. 그는 손님 접대를 매우 능숙하게 했다. 그가 함께하는 사람들은 거칠지 않고 세련되었다. 그는 아주 훌륭한 저녁을 대접했다. 그는 유행과 패션, 정치, 신조어 그것들을 자신이 만들어내기까지 했다. 끝으로 그가 가지고 있는 모든 것은 어김없이 안락하고 쾌적한 것이었다. (…) 그는 시대와 동일선상에서 걷는다. 우아하지도 않고 불쾌하지도 않은 당신 같은 사람은 그에게서 어떤 무례한 말도 찾아내지 못할 것

---

33. 윤영애, 『지상의 낯선 자 보들레르』, 민음사, 2001, 197쪽.

로댕의 발자크 상. 라탱시구에 있다

이다. 그리고 그에게서는 우아하지 않은 어떤 제스처도 새어나오지 않는다. 이런 식의 묘사는 끝이 없을 것 같다. 이 사람은 충분히 우아하다.[34]

발자크가 묘사한 우아한 사람의 모습을 파리의 어디에서 발견할 수 있을까? 파리의 몰락한 파사주도 아니고, 오페라 가르니에도 아니고, 갤러리 라파예트도 아니다. 거기엔 주로 부자이기만 한 속물적 부르주아가 있는 곳이다. 우아한 사람은 라탱지구를 거처로 삼는다. 부가 꼭 우아함을 보장하지 않기에, 가난하더라도 우아할 수 있기에 라탱지구에서는 계급적 구획이 무력화된다. 또한 그곳은 자본주의적 관계의 냉정함이 예술적 취향의 뜨거움에 의해 일시 정지되는 곳이다. 우아함은 상점에서 판매되지 않기 때문이

---

34. 오노레 발자크, 고봉만 옮김, 『우아한 삶에 대하여』, 충북대학교 출판부, 2016, 58쪽.

다. 라탱지구에 모인 우아한 사람들은 새로운 생활양식을 창조한다. 단지 아름다운 그림을 제작하는 화가가 아니라 새로운 생활양식을 창조하는 사람, 자본주의적 확장 가운데 비자본주의적 생활양식의 가능성을 탐구하는 사람, 그래서 이들은 현대의 예술가가 되는 것이다.

파리의 호텔 비롱 그리고 호텔 이스트리아

20대 후반 파리에 처음 왔을 때 이름은 정확하게 기억하지 못하지만 생 미셸 어딘가에 있는 호텔에 묵었다. 그리고 근처 어느 바에서 밤새 놀았다. 그때는 그게 가능했다. 베네치아의 리도 섬처럼 나에게 파리, 파리 중에서도 라탱지구는 젊은 시절을 기억나게 하는 거리이다. 그때는 몰랐다. 라탱지구가 보헤미안의 거리인 줄. 어찌보면 제대로 알지도 못하면서 제격의 장소를 정했던 것이다. 그때는 막연하게 보헤미안적 충동에 사로잡혀 있었다면, 이젠 닮고 싶은 작가들의 흔적에서 뭔가 자극을 얻고자 라탱지구를 찾는다.

　특히나 부모님과 이별을 한 이후 뭔가 전환점이 필요했던 나, 『인생극장』을 썼으나 글쓰기로도 채우지 못한 어떤 결여를 채우고자 다시 파리에 가야겠다고 결심했을 때 주저하지 않고 라탱지구에 머무르리라 생각했다. 라이너 마리아 릴케도 그랬다. 『말테의 수기』를 출판한 이후, 릴케는 무력감에서 헤어나지 못했다. 릴케는 말테를 통해 하고 싶은 말을 이미 다 쏟아버렸는지도 모른다.

살로메에게 보내는 편지에서 밝힌 것처럼 "적절하지 못한 내면적 상황 때문에 안정된 자세"를 상실한, "자제력을 잃어버린 말이 내 팽개친 그리고 때때로 안장의 등자(발걸이—인용자)에 매달린 채 딸려갈 수밖에 없는 상황에 놓인" 그런 사람[35]으로 릴케가 헤어나오지 못했던 위기, 그 위기에서 벗어나기 위해 릴케에게는 다른 현실이 필요했다. 마침 릴케는 1910년 말 북아프리카와 이집트로 가는 여행에 초대받았다. 주저하지 않고 떠났다. 파리에서 릴케는 클라라에게 이런 편지를 보냈다. "이번에는 분명히 가능한 한 멀리 여행해야 한다는 것을 분명하게 느끼고 있어요. 내 작은 집을 열어둔 채 여기 남겨둔다는 게 아주 마음에 들어요. 책들은 거기에 있게 되겠지요. 사람들은 어떻게 다시 돌아오게 될까요?"[36]

1910년 11월 18일 파리의 바렌느가 77번지에 있는 호텔 비롱에서 릴케는 이 편지를 보냈다. 그리고 『아라비안 나이트』 한 권을 들고 이집트로 떠났다. 2019년 서울의 현실이 싫어 파리로 떠나는 사람에게 릴케가 이집트로 떠나면서 편지를 썼던 호텔 비롱은 매혹적이다. 릴케가 또다른 현실을 찾아 떠났던 호텔 비롱에서 나도 탈출구를 찾을 수 있을지 모른다. 반대로, 직시하고 싶지 않은 나의 현실이 다른 누군가에게는 탈출구를 제공할 수도 있다. 이렇게 우리는 서로의 현실을 탐하기도 하고, 서로의 현실을 잠시 내어주기도 하며 삶을 살아간다. 그러나 때로 나와 누군가 사이에 시간의 격차가 있다면, 누군가의 현실의 힘을 빌려 현실에서 벗어나고자 하는 시도는 예기치 않은 좌절에 이르기도 한다. 릴케의 호텔 비

---

35. 라이너 마리아 릴케, 정현규 옮김, 『릴케의 이집트 여행』, 문학판, 2015, 128쪽.
36. 같은 책, 50쪽.

예술가들의 단골 호텔이었던 호텔 이스트리아

롱에 가고 싶었다. 호텔 비롱에서 서울을 떠날 수밖에 없었던 현실
에 대해 무엇인가 보잘것없는 글이라도 끄적이고 싶었다. 그러나
호텔 비롱은 일반 숙박객을 받지 않는 로댕 박물관이 되어 있었다.
다른 곳이 필요했다.

　정수복의 책에서 파리로 몰려든 예술가들이 주로 묵었던 호텔
이스트리아를 알게 되었다. 혹시 지금은 사라지지 않았을까 조바
심을 내며 호텔 예약 사이트에서 이스트리아를 검색했다. 검색 결
과 예약이 가능한 호텔이었다. 주저하지 않고 예약했다. 호텔 이
스트리아가 릴케의 호텔 비롱이 되어주길 기대하면서. 파리의 몽
파르나스Montparnasse역 근처 뤽상부르Luxembourg 공원이 멀지 않은
곳, 파리의 예술을 동경하는 사람이라면 누구나 한번 마음에 품었
을 라탱지구 근처의 이스트리아. 오른쪽 외벽에 그 호텔을 거쳐간
예술가의 이름이 적힌 석판이 걸려 있었다. 불어를 읽을 수 없지

만 정수복이 자신의 책에 그 석판의 내용을 번역해서 실었다. 그 대로 인용한다. "1920년대 예술가들의 활동이 활발하던 시기에 이 호텔에는 화가 프랑시스 피카비아[Francis Picabia], 마르셀 뒤샹[Marcel Duchamp], 모이즈 키슬링[Moise Kisling], 사진작가 만 레이[Man Ray], 몽파르 나스의 모델 키키[Kiki], 작곡가 에릭 사티[Éric Satie], 시인 라이너 마리아 릴케[Rainer Maria Rilke], 트리스탕 차라[Tristan Tzara], 블라디미르 마야콥스 키[Vladimir Mayakovskii], 루이 아라공[Louis Aragon]과 엘자 트리올레[Elsa Triolet] 등이 머물렀다."[37]

정수복은 친절하게 호텔 로비의 객실 요금표 앞장에 실린 이스 트리아 호텔의 유명 예술인에 관한 계보도 번역했다.

1923년에서 1929년 사이 창조적 광란의 시대에 '이스트리아' 호텔 은 바로 인접한 옆집에 아틀리에를 가지고 있던 만 레이가 즐겨 찾았 던 곳이다. 그는 1923년 이 동네에 훗날 몽파르나스의 여왕이 된 그의 정부 키키와 함께 이사왔다. 마르셀 뒤샹은 이곳에서 잔 레제와 인연 을 맺었는데 그녀의 발작적 히스테리는 온 호텔을 흔들어놓았다. 트 리스탕 차라는 호텔의 채색 유리로 된 정문 앞을 네 발로 기어다녔는 데 그건 밀린 방값을 내지 못하는 데 대한 적절한 이유를 찾지 못했기 때문이다. 프랑시스 피카비아와 에릭 사티는 이곳에서 사람들을 만나 사교활동을 벌였다. 제르멘 에벌링은 몽유병 상태에서 요정을 추적하 던 옆방의 화가 키슬링이 계단에서 굴러 떨어지는 소동에 종종 잠을 깨곤 했다. 엘자 트리올레는 클로즈리 데 릴라 식당에서 루이 아라공

---

37. 정수복, 『파리의 장소들』, 문학과지성사, 2010, 239쪽.

을 만나기 전까지 이곳에서 살았다. 엘자 트리올레가 이곳을 피난처 삼아 살러 왔을 때 마야콥스키도 이 호텔에 닻을 내렸는데 그는 엘자의 여동생 릴리 브릭의 연인이었다.[38]

호텔 비롱이 아니어도 괜찮다. 이스트리아면 충분하다. 아니 과분하다. 호텔에 도착하여 2층 방을 배정받았다. 프런트의 직원은 서툰 영어로 그 방에 루이 아라공이 묵었다고 했다. 호텔 침대에 누워 이 호텔에서 잠을 청했던 그들의 이름을 하나씩 불러본다. 그리고 은밀히 희망도 속삭인다. 그들의 에너지를 물려받았으면 좋겠다고.

그 호텔이 근사할 것이라고 착각하지는 말자. 이름만 대면 누구나 알 수 있는 유명인이지만, 그 시절 그들 중 누구 하나 인정받은 작가는 없었다. 그러니 몽파르나스의 이 호텔은 할리우드 스타가 파리에서 선택하는 럭셔리한 '루브르 호텔'과 다르다. 가구는 소박하다. 호텔이라기보다 기숙사를 연상시키는 디자인의 가구가 놓여 있다. 샤워 부스는 언제 설치되었는지 짐작하기 어려울 정도로 낡고 좁다. 그래도 좋다. 이스트리아 호텔에서 한때 묵었던 라이너 마리아 릴케의 책 『릴케의 이집트 여행』을 읽어본다. 릴케는 '오리엔트'에 매혹되었다. 그는 기원전 2154년에서 1991년 사이에 씌어졌다고 추정되는 이집트의 파피루스를 읽었다. 삶에 지친 한 사람이 자신의 영혼과 나누는 상상의 대화가 적혀 있는 파피루스다. 기원전 2천년 전에도 인간은 지쳐 있었다. 삶에 지친 그 누

---

38. 같은 책, 239-240쪽.

군가는 자신의 영혼에게 푸념을 늘어놓는다. 현실에서 어떤 불만족도 찾아내지 못하는 사람은 '다른 곳'에 대한 동경도 없다. 현실이 펼쳐지는 장소에서 승리자이거나 권력자인 사람은 자신이 '노바디'가 되는 다른 장소가 필요하지 않다. 하지만 현실에서 승리의 찬가를 부를 수 없는 사람은 절실히 '다른 곳'을 원한다. 릴케에게 이집트가 그러했던 것처럼, 나에게는 파리가 충분히 '다른 곳'이다. '다른 곳' 파리에서 충분히 '노바디'가 되었다고 느낄 때, '노바디'만이 던질 수 있는 질문의 심연 속으로 파고들기로 한다. 호텔 이스트리아는 그 질문을 던지기 적절한 곳이다.

라탱지구의 헤밍웨이와 오웰

호텔 이스트리아를 나선다. 호텔 근처에 몽파르나스 묘지가 있다. 보들레르, 시몬 드 보부아르, 사무엘 베케트, 사르트르, 프루동과 에밀 뒤르켐이 거기에 있다. 묘지를 순례하는 것만으로도 에너지를 얻는다. 묘지를 나와 빅토르 위고의 『레미제라블』의 주인공 마리우스가 산책중에 장 발장과 코제트를 처음 만난 뤽상부르 공원 방향으로 발길을 옮긴다. 곳곳에 카페가 있다. 로댕의 발자크 동상이 있는 사거리에 헤밍웨이가 단골이었다고 알려진 카페 셀렉트 Café Select, 카페 르 돔Le Dome, 라 로통드Ra Rotonde, 라 클로즈리 데 릴라 La Closerie des Lilas가 있다. 카페 르 돔은 특히 미국인에게 인기가 있었다. 새로 생긴 카페 셀렉트는 미국식 바와 심야영업 등으로 몽파르나스의 또다른 명소[39]가 되었는데, 헤밍웨이의 취향에 잘 맞았을 것이다.

헤밍웨이는 1921년부터 1927년까지 파리에 살았다. 그해 12월 헤밍웨이는 갓 결혼한 아내 해들리와 함께 『토론토 데일리 스타』의 해외 통신원 자격으로 파리에 도착했다. 그는 파리에 살면서 1926년 『태양은 또다시 떠오른다』를 발표해 명성을 얻었다. 1899년생이니까, 20대를 파리에서 보낸 셈이다. 헤밍웨이는 무프타르 거리[R. Mouffetard]에서 콩트르에스카르프[Contreescarpe] 광장으로 이어지는 곳에 있는 카페 데자마퇴르[Café des Amateurs]와 집에서 가까웠던 클로즈리 데 릴라에서 글을 썼다. 세느 강 주변에 늘어선 헌책방 부키니스트[Bouquinistes]에서 책을 사기도 했는데, '셰익스피어 앤 컴퍼니'도 그의 단골 책방이었다.

작가는 글을 쓰는 자신의 모습도 놓치지 않고 글감으로 삼는다. 헤밍웨이는 이렇게 회상한다. "그곳은 따듯하고 친절하고 기분 좋은 카페였다. 나는 비에 젖은 내 낡은 외투를 말리려고 옷걸이에 걸어놓고, 역시 비에 젖은 오래된 내 중절모를 긴 의자 위의 모자 걸이에 걸어놓은 다음, 웨이터에게 카페오레 한잔을 주문했다. 그리고 상의 주머니에서 공책과 연필을 꺼내 글을 쓰기 시작했다."[40] 몰스킨 노트 애호가로 잘 알려졌으니, 그가 그 카페에서 꺼낸 공책은 몰스킨이었음이 분명하다. 당연히 연필은 팔로미노 블랙윙이었을 것이다. 그는 단 하나의 문장, 하지만 진실한 문장을 노트에 적고 싶어했다.

39. 메리 매콜리프, 최애리 옮김, 『파리는 언제나 축제』, 현암사, 2020, 240쪽.
40. 어니스트 헤밍웨이, 주순애 옮김, 『파리는 날마다 축제』, 이숲, 2012, 12쪽.

헤밍웨이가 즐겨 찾았던 카페 '클로즈리 데 릴라'

　파리의 헤밍웨이는 우리가 알고 있는 그 헤밍웨이가 아니다. 그는 몽파르나스의 작은 출판사에서 단편집과 시집을 출간했으나 생활비도 벌지 못할 정도로 인정받지 못한 작가에 불과했다. 그는 낙심과 싸우고 있다. 인정받은 작가 헤밍웨이가 아니라, 매번 출판사로부터 거절 편지를 받지만 글쓰기를 포기하지 않는 작가 지망생 헤밍웨이를 파리에서 만난다. 그건 큰 위안이다. 인정받은 작가 헤밍웨이의 글을 읽으면 그처럼 쓸 수 없다는 생각에 좌절하지만, 작가 지망생 헤밍웨이를 만나면 누구나 겪을 수밖에 없던 절망의 시절을 확인하기에.

　파리의 거리를 계속 걷는다. 파리에서는 걸어야 한다. 걸어야 파리를 느낄 수 있다. 본격적인 더위는 아직 시작되지도 않았는데 30도가 넘는 폭염이 계속된다. 파리의 카페에는 에어컨이 없다. 에어컨이 절실한 여행객은 스타벅스를 찾는다. 파리에는 두 개의 공간이 병존한다. 하나는 유럽의 파리다. 또다른 파리도 있는데 그것은 미국화된 파리다. 한국의 여행객에게 유럽의 파리는 이국적이고 미국화된 파리는 익숙하기에 편하다. 더위가 심하면 이국적인 카페보다는 익숙한 스타벅스가 유혹적이다. 물론 헤밍웨이를 따라 한다고 몰스킨에 블랙윙 연필을 가지고 오긴 했지만, 가방에는 노트북도 들어 있다.

헤밍웨이와 비슷한 시기에 조지 오웰도 파리에 있었다. 오웰은 1927년 파리로 갔다. 헤밍웨이는 작가 지망생으로 왔지만, 오웰은 밑바닥 생활을 하기 위해 파리에 왔다. 1933년 오웰은 파리와 런던에서의 가난했던 생활을 그린 자전소설 『파리와 런던의 따라지 인생』을 발표했다. 파리는 자연인 에릭 아서 블레어 ^{Eric Arthur Blair} 이자 우리가 아는 작가 조지 오웰이 머물렀던 과도기의 공간이다. 포 드 페르 ^{Pot de Fer} 가에서 오웰은 1928년 무렵 약 18개월간 살았다. 포 드 페르 거리는 헤밍웨이가 1922년부터 살았던 카르디날 리무완느 ^{Rue de Cardinal Lemoine} 거리 74번지에서 멀지 않은 곳이다. 이곳의 분위기는 오스망식 대로가 있는 부르주아 파리와는 다르다. 경제적으로 넉넉하지 않은 보헤미안이 주로 출몰하던 라탱지구이기에 좁은 길 사이로 허름한 식당과 호텔이 빼곡히 들어서 있다.

가사노동을 직접 하는 사람은 여행이 설렌다. 남의 가사노동을 마치 당연하기라도 한 듯 누리기만 하던 사람은 여행에서 별 매력을 느끼지 못한다. 심지어 이들은 여행을 고행이라 생각한다. 여행을 떠나면 익숙한 집밥을 먹지 못하기 때문이다. 가사노동을 하는 사람은 여행에서 희열을 느낀다. 적어도 여행하는 동안은 가사노동에서 임시 유예되는 자유를 얻기에 그렇다. 게다가 여행은 세

포 드 페르 거리
조지 오웰이 파리에서 머물렀던 곳이다

상에서 가장 맛있다는, 남이 해주는 밥을 먹을 수 있는 기회이기도 하다. 여행 중 묵게 되는 호텔은 그래서 좋다. 현실에서는 불가능한 미니멀한 실내, 욕실을 어질러놓아도 외출하고 돌아오면 말끔하게 정돈되어 있으며, 호텔에서 침구를 누군가 정돈해주는 베딩 Bedding 은 가사노동에 지친 생활인을 초현실의 세계로 이끈다. 호텔에서 이 노동을 하는 사람은 철저히 보이지 않는다. 대체 외출하고 돌아온 후 깔끔하고 초현실적으로 베딩을 처리한 그 사람은 어디에 있는 것일까? 여행객에게 그 사람의 존재는 가려져 있다.

세상에서 가장 맛있다는, 남이 해준 밥을 먹기 위해 식당에 간다. 주문을 한다. 먹는다. 그리고 지불한다. 요리하지 않아도 되고, 식사를 마치고 설거지를 하지 않아도 되니 이 맛에 여행 오나 싶다. 대체 누가 이 요리를 했고, 식사를 마친 후 누가 이 식기를 처리할까? 여행객은 모른다. 헤밍웨이가 카페에서 글을 쓰며 '셰익스피어 앤 컴퍼니' 서점을 오갈 때 오웰은 그가 호텔 X라고만 밝힌, 당시 파리에서 가장 비싼 10개 호텔 중 하나에서 접시닦이로 일했다. 오웰은 1928년부터 파리에서 닥치는 대로 일을 하며 밑바닥 인생을 실제로 살았다. 보수는 형편없었고 노동시간은 가혹하게 길었다. 그 어떤 작가 혹은 관광객도 눈치채지 못하고 알지 못했던 파리의 밑바닥을 그는 파헤친다. 오웰은 관광객에 불과한 내가 알 수 없는 호텔 식당의 후면을 이렇게 묘사했다.

티끌 하나 없는 식탁보, 꽃병, 거울, 금박으로 장식한 천장, 벽 사이의 돌림띠, 천사가 그려진 식당에는 손님들이 한껏 차려입고 앉아 있는데, 나는 거기에서 불과 몇 미터밖에 떨어져 있지 않는 이곳의 구역질나는 불결함 속에서 일하는 것이다. 진정 구역질나는 불결함이었다. 저녁이 될 때까지 바닥을 쓸 겨를이 없었다. 음식물이 뒤범벅된 바닥을 우리는 미끄러지며 오갔다. 웃통을 벗은 열두 명의 웨이터들이 땀난 겨드랑을 보이면서 식탁에 앉아 샐러드를 뒤섞고 크림 병에 엄지손가락을 담갔다. 방 안에서는 음식물과 땀이 뒤섞인 더러운 냄새가 풍겼다. 찬장의 사기그릇더미 뒤쪽 구석에는 웨이터들이 훔쳐다놓은 너저분한 음식이 쌓여 있었다. 개수대는 두 개 뿐이었고, 설거지통도 없었다. 그래서 깨끗한 사기그릇을 가져내는 물에다 웨이터가 얼굴을 씻는 것은 해괴망측한 일이 아니었다. 하지만 손님들은 이런 광경을 보지 못한다. 식당 문밖에는 야자수 잎으로 만든 신발닦개와 거울이 걸려 있어서 웨이터들은 한껏 맵시를 내고 정결의 표본인 양 들

관광객으로 붐비는 빠리의 기페

어가곤 했다.[41]

　　파리의 카페엔 관광객이 넘쳐흐른다. 어딜 가나 관광객이다. 관
광객을 구별하는 방법은 간단하다. 그들의 목소리는 보통 파리 사
람들보다 높은 톤이고, 바디랭귀지를 많이 사용한다. 불어를 할 줄
모르는 관광객은 웨이터에게 손짓으로 말을 걸어야 하고, 손짓으
로 주문을 해야 한다. '갸르송'garçon(소년)이라고 부르는 웨이터의
몸짓은 우아하다. 조금이라도 이름이 난 카페의 웨이터는 정장을
입고 있다. 마치 21세기의 댄디는 카페의 '갸르송'으로 태어난 듯
한 느낌이다. 카페의 무대 후면을 관찰했던 오웰은 웨이터에 대한
전혀 다른 이야기를 우리에게 전해준다.

---

41. 조지 오웰, 김기혁 옮김, 『파리와 런던의 따라지 인생』, 문학동네, 2010, 214쪽.

웨이터가 호텔 식당으로 들어가는 모습에는 배울 점이 있었다. 문을 통과할 때 그에게는 돌연 변화가 일어난다. 어깨 모양도 달라지고 모든 불결함과 서두름, 신경질이 순식간에 없어진다. 그는 엄숙한 신부 같은 태도로 융단 위를 여유롭게 걸어간다. 성미가 불같은 이탈리아인 수석 웨이터가 식당 문 앞에 서서 포도주병을 깨뜨린 수습 웨이터에게 발끈 화를 내던 일이 생각난다. 그는 주먹을 머리 위로 휘두르면서 고함을 질렀다(다행히 문은 다소나마 방음 장치가 되어 있었다). 망할놈, 그러고도 네가 웨이터냐, 이 개새끼야! 네가 웨이터야? 네 어머니가 있는 매음굴 마룻바닥도 못 닦겠다. 이 갈보 서방 같은 놈! 욕질이 끝나자 그는 문을 향해 발길을 돌렸다. 그러고는 문을 열면서 이탈리아인이 모욕을 줄 때 흔히 그러듯이 크게 방귀를 뀌었다. 그리고 나서 그는 식당으로 들어가 손에 접시를 얹고서 백조처럼 우아하게 미끄러져 갔다. 10초 후에 그는 한 손님에게 정중하게 인사를 했다.[42]

작가 지망생 헤밍웨이가 겪은 파리와 따라지 인생을 체험한 오웰의 파리는 동일한 파리라 할 수 없을 정도로 다르다. 이방인이 파리를 겪는 것과 파리지앵의 파리도 다를 것이다. 관광객의 눈에 보이는 것과 관광의 대상이 되는 도시에 실제 거주하는 사람의 눈에 보이는 것은 동일할 수 없다. 호텔에서 만날 수 있는 사람은 한정적이다. 좀더 다양한 사람을 만나고 싶었다. 불현듯 민박집이 생각났다. 시내에서 멀지 않은 한 민박집에 다행히 침대 1개가 비어 있음을 알았다. 예약을 하고 파리의 한국인 민박집으로 거처를 옮겼다.

---

42. 같은 책, 214-215쪽.

파리의 한국 민박집

민박집은 파리 10구에 있다. 셀 수 없을 정도로 여러 번 파리에 왔는데, 파리 10구에는 처음이다. 루브르 박물관, 튀일리 궁전으로부터 멀지 않은 곳이다. 생 드니 문을 지나자마자 파리에 관광 온 사람은 쉽게 볼 수 없는 풍경이 펼쳐진다. 관광이라는 포장지가 벗겨진 동시대의 파리가 나타난다. 버스에서 내려 민박집을 향해 간다. 파사주 브래디Passage Brady는 버스 정거장에서 민박집을 이어주는 지름길이다. 파사주 브래디를 걷기 시작한다. 시내 중심에 있는 파사주와는 전혀 다른 분위기다. 시내의 파사주는 벤야민이 목격한 몰락한 모더니티의 현장이 아니라, 도시재생 사업이라는 마법을 거친 힙한 곳으로 변화했다. 그런데 이곳은 다르다. 파사주 브래디를 나오면 한때 그 이름처럼 찬란하게 빛났던 극장 르 스플렌디드Le Splendid 간판이 걸린 건물이 나온다. 그 건물의 2층에 민박집이 있다. 거실이 있고 방이 3개 있다. 각 방에 4명씩 잠을 자니까 이 민박집에 사람이 모두 차면 12명이 잠을 청하는 셈이다. 그런데 화장실이 하나, 샤워실도 하나뿐이다. 나는 오후에 도착했는데, 민박집을 처음 보자마자 화장실을 12명의 사람이 어떻게 쓸까 걱정부터 되기 시작했다.

게다가 호텔에서 민박집으로 옮겼을 때 때맞춰 파리는 폭염에 휩싸였다. 민박집에는 당연히 에어컨이 없다. 에어컨도 없는 집에서 누군지 모르는 사람 12명과 어떻게 잠을 자고 화장실을 쓰고

파리 10구 〈르 스플렌디드〉 간판이 걸린 건물
2층에 민박집이 있었다

씻고 아침을 먹고 저녁을 먹을지 혼란이 밀려왔다. 그런데 비용은 호텔 값과 비교할 수 없을 정도로 저렴했다. 나는 한국 돈으로 하루에 4만 7천원, 이틀에 9만 4천원을 지급했다. 이스트리아 호텔에서는 3일 묵는 데 아침 식사도 없이 453유로를 지불했다. 하루에 150유로(2020년 기준 한화 21만원) 정도였다. 그런데 민박집에선 하루 4만 7천원에 아침과 저녁이 제공된다. 유럽에서 한 끼를 때우는 최저비용을 맥도날드 햄버거 값으로 계산하면 5유로 정도니, 두 끼 최소비용으로 10유로(한화 1만 4천원) 정도는 든다. 이렇게 계산하면 민박집은 거의 거저나 마찬가지였다.

이층 침대를 배정받았다. 서로 통성명을 할 필요까지는 없었지만 같이 있는 동안 서로 불편하지 않으려면 가벼운 인사 정도는 해야 할 것 같아서 안녕하세요,라고 인사를 걸었는데 보기 좋게 무시당했다. 뭔가 다들 뚱한 표정이었다. 더위에 지쳐서 그런 것으로 이해하기로 했다. 그 정도로 더운 날인데 밖은 소란했다. 환기를 위해 창문을 조금이라도 열면 차소리 때문에 견딜 수 없을 정도로 시끄러웠다.

파리에 일을 하러 왔다가 민박집을 인수받아 장사를 시작했다고 사장님은 말했고, 민박집의 청소부터 식사 준비까지 모든 것을 다 해내는 이른바 '이모님'은 중국 교포라 했다. 다들 관광을 하러 나간 낮 시간에 민박집에서 중국 교포 이모님과 이런저런 이야기를 나누었다. 한국에서도 일한 적이 있고, 프랑스에 망명 신청을 한 상태라고 한다. 밤이 되니 관광을 나갔던 손님들이 숙소로 들어오면서 민박집은 꽉 찬다. 민박집 주변엔 흑인들이 많이 산다. 날씨가 더워서 그런지 밤에도 집에 들어갈 생각을 하지 않고 수다를 떨고 있다. 전혀 알아들을 수 없는 그들의 대화는 차 소리와 섞여 도시의 소음을 만들어낸다. 불과 이틀 만에 주변 풍경에 익숙해졌다. 첫날엔 에어컨도 없는 2층 침대에서 땀에 흠뻑 젖어 거의 잠을 이루지 못했는데 둘째 날에는 침대에 눕자마자 쓰러져 잤다. 아침에 일어났을 때 땀에 흠뻑 젖어 있기는 마찬가지였지만 중간에 잠을 깨지 않을 정도로 환경에 적응한 셈이다.

파리 1구와 파리 10구의 차이는 크다. 1구는 예술이 넘쳐흐른다. 아니 과잉이라 할 정도로 1구는 예술적이다. 하지만 10구는 다르다. 인생이란 게 그런 것이기도 하다. 특별히 할 일도 없고, 돈과 시간은 많기에 예술이 과잉으로 넘치는 곳이 있는가 하면, 돈이 너무 많아 재수없는 사람에게 취향으로 대응하기 위해 예술을 무기로 삼는 곳도 있다. 전자가 파리 1구라면 한때의 라탱지구는 1구에 대항하여 예술을 무기로 삼았던 보헤미안이 넘쳐나던 곳이다. 그렇게 불러도 되는지 모르겠지만 오웰의 표현을 그대로 따라하자면 '따라지 인생'이 살고 있는 이곳에서 예술은 무기력한 게 아니라 아예 없는 존재나 마찬가지다. 본래 예술이라는 게 그렇다. 누구에게는 매우 소중하고 가치 있는 대상이지만, 어떤 이에게 그건 세상에서 가장 쓸데없는 짓 중의 하나일 수도 있다.

예술과 관광의 숨바꼭질

파리는 제2제정기를 관광객에게 판매한다. 관광객이 기대하는 파리는 그렇다. 제2제정기 때의 그 소란함은 사라졌다. 아카데미전과 낙선전 사이의 떠들썩한 스캔들도 사라졌다. 마네는 더이상 충격을 주지 못한다. 「올랭피아」와 「풀밭 위의 점심식사」는 소란스러워야 동시대적일 수 있다. 쿠르베의 「세상의 기원」도 충격이 없다. 파리를 떠들썩하게 했던 그 소란은 파리 여행의 필수코스 오르세에서 「올랭피아」와 「풀밭 위의 점심식사」를 카메라에 담으려는 관람객의 분주함에 의해 대체되었다. 「풀밭 위의 점심식사」를 봐도, 미술책에서 보았던 그 익숙한 이미지의 원화를 본다는 쾌감 이외의 다른 감정은 들지 않는다. 충격적이어야 하는 그림이 충격적이지 않다. 충격적이고 분노를 불러일으켜야만 마네는 마네일 수있다. 찬사받는 마네는 더이상 마네가 아니다. 더이상 뱃사공을 유혹할 수 없어 망연자실한 사이렌의 처지가 된 마네를 뒤로하고 다시 라탱지구로 간다.

여느 도시처럼 파리 메트로에서도 아무도 책을 읽지 않고 스마트폰만 들여다보고, 카페에서 책을 읽는 사람은 서울에서만큼 희귀한 존재가 되어버렸다. 사르트르가 단골이었다는 카페, 헤밍웨이가 단골이었던 카페는 프랑스어를 쓰지 않는 관광객에 의해 점령당했다. 그들의 일부가 되고 싶지 않아 파리에 머무는 동안 일부러 카페 내부로 들어가지 않았지만 파리에서의 마지막 날을 기념하기 위해 카페 드 플로르$^{Café\ de\ Flore}$에 갔다. 샐러드를 주문했는데, 지금까지 먹어본 샐러드 중 최악을 다툴 정도로 형편없었다. 그래, 당신들도 알고 있고 손님들도 알고 있다. 음식이 맛있어서 몽파르나스의 카페에 사람이 붐비는 게 아니라, 거부할 수 없는 유명세를 좇아 여기에 왔음을.

헤밍웨이와 사르트르의 카페를 관광객이 점령했다. 누구도 보들레르를 읽거나 헤밍웨이를 읽지 않는다. 그저 명성을 소비하는

피카소와 사르트르가 즐겨 찾은 '카페 드 플로르'

자들에 의해 파리의 카페는 점령당했다. 워낙 사람들이 많이 찾기에 웨이터들은 거의 뛰어다니다시피 한다. 저 웨이터는 조지 오웰일까? 현재의 조지 오웰은 어디에 있는 것일까? 현대에도 보헤미안은 살아 있을까? 파리의 댄디는 지금 어디에 있을까? 늘 그랬듯 자본과 예술은 숨바꼭질한다. 예술은 충격을 주지만, 자본이 예술을 흡수하면 예술의 충격은 사라진다. 도발의 장소가 힙한 장소가 되면 보헤미안과 그의 친구 댄디는 다른 거처를 찾아야 한다. 현대의 예술가는 19세기 제2제정기의 파리 현장에는 당연히 없다. 그들은 지금 파리의 어딘가에 숨어 있다. 그들을 찾기엔 여행객의 시간은 너무 짧다. 파리에 살아야 하는 이유가 이렇게 명확해진 셈이다. 나는 파리의 현대성을 사랑한다. 예전의 보들레르처럼. 그리고 댄디가 되고 싶다는 꿈도 품어본다.

몽파르나스 보들레르 묘지에 누군가 남긴 쪽지

6장

1945년 4월 12일,
바그너가 연주되던 날의 베를린
1942년 8월 9일,
쇼스타코비치가 연주되던 날의
상트페테르부르크

베를린은 큰 도시야. 그러나 진정한 대도시는 아니지.
세계에서 가장 아름답다는 파리를 보라고.
아니면 빈. 웅장한 도시들이지.
베를린은 건물들이 제멋대로 들어서 있을 뿐이야.
우리는 반드시 파리와 빈보다
멋진 도시를 건설해야 하네.
　　　　　　　　　　　　　　　　—히틀러가 슈페어에게

우리가 독일인이라는 사실을 저는 항상 축복으로 느낍니다.(…)
여하튼 저는 독일인이라는 사실이
언제나 자랑스럽고 행복합니다.
　　　　　　　　　　　　　　　　—푸르트벵글러

나는 교향곡 7번을 파시즘에 맞서 싸우는 우리의 투쟁에,
우리가 적에게 거둘 승리에,
그리고 내 고향 레닌그라드에 바칩니다.
　　　　　　　　　　　　　　　　—쇼스타코비치

언젠가는 가고 싶었다. 베를린에서 공부하고 싶었다. 헤겔과 마르크스가 공부했고 발터 벤야민과 프란츠 카프카 그리고 한나 아렌트가 살았던 그 도시에서 공부하는 상상만 해도 가슴이 떨렸다. 독일 유학을 준비하면서 여러 대학교에 입학을 신청했는데, 정작 가장 가고 싶었던 베를린 자유대학교^{Freie Universität Berlin}의 입학허가서 ^{Zulassung}는 받지 못했다. 워낙 까다롭게 입학허가서를 발급한다고 들었기에 실망하지 않고 일단 라인란트-팔츠^{Rheinland-Pfalz} 주의 주도^{州都} 마인츠^{Mainz}로 갔다. 인구 20만명 정도인 라인 강변의 작은 도시 마인츠는 평화롭고 아름다웠지만 왠지 답답했다.

사회학은 대도시의 학문이다. 마인츠는 지나치게 안정적이어서 대도시의 돌발적 자극과 모순적 충돌이 빚어내는 활력을 기대하던 내겐 성에 차지 않았다. 마인츠가 자전거로 한바퀴 돌 수 있는 규모임을 확인한 그날 대도시 이주를 결심했다. 북쪽의 한자^{Hansa} 도시 브레멘^{Bremen}으로 떠났다. 이삿짐을 실은 자동차가 브레멘으로 진입하자 "도시의 공기가 자유를 만든다" ^{Stadtluft macht frei}는 입간판이 보였다. 한자동맹의 상업도시이자 사민당^{SPD}이 늘 집권하는 브레멘으로 갈 때만 하더라도 노동조합을 주제로 박사논문을 쓸 생각이었다. 그런데 브레멘대학의 기숙사에서 아도르노의 『계몽의 변증법』을 읽기 시작하던 날, 나의 관심은 노동운동에서 사회학적 미학^{Soziologische Ästhetik}으로 바뀌었다. 노동조합이 박사논문의 주제인 한 브레멘대학은 나쁘지 않은 선택이었으나, 논문의 주제가 바뀌면서 결국은 베를린에 가야 한다고 결심했다.

베를린 자유대학의 디트마르 캄퍼^{Dietmar Kamper} 교수에게 박사논문 연구계획서를 보냈고, 당장 박사과정 학생으로 받아들이겠다는 답장을 받은 후 부리나케 베를린으로 이주했다. 그토록 기대하던 베를린, 그런데 이곳도 편안하지가 않았다. 면담시간에 캄퍼 교수가 베를린에 적응했느냐고 묻길래, 적응하려고 노력하고 있다고 대답했더니 베를린은 본래 얼음처럼 차가운^{eis-kalt} 도시라며 자신도 정착하는 데 꽤 시간이 걸렸다고 했다. 마인츠에서는 상점에서 물건을 살 때 구텐 탁^{Guten Tag}(안녕하세요)으로 시작하여 점원과 눈인사까지 나눈 후 아우프 비더제엔^{Auf Wiedersehen}(안녕히 계세요)을 주고받으며 거래를 끝맺었는데, 베를린 상점에서 구텐 탁이라고 말을 건네면 점원은 의외라는 표정을 지었고 아우프 비더제엔이라 말하며 상점을 나와도 결코 인사를 건네지 않았다.

베를린에는 천사가 있을까?

베를린을 배경으로 한 영화 가운데 가장 잘 알려진 영화는 빔 벤더스 감독의 〈베를린 천사의 시〉^{Der Himmel über Berlin}일 텐데, 이 영화의 분위기는 어둡고 외롭고 쓸쓸하다. 파리를 배경으로 한 우디 알렌의 유머러스하고 따듯한 〈미드나잇 인 파리〉와는 다른 분위기다. 보통 영화를 통해 형성된 이미지는 막상 그곳에 가서 현실을 접하면 정정되기 마련인데, 베를린은 놀랍게도 영화에서 받았던 멜랑콜리한 느낌 그대로였다. 〈베를린 천사의 시〉에는 대화보다는 독백 장면이 많이 등장한다. 도시 베를린도 그랬다. 베를린에 살았던 사회학자 게오르크 짐멜^{Georg Simmel}이 말한 그대로 사람들은 지하

영화 〈베를린 천사의 시〉 한 장면

철에서 대도시 특유의 무관심한 표정으로 앉아 있었다. 지하철에는 대화보다 침묵이 지배적이었다. 나의 첫번째 독일 도시였던 작고 아름다운 마인츠나 베저 Weser 강변의 쇠락한 공업도시 브레멘에서는 결코 볼 수 없는 베를린만의 광경이었다. 사람들은 말했다. 베를린은 독일의 도시가 아니라, 베를린일 뿐이라고.

베를린의 두번째 거주지 베딩 Wedding 에서 베를린 자유대학교까지 자동차로 가장 빠르게 이동하려면 도시고속도로를 이용해야 했다. 〈베를린 천사의 시〉 앞부분에 이 도로 장면이 잠깐 등장한다. 베딩으로 이사한 후 학교에 갔다가 집으로 돌아가던 첫날 그 도시고속도로 주변 풍경을 직접 육안으로 보았을 때, 내가 정말 베를린에 있음을 실감했고 현실이 영화와 너무 닮아 내가 마치 영화 속으로 들어간 게 아닐까 생각했다.

이 도시를 떠났다가 다시 돌아왔을 때, 그러니까 잠시나마 파리에 갔다오거나 서울에서 방학을 보내고 오게 되면 1943년 전쟁 폭격으로 파괴된 카이저 빌헬름 기념교회 Kaiser-Wilhelm-Gedächtniskirche 의 꼭대기에서 지상의 고통받는 자들을 내려다보는 〈베를린 천사의 시〉 첫 장면을 떠올렸다. 그리고 이 도시는 이렇게 냉정하지만, 베를린 하늘 위에서는 천사가 나를 내려다보고 있을 것이라 믿었다.

내가 살던 베딩에서 베를린의 중앙인 미테 Mitte 까지는 그다지 멀지 않았다. 독일어보다는 터키어가 필요할 정도로 터키 사람들이 많아 여기가 베를린인지 이스탄불인지 헷갈리는 베딩에서 미테 지역으로 가려면 '승리탑' Siegessäule 이 있는 그로서 슈테른 Grosser Stern 을 지나야만 했다. 승리탑의 꼭대기에는 황금빛 승리의 여신 빅토

베를린 승리탑,
회색 도시에서 유일하게 황금빛으로 빛난다

리아가 베를린을 내려다보고 있는데, 〈베를린 천사의 시〉를 본 이후 나는 내 멋대로 빅토리아의 어깨에는 베를린의 천사가 있을 것이라 생각하고 그 탑을 천사탑이라 불렀다. 회색이 지배적인 베를린에서 승리탑은 거의 유일하게 황금빛으로 빛나고 있었다. 서쪽을 보고 있는 황금빛 빅토리아가 서향 빛을 받아 빛나기 시작할 때, 베를린은 아주 잠시 온화해진다. 베를린으로 돌아오는 길에 나는 그것이 분명 천사의 환영인사일 거라고 멋대로 믿었다. '베를린 필하모닉' 공연을 보고 베딩 집으로 돌아가는 길에 만나는 빅토리아는 인공조명으로 밝게 빛났다. 인공불빛이 없는 대규모 도심 공원 티어가르텐Tiergarten의 주변이었기에, 승리탑은 밤이면 유독 빛나는 곳이었다. 빅토리아와 마주친 밤에는 로비 윌리암스의 「에

인절스」^{Angels}라는 노래를 들었고, 집에 오면 친구가 보내준 백석의 시를 읽곤 했다.

어느 사이에 나는 아내도 없고, 또,

아내와 같이 살던 집도 없어지고,

그리고 살뜰한 부모며 동생들과도 멀리 떨어져서,

그 어느 바람 세인 쓸쓸한 거리 끝에 헤매이었다.

바로 날도 저물어서,

바람은 더욱 세게 불고, 추위는 점점 더해 오는데,

나는 어느 목수^{木手}네 집 헌 삿을 깐,

한 방에 들어서 쥔을 붙이었다.

이리하여 나는 이 습내나는 춥고, 누긋한 방에서,

낮이나 밤이나 나는 나 혼자도 너무 많은 것같이 생각하며,

딜옹배기에 북덕불이라도 담겨 오면,

이것을 안고 손을 쬐며 재 우에 뜻없이 글자를 쓰기도 하며,

또 문 밖에 나가디두 않구 자리에 누워서,

머리에 손깍지벼개를 하고 굴기도 하면서,

나는 내 슬픔이며 어리석음이며를 소처럼 연하여 쌔김질하는 것이었다.

—백석「남신의주 유동 박시봉방」중에서

화려함 속에 가장 어두운 시절을 새긴 유일한 도시 베를린

아무리 과대평가하려 해도 베를린은 파리처럼 아름답지 않다. 카이저 빌헬름 교회에서 시작되는 쇼핑거리 쿠담^{Kurfürstendamm}은 파리 샹젤리제의 화려함에 비할 수 없다. 파리의 갤러리 라파예트는 자존심상 베를린의 백화점 카데베^{Kadewe:Kaufhaus des Westens}와는 비교 자체를 허락하지 않을 것이다. 되블린^{Alfred Döblin}의 소설 『알렉산더 광장』의 중심 배경인 알렉산더 광장 근처의 베를린 방송탑은 파리의 에펠탑과 비교하면 미학적으로 한참 아래라는 평가를 피해갈 수 없다. 아름다운 다리가 줄지어 있는 파리의 세느 강과 달리 베를린의 슈프레^{Spree} 강은 유람선이 다니기에도 옹색하며, 루브르나 베르사유와 비교될 만한 궁전도 아예 없다. 브란덴부르크 문도 마찬가지다. 베를린을 상징하는 모티프로 잘 알려져 있기에 누구나 사진이나 영상으로 한번쯤은 보았을 텐데 개선문을 육안으로 보고 브란덴부르크 문 역시 그 정도 크기이지 않을까 막연하게 추정했다면, 그 실재를 보고는 상상보다 너무 작아서 놀랄 것이다. 브란덴부르크 문은 개선문에 견주기엔 초라하며, 로마의 콘스탄티누스 개선문보다도 스케일이나 미학적으로 한참 모자란다.

이처럼 베를린은 아름다움이라는 면에서는 파리의 비교대상이 되지 못한다. 하지만 그만의 유일함은 있다. 과거의 그 순간이 현재로까지 이어져 여전히 화려한 도시도 있고, 화려함을 폐허 형식으로만 간직한 도시도 있다. 베를린 역시 한때의 화려한 순간이 있었다는 점에서 다른 도시와 다르지 않지만, 그 순간에는 어두운 그림자가 드리워져 있다. 베를린에선 가장 번성했던 순간과 가장 야만적이었던 순간이 일치한다. 그것이 베를린만의 유일함이다. 그래서 베를린은 파리처럼 자신의 유일함을 대놓고 자랑하지 못한다.

과거로 돌아갈수록 지층 밑에 숨겨진 화려한 순간이 나타나는 이스탄불이나 로마와 같은 도시가 있는 반면, 베를린은 과거로 돌아갈수록 우울하다. 베를린의 지층에선 유럽의 철저한 변방이었다는 사실만 확인될 뿐이다. 지리적 변방인 것도 모자라 땅 자체가 척박하기까지 했다. 한여름에 남부에서 베를린으로 접근하던 19세기의 한 영국인 여행자는 베를린을 이렇게 묘사한다. "삭막하고 뜨거운 모래밭이 광활하게 펼쳐진 지역, 마을은 보이지 않고, 있어도 드문드문 드러난다. 발육이 부진한 전나무 숲, 그 밑을 두툼한 순록이끼가 뒤덮고 있다."[1]

프로이센이 베를린을 수도로 정하면서 마을에 불과했던 베를린도 제법 도시의 풍모를 갖추었고 처음으로 화려한 순간을 맞이할 준비를 한다. 1848년 봄, 혁명의 열기가 넘쳐흐르는 베를린 시가지로 군중이 모여들 때 프로이센 국왕 프리드리히 빌헬름 4세는 '프로이센이 이제부터 독일로 합병될 것'이라고 선언[2]하며 미래를 예견했는데, 그 예견은 1871년 베르사유 궁전에서 독일제국 수립 선포로 실현되었다.

역사·문화적 뿌리가 없는 나라, 그래서 그 뿌리 없음이 일종의 콤플렉스였던 프로이센은 고대 그리스를 모범으로 삼는 건축물

---

1. 크리스토퍼 클라크, 박병화 옮김, 『강철왕국 프로이센』, 마티, 2020, 33-34쪽.
2. 같은 책, 747쪽.

베를린의 상징 브란덴부르크 문

을 세움으로써 만회하고자 했고, 그 가여운 시도로부터 독일의 수도 베를린의 상징이 된 브란덴부르크 문$^{Brandenburger\ Tor,\ 1788-1791}$이 만들어졌다. 프리드리히 빌헬름 2세는 변방 베를린에 기적적으로 등장한 프로이센의 번영을 증명할 시각적 증거를 요구했다. 브란덴부르크 문이 그 역할을 했다. 프로이센의 실력자 호헨촐레른 가문$^{Haus\ Hohenzollern}$의 출세 발판이었던 브란덴부르크 변경사령관$^{Markgrafschaft\ Brandenburg}$ 령領의 도시와 연결된 브란덴부르크 문을 통과하면 황무지나 다름없던 지역에서 기적처럼 솟아난 프로이센의 도시 베를린이 시작된다. 브란덴부르크 문의 동쪽 슈프레 강 근처에 베를린 돔$^{Berliner\ Dom,\ 1750}$ 대성당이 들어서면서 도시를 구성하는 가장 기본요소인 출입구와 핵심 종교시설까지 마련되자 제법 도시의 꼴이 형성되었다. 브란덴부르크 문과 베를린 돔을 잇는 운터덴린덴^{Unter den Linden} 대로가 조성되었고 그 주변에 제국의사당 Reichstag, 1894, 국립오페라극장^{Staatsoper Berlin, 1741-1743}, 신위병소^{Neue Wache, 1818}가 건립되었다. 또한 슈프레 강 위 박물관 섬에 알테스 무제움^{Altes Museum, 1825-1830}, 노이에스 무제움^{Neues Museum, 1843-1855}, 구 국립미술관^{Alte Nationalgalerie, 1862-1876}과 페르가몬 무제움^{Pergamon Museum, 1910-1930}이 들어서면서 제법 파리나 빈에 견줄 만한 겉모습이 갖추어졌다. 하지만 아무리 프로이센이 급격하게 경제성장을 한 나라였다고 해도 베를린은 파리와 빈 같은 오래된 부자 도시의 세련됨에는 한참 미치지 못했다.

프로이센이 팽창하고, 독일제국이 뿌리를 갖춰가면 갈수록 주변 국가들과 전쟁이 빈번하게 일어났다. 1866년 프로이센-오스트리아 전쟁과 1870년 프로이센-프랑스 전쟁에서 프로이센이 승리하자, 나폴레옹이 완성도 되지 않은 브란덴부르크 문을 통과해 베를린을 제압했던 과거에 복수라도 하듯 베르사유 궁전 거울의 방에서 1871년 독일제국 수립이 선포됐다. '승리탑'은 독일제국을 가능하게 한 이 두 전쟁의 승리를 기념하기 위한 기념비다. 승리탑을 만든 후 아예 독일제국은 승리거리^{Siegesallee, 1901}까지 조성했다.

독일제국은 승리를 기념하기 위해 탑을 세우고 그 탑 꼭대기에 승리의 여신 빅토리아 상을 올려놓았지만, 천사의 눈에 비친 베를린은 여전히 불안하다. 이 도시는 전쟁 승리로 부흥했고, 전쟁에서 승승장구하는 동안 현재 베를린의 모습을 갖추었지만, 번영과 전쟁이 완벽하게 결합한 탓에 항상 뭔가 음습한 기운에 휩싸여 있다. 전쟁에선 이길 수도 있고 패배할 수도 있다. 승리탑은 전쟁에서의

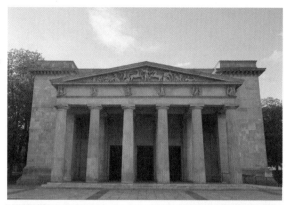

독일제국 시대의 건축물. 신위병소(상)와 국립오페라극장(하)

승리를 기념하기 위해 만들어졌지만, 베를린 천사는 베를린이 앞
으로의 모든 전쟁에서 승리할 수 있을지 확신할 수 없다. 천사는
국민국가의 틀을 넘어선 시선으로 인간세상을 바라본다. 이쪽의
승리는 곧 저쪽의 패배를 의미하니, 천사는 이쪽의 승리에 마냥 기
뻐할 수만은 없다. 1892년 이 도시에서 태어나 자란 발터 벤야민
은 베를린을 감싸고 있는 뭔가 불길한 기운을 날카로운 촉수로 감
지했다.

내가 어렸을 때 스당 기념일(프로이센-프랑스 전쟁에서 프로이센을 승리로 이끈 스당전투를 의미함)이 없는 한 해를 도저히 생각할 수 없었다. 오직 스당으로 향하는 멋진 행렬식이 남아 있었다. (…) 프랑스의 패배와 함께 세계사는 그 찬란한 무덤 속으로 가라앉아버렸다. 그렇기에 이 승리탑 기둥은 묘비와 다름이 없었으며, 그곳으로부터 승리거리가 연이어져 있었다. 상급학교에 다닐 때 나는 넓은 계단을 지나서 대리석으로 되어 있는 지배자들을 향하여 올라갔다. 이때 나는 얼마나 많은 출세의 특권이—마치 이 자유로운 계단처럼—나의 미래 앞에 전개되고 있는가? 하는 감정을 어렴풋하게 느끼고 있었다.[3]

베를린의 부유한 주거지 샤를로텐부르크에서 태어난 벤야민은 1902년 승리탑에서 불길한 느낌에 휩싸였다. 스당전투를 기념하기 위한 승리탑이 있고, 그 꼭대기의 빅토리아가 파리가 있는 서쪽을 바라보고 있는 한 파리가 내세웠던 자유, 평등, 박애라는 혁명의 이념은 베를린에 도착할 수 없었다. 이 도시를 가장 독보적인 도시로 만들어주는 베를린적 특성의 기원이 되는 전쟁은 아직 시작되지 않았는데도, 독일제국의 수도 베를린은 이미 불길한 기운에 휩싸여 있었다. 승리탑의 천사는 스당전투 이후 베를린에서 벌어지는 모든 전쟁의 목격자가 되었다.

---

3. 발터 벤야민, 박설호 옮김, 『베를린의 유년시절』, 솔, 1992, 44쪽.

금의환향해야 한다

"금의환향해야 한다."

김포공항이 아직 서울의 국제공항이었던 1993년 9월의 어느날 어머니는 김포공항에서 프랑크푸르트 행 비행기를 타는 나에게 그렇게 말했다. 문어체에서나 사용되는 고사성어라 다소 어색했다. '금의환향'을 대신할 만한, 자식을 배웅하는 부모의 심정과 기대를 표현할 수 있는 단어를 더 찾아내고 싶었는데, 비행기에서 내내 생각해도 적당한 단어가 떠오르지 않았다. 창피해서 입 밖으로 "금의환향하고 싶어요"라는 말을 절대 하지 못했지만 '금의환향'이라는 사자성어는 능력의 한계에 부딪혀 낭떠러지까지 내몰렸을 때도 나를 지켜줬다.

1913년 1월 초 폴란드의 크라쿠프에서 출발한 기차를 타고 한 러시아 사람이 빈 북부역에 도착했다. 그때 그의 나이는 서른넷. 그는 레닌이 준 쪽지에 적힌 주소 쇤부르너 슈트라세 30번지로 가서 벨을 눌렀다. 하녀가 나왔고 전달받은 암호를 말했더니, 문을 열어주었다. 그가 스탈린이다. 그는 은신처에서 레닌의 지시에 따라 『마르크스주의와 민족문제』 집필에 집중한다. 집필하는 동안 근처 쇤부룬 궁전 공원에서 자주 산책을 했다.

쇤부룬 궁전 공원은 항상 산보하는 사람으로 북적였는데, 한 예술가 지망생도 그중 하나였다.[4] 1889년 4월 20일 오스트리아-헝가리 제국의 작은 도시 브라우나우 암 인^{Braunau am Inn}에서 태어난 그는 1906년 빈을 처음 방문했다. 그는 빈에 매혹되었다. 반드시 빈에 있는 예술학교에 입학하리라 마음먹었다. 제법 소질이 있었다. 주위의 평도 그랬고 자신도 그렇게 믿었다. 1907년 9월 예술학교 시험을 치르려고 빈에 왔다. 식비를 아껴가면서도 일주일에 몇 번씩이나 부르크테아터와 슈타츠오퍼 극장에 들렀다. 바그너 오페라를 보고 또 보았다. 「로엔그린」을 10번이나 보았다. 「뉘른베르크의 마이스터징어」도 그를 매료시켰는데, 2막의 대사를 줄기차게 인용했다.[5] 그는 빈을 간절히 원했지만 빈은 그에게 문을 열어주지 않았다. 아카데미는 그의 입학을 연속으로 거절했다. 그는 빈털터리가 되어 멜데만 슈트라세 27번지에 있는 남성 노숙자 쉼터에 머무는 처지가 되었다. 그래도 그는 금의환향의 꿈을 포기하지 못했다. 그는 자신의 꿈이 빈에서 좌절된 이유가 유대인 탓이라 생각하기 시작했다. 파리에서의 성공을 꿈꿨던 바그너가 자신의 실패가 파리의 오페라 계를 장악했던 유대인 작곡가 자코모 마이어베어의 음모 때문이라고 생각했던 것처럼. 당시 노숙자 신세로 빈에 있던 그, 그의 이름은 바로 아돌프 히틀러다.

1924년 스탈린은 레닌의 뒤를 이어 소비에트 연방 서기장이 되었다. 1913년 빈에 도착한 조지아 출신의 이 비루한 망명객은 그로부터 10여 년 후 금의환향하여 소비에트의 최고 지배자의 자리에 올랐다.

---

4. 플로리안 일리스, 한경희 옮김, 『1913년 세기의 여름』, 문학동네, 2013, 30-31쪽.
5. 존 톨랜드, 민국홍 옮김, 『아돌프 히틀러 결정판 1』, 페이퍼로드, 2019, 71쪽.

슈페어가 설계한 발코니

　　예술가의 꿈을 접고 뮌헨에서 정치인으로 변신한 히틀러는
1932년 7월 31일 제국의회선거에서 제1당을 차지한 나치당의 지
도자로 부상했다. 1933년 1월 30일 힌덴부르크 대통령은 그를 제
국 총리로 임명했다. 총리가 된 그를 보겠다고 군중이 총리집무
실 앞에 몰려들었다. 그는 "그 친구는 예술가라서 나와 정신세계
가 유사하다."[6]고 극찬했던 건축가 알베르트 슈페어^{Albert Speer}에게
발코니를 지으라고 명령했다. 슈페어는 그때를 이렇게 증언한다.
"총리 청사 2층에 있던 이전 집무실에는 빌헬름 광장으로 난 창문
세 개가 있었다. 1933년 후 몇 달 동안 항상 수많은 군중들이 그곳
에 모여 구호를 외치며 총리를 만나게 해달라고 요구했다. (…) 히
틀러는 군중들에게 자신의 모습을 보이고 싶어했고 나에게 급히

<hr />

6. 이언 커쇼, 이희재 옮김, 『히틀러 I』, 교양인, 2010, 615쪽.

서둘러서 새롭고 역사적인 발코니를 지으라고 했다."[7]

히틀러는 군중을 움직이는 방법을 알고 있었다. 자신이 빈에서 바그너의 음악에 매료되었던 것처럼, 군중이 자신에게 매혹되기를 원했다. 그는 시민들이 정치 지도자에게 열광하도록 만드는 방법을 자신의 예술체험으로부터 터득하고 있었다. 이성이 아니라 감성에 의해, 논리의 힘이 아니라 열광이라는 경험에 의해 정치에 몰입할 수 있음을 알아챈 것이다. 그는 자신을 전시할 수 있는 발코니가 필요했다. 발코니에 서서 자신을 내보이면, 군중은 그를 바닥에서 올려다본다. 한번 그를 올려다본 사람은 그를 단순히 지지하는 게 아니라 그에게 열광한다. 유명인을 직접 마주친 사람, 더욱이 그 유명인과 한번 악수라도 한 사람은 곧 그 유명인에게 빠져든다. 총리의 발코니에 모이는 군중이 늘어날수록 히틀러에게 열광하는 사람도 늘어났다.

히틀러는 1938년 3월 15일 오전 11시, 한때 그를 노숙자 신세로까지 몰아넣었던 그 매몰찬 빈에 다시 나타났다. 빈의 아카데미 입학시험에 줄곧 떨어진 능력 없는 예술가 지망생에 불과했던 히틀러는 1938년 빈 헬덴플라츠^{Heldenplatz} 가 내려다보이는 노이어부르크^{Neuerburg} 발코니에서 연설한다. 그리고 독일과 오스트리아의 합병을 선언한다. 그는 발코니의 힘을 알았다. 지도자를 우러러보는 시각적 경험을 한 사람이라면, 그리고 군중이 열광하는 집합적 정서의 짜릿함을 맛본 사람이라면, 바그너의 음악에서 헤어나오지 못하는 것처럼 자신을 영원히 지지하리라 그는 기대했다.

---

7. 알베르트 슈페어, 김기영 옮김, 『알베르트 슈페어의 기억』, 마티, 2016, 61–62쪽.

민에 금의한향한 히틀러 여기에서도 그는 발코니에 섰다

"올림픽의 순수한 목적이여"

1936년 베를린은 세계의 주목을 받는다. 히틀러를 보는 시선은 엇
갈렸다. 그를 위험한 인물로 경계하는 시선도 있었지만, 모두가 그
시선에 동의하지는 않았다. 히틀러는 잘 알고 있다, 올림픽이 기회
임을. 그는 기회를 놓치지 않는다. 신고전주의 양식을 선호하는 히
틀러를 염두에 둔 소울 메이트 건축가 슈페어는 고대 그리스를 모
범으로 삼은 스타디움을 설계했다. 1936년 8월 1일 개막된 베를린
올림픽은 여러 가지 면에서 이전의 올림픽과 달랐다. 올림픽 역사
상 처음으로 그리스 아테네에서 채화된 성화가 육로를 통해 베를
린까지 봉송되었다. 성화가 지나가는 동안 올림픽이 뉴스거리가
되며 베를린은 주목받았다. 이전 올림픽에는 없었던 대규모의 개
막식이 열렸고 심지어 텔레비전으로 중계되었다. 베를린은 첨단

기술의 도시라는 이미지를 얻는다.

올림픽 개막식은 예술의 향연으로 채워진다. 제국음악원 Reichsmusikkammer 원장 리하르트 슈트라우스가 작곡한「올림픽 찬가」 Olympische Hymne 는 히틀러의 개막선언에 이어 베를린 필하모닉 오케스트라의 연주로 스타디움에 울려퍼졌다. 합창단은 올림픽을 찬양하는 노래를 부른다.

우리 민족의 손님이신 모든 이들이여, 활짝 열린 문으로 들어오소서.

민족의 제전에 평화가 있으리라! 모든 시합에 명예가 깃들길!

젊음의 힘은 용기를 보여주리라, 뜨거운 올림픽 게임을!

그대들의 영광이 찬양받을지라, 올림픽의 순수한 목적이여!

지도자 Führer 에 대한 찬양은「올림픽 찬가」속에 없다. 장엄한 음악에 맞춰 합창단은 젊음을 찬양하고 평화를 기원하며 올림픽의 비정치적 순수성을 찬양한다. 대체 어떤 도시가 올림픽 개막식에서 교향악단의 연주와 거대 규모의 합창단 공연을 당대 최고의 작곡가 슈트라우스에게 의뢰할 수 있겠는가. 오직 베를린뿐이다. 이로써 베를린은 스포츠의 도시일 뿐만 아니라 음악의 도시, 예술의 도시임을 세계로부터 인정받는다.

음악은 시각예술처럼 즉각적이진 않지만, 듣는 사람에게 어떤 효과를 발휘한다. 예술이 발휘하는 효과 자체는 비정치적이다. 예술가는 정치적 목적을 위해 특정 효과를 발휘하려는 요량으로 무

괴벨스(우)와 만난 리하르트 슈트라우스(좌)
1934-35년 무렵

엇을 재현하지 않는다. 빈과 파리의 예술가들의 투쟁 덕분에 예술
은 궁정예술과 제의적 예술의 형태에서 벗어나 자율적 예술로 변
하면서 그 자체로 목적 없는 행위로 나아갔다.

히틀러는 본질적으로 목적이 없는 이러한 예술이 특정한 정치
적 효과를 위해 수단화될 수 있음을 깨달았다. 괴벨스의 도움으
로 그는 시각적 재현이 발휘하는 정치적 힘을 검증할 기회를 경
험했다. 1932년 대통령 선거에서 괴벨스는 베를린의 광고용 기둥
과 길거리 벽에 총천연색 포스터를 부착했다. 축음기용 음반도 제
작하여 5만장이나 배포했다. 비록 히틀러는 49.6%의 지지를 받은
힌덴부르크에 이어 30.01%를 득표하는 데 그쳤지만, 연이어 벌어
진 제국의회 총선거에서 나치당은 37.3%의 득표로 제1당에 올랐
다. 1933년 3월 21일 포츠담에서 열린 총리 즉위식에서 독일제국
의 대통령 힌덴부르크와 총선에서 승리한 히틀러가 처음으로 만

힌덴부르크 대통령에게 고개 숙여 인사하는 히틀러

났다. 괴벨스는 히틀러의 총리 취임을 단순한 행사가 아니라 예술적 아우라를 풍기는 이벤트로 기획했다. 새로운 독일과 프로이센의 전통이 접목되는 듯한 '효과'를 연출하기 위해 프로이센의 도시 포츠담을 취임식 장소로 선택했다. 프로이센 육군 원수 제복 차림의 힌덴부르크 대통령에게 검은 예복 차림의 히틀러가 공손한 신하의 역할을 맡은 양 허리를 깊이 숙이고 손을 내밀었다.[8] 1847년에 태어난 힌덴부르크에게 고개를 숙여 인사하는 1889년생 히틀러, 이 장면은 마치 과거의 독일과 새로운 독일의 화해라는 상징적 의미처럼 재현되었다. 나치당은 대통령과 히틀러의 악수 장면을 수백만 장의 엽서와 포스터로 제작해 유포했다.

이런 히틀러와 그의 오른팔 괴벨스가 올림픽을 단순히 스포츠의 제전으로만 치렀을 리 없다. 레니 리펜슈탈Leni Riefenstahl은 베를

---

8. 이언 커쇼, 앞의 책, 652쪽.

린 올림픽 기록영화의 제작을 위임받고 나치당은 전폭적으로 그를 지원한다. 베를린 올림픽 기록영화 「올림피아」는 개봉되자마자 찬사를 받았고 뛰어난 미학적 성취를 인정받아 1937-38년에는 독일 영화상을, 1938년 이탈리아 베니스 영화제에서는 최고영화상을 받았다. 1956년 할리우드는 「올림피아」를 당대의 10대 영화로 선정했다. 영상 이미지를 통해 베를린 올림픽은 고대 그리스 올림픽을 현대적으로 계승한 모범적인 올림픽으로 재현된다.

「올림피아」는 「올림피아 1, 민족의 제전」^{Fest der Völker, 1938}과 「올림피아 2, 미의 제전」^{Fest der Schönheit, 1938}으로 이뤄져 있다. 영화는 고대 그리스를 연상시키는 어느 곳으로부터 시작된다. 미론^{Myron}의 청동상 「원반 던지는 사람」^{Discobolus}이 인간으로 변신하여 원반을 던진다. 「밀로의 비너스」^{Venus de Milo}도 살아난다. 그리스 조각 같은 나체의 미끈한 근육질 남성이 창과 투포환을 던지고 여신들이 춤을 춘다. 아테네에서 타오른 성화를 나체의 남성이 들고 고대 아테네를 출발하여 파도를 헤치며 바다를 건너고 산을 넘어 불가리아의 소피아, 유고슬라비아(현 세르비아)의 베오그라드, 헝가리의 부다페스트, 오스트리아의 빈, 체코슬로바키아의 프라하를 통과해 마침내 도이칠란트의 수도 베를린에 도착한다.

헤르베르트 빈트^{Herbert Windt}의 웅장한 음악을 곁들인 화면엔 어떤 목적도 보이지 않고, 오로지 영상미학의 최고를 넘나드는 테크닉만 보인다. 그 영화는 그 어떤 정치적인 수사를 늘어놓지 않기에 역설적으로 최대의 정치적 효과를 발휘한다. 고대 그리스에서 출발한 성화는 오스트리아-헝가리 제국의 거의 모든 영토를 지난다.

마치 이제 오스트리아-헝가리 제국이 지배했던 중부 유럽의 광활한 영토를 독일제국의 수중에 넣겠다는 야심을 슬쩍 미학적인 제스처로 드러내기라도 하듯.

이미 시작된 유대인에 대한 탄압도 이 영화에선 느껴지지 않는다. 히틀러는 올림픽 개막선언을 하는 짧은 장면을 제외하고는 관중석에서 독일선수가 이기면 환호하고 패하면 실망하는 한 명의 사람으로 등장한다. 「올림피아」속 히틀러는 위험해 보이지 않는다. 그를 위험한 인물이라고 여겼던 사람조차 오히려 친근감을 느낄 정도다. 이 영화는 정치에는 전혀 관심을 두지 않고 미학적 추구를 궁극으로까지 몰고가려는 인상을 풍긴다. 특히 어쩔 수 없이 일장기를 달고 뛴 금메달리스트 손기정과 또다른 조선의 참가선수 남승룡이 등장하는 「올림피아1, 민족의 제전」의 마지막 마라톤 시퀀스는 당대 도달할 수 있는 영상미학의 궁극적 수준을 보여준다.

고독한 자신만의 싸움을 펼치는 경기 마라톤. 리펜슈탈이 "마라톤 주자들의 내면적인 감정"을 영상으로 전달하고 싶었다고 말했듯이, 감독은 영상미학으로 의도를 실현하는 데 성공했다. 긴장된 음악에 맞춰 등장하는 마라토너의 모습을 보는 관객은 화면을 응시하면서 마치 자신이 달리는 것처럼 심장이 뛰기 시작한다. 달리는 마라토너를 원경으로 잡아내던 카메라의 시선은 종착점이 다가오면서 오로지 달리는 한 명의 마라토너에만 초점을 둔다. 점점 마라토너도 관중을 잊고 오로지 자신만의 싸움을 벌이는 듯, 화면엔 마라토너의 시선에서 보이는 하늘, 마라토너의 시선에서 보이는 바다, 그리고 그 도로의 바닥에 드리워진 자신의 그림자가 교차 편집

「올림피아」의 마라톤 시퀀스에 등장하는 손기정

된다. 긴장된 음악은 마라토너의 터질 것 같은 심장을 연상시킨다.

　관객은 「올림피아」가 베를린 올림픽 현장을 사실 그대로 담았을 것이라 생각한다. 사진과 영화의 경우 재현된 이미지와 대상 사이에는 필연적 인과관계가 있다는 인덱스^{index}의 성격(대상이 있기 때문에 이미지가 있을 수 있다는 생각, 이미지는 대상을 사실적으로 반영한다는 생각) 때문에 시각적 재현은 사실과 사실 아닌 것 사이의 명료한 분리를 방해한다. 실제의 대상이 존재하지 않는다면, 그 대상을 담은 사진과 영상 또한 존재할 수 없다. 하지만 사진과 영상이 인덱스적 관계를 맺는다 하더라도, 재현된 사진과 영상이 실제의 대상과 완벽하게 일치하진 않는다. 물리적 관계는 맺고 있으나 어느 정도 틈이 있기에, 사진과 영상은 대상을 '미화'할 수 있으며 그 '미화'를 통해 사실이 아닌 것을 사실로 믿게 할 수 있다. 인덱스적인 장면과 특정 의도를 갖고 연출된 장면이 교차 편집되어도 관람객은 눈치 채지 못한다. 리펜슈탈은 정식 경기가 끝난 후 영화를 위해 선수들에게 경기 재연을 요구했다.[9]

따라서 「올림피아」에는 실제의 경기를 담은 영상과 경기가 끝난 후 재연된 경기의 영상이 뒤섞여 있다. 손기정이 등장하는 마라톤 시퀀스 역시 마찬가지다. 손기정의 출전번호는 382번이었는데, 경기가 끝난 후 재연된 장면에서는 출전번호 381번을 달고 있고, 게다가 영상은 반전되어 출전번호는 뒤집혀 있다. 실제의 경기와 재연된 경기가 교차돼 있기 때문이다. 「올림피아」의 오프닝 시퀀스는 아테네에서 찍지 않았는데도, 관람객은 그곳이 아테네라고 오인한다. 소탈한 모습으로 재현된 히틀러도 실제의 히틀러와 인덱스적 관계를 맺지 않는다. 「올림피아」는 히틀러를 정치적인 수사가 아니라 미학적인 방법으로 '미화'한다. 올림픽을 직접 경기장에서 본 사람보다 텔레비전 중계나 라디오, 극장에서 기록영화로 체험한 사람이 당연히 더 많았다. 그들은 모두 '미화'된 올림픽의 모습을 보았고 그런 올림픽을 개최한 독일에 감명을 받았다.

뉘른베르크 전당대회에는 바그너가 있다

아름다운 대상을 아름답게 묘사하면 사실을 반영한 것이다. 하지만 아름답다고 할 수 없는 것을 아름답게 포장하면 사실을 '미화'

---

9. 오드리 설킬드, 허진 옮김, 『레니 리펜슈탈. 금지된 열정』, 마티, 2006, 360쪽.

선전 영화를 연출하는 리펜슈탈의 모습. 왼쪽에서 두번째

한 것이다. 예술은 그 두 가지 가능성을 모두 갖고 있다. 유내인을
위험에 빠뜨리고 전쟁으로 영토팽창을 꾀하는 1930년대의 독일제
국은 결코 아름다울 수 없다. 그런데 예술이 아름답지 않은 정치를
'미화'해냈다. 1934년의 뉘른베르크가 그 증거다.

　1934년 뉘른베르크에서 나치는 당대회를 열었다. 올림픽 스타
디움을 설계한 슈페어는 뉘른베르크 당대회의 설계도 맡았다. 슈
페어는 당시 독일의 자랑거리이기도 했던 체펠린 비행장 주변을
종합적으로 개발하는 계획을 수립했다. 당대회는 임시로 만들어
진 무대에서 진행됐는데, 슈페어는 야심차게 무대를 준비했다. 그
는 비행장의 옥외 관람석을 부수고 페르가몬 신전에서 영감을 받
아 390미터 길이에 24미터 높이에 이르는 돌 구조물을 세웠다. 스
타디움 꼭대기를 30미터의 날개를 펼친 독수리로 장식하고 사방
에 수천개의 나치 깃발을 걸었다.[10] 또한 130개의 방공탐조등을 사

10. 존 톨랜드, 앞의 책, 610쪽.

용하여 빛의 궁전을 빚어냈다.[11] 1934년 9월 5일 당대회 전야제가 열렸는데, 전야제의 하이라이트는 푸르트벵글러가 지휘하는 바그너의 오페라 「뉘른베르크의 마이스터징어」^{Die Meistersinger von Nürnberg} 공연이었다. 후에 「올림피아」를 연출한 레니 리펜슈탈은 이 과정을 「의지의 승리」^{Der Sieg des Willens, 1935}라는 제목의 영화로 제작했고, 헤르베르트 빈트가 영화음악을 담당했다.

나치에 협력하지 않았던 예술가들은 하나둘 독일을 떠났다. 작곡가 아르놀트 쇤베르크는 1933년에, 극작가 브레히트^{Brecht}의 「서푼짜리 오페라」^{Die dreigrossen Oper}의 음악을 작곡한 쿠르트 바일^{Kurt Weil}은 1935년에, 후에 아도르노와 영화음악에 관한 책을 공동집필한 작곡가 한스 아이슬러^{Hans Eisler}와 소설가 토마스 만^{Thomas Mann} 그리고 작곡가 에른스트 크레네크^{Ernst Krenek}는 1938년에, 작곡가 벨라 바르톡^{Bela Bartok}은 1939년에, 작곡가 파울 힌데미트^{Paul Hindemith}는 1940년에 독일을 떠났다. 그 와중에 뉘른베르크에서 건축가 슈페어, 지휘자 푸르트벵글러, 영화감독 레니 리펜슈탈 등 독일을 대표하는 예술가들이 한자리에 모였다. 뉘른베르크는 정치적이면서 그 이상으로 예술적이었던 것이다. 푸르트벵글러의 선택이었는지 나치의 요구였는지는 분명하지 않지만, 바그너의 「뉘른베르크의 마이스터징어」가 선택된 이유는 단지 오페라의 배경이 전당대회가 열리는 뉘른베르크였기 때문만은 아니었다.

히틀러는 바그너의 광팬이었다. 유년시절 「로엔그린」을 보고 감동을 받은 히틀러는 평생 바그너를 경배했다. 바그너의 「리엔치」

---

11. 알베르트 슈페어, 앞의 책, 97쪽.

빛의 궁전이 연출된 뉘른베르크 당대회

^{Rienzi} 서곡은 나치 전당대회에서 자주 연주되었다.[12] 히틀러는 바그너 사망 50주년인 1933년 1월 30일 바그너 추모 공연을 라이프치히에서 거대하게 개최하였다. 그는 1933년부터 1939년까지 바그너 음악축제로 유명한 바이로이트 축제에 직접 참석하기도 했다. 게다가 「뉘른베르크의 마이스터징어」에는 반유대주의적으로 해석될 수 있는 요소가 다분히 내재되어 있음도 중요하다. 「뉘른베르크의 마이스터징어」에서 참된 독일의 예술정신을 수호하는 한스 작스^{Hans Sachs}에 적대적인 인물로 그려진 교활한 베크메서^{Beckmesser}는 물론 「니벨룽엔의 반지」^{Der Ring des Nibelungen}에서 영웅 지크프리트^{Siegfried}와는 정반대의 이미지로 묘사된 인물 미메^{Mime} 등

12. Saul Friedlander, "Hitler und Wagner", Friedlander/Jorn Rusen, *Richard Wagner im Dritten Reich. Ein Schloss Elmau-Symposion*, Verlag C. H. Beck, 2000, p. 173.

은 많은 해석자에 의해 바그너의 반유대적 성향이 반영된 인물로 설명되기도 한다.

바그너 사후에 히틀러가 등장했지만 히틀러와 바그너의 연관성에 대한 증거는 차고 넘친다. 「니벨룽엔의 반지」의 「발퀴레」^{Walküre} 중 발퀴레 입장 음악이 나치 시대 보켄샤우^{Wochenschau}(뉴스영화)의 배경음악으로 사용된 것은 나치와 바그너 사이의 연관성을 입증한다. 히틀러는 바그너의 음악 중에서도 특히 「뉘른베르크의 마이스터징어」를 좋아했다고 알려져 있다. 이 곡에 대한 히틀러의 애착을 잘 알려주는 증언이 있다.

어느 하루는 히틀러가 한프슈탱글에게 홀에 있는 피아노를 연주해 자신의 마음을 달래달라고 요청했다. 한프슈탱글은 조율되지 않은 업라이트 피아노로 가서 바흐의 푸가를 연주했다. 히틀러는 고개를 끄덕이며 조용히 듣고 있었다. 한프슈탱글은 다시 바그너의 「마이스터징어」를 연주하기 시작했는데 피아노가 부서지지 않기만을 희망했다. 히틀러는 흥분한 나머지 좁은 홀을 왔다갔다하면서 오케스트라 지휘자처럼 손을 휘저었다. 음악이 히틀러한테 물리적인 영향을 주었다. 마지막 부분을 연주할 무렵에는 기분 상태가 최고였고 그의 근심은 모두 사라졌다. (…) 히틀러는 「마이스터징어」를 완전히 암기했고 묘하게 심금을 울리는 비브라토 방식으로 조화롭게 전곡을 휘파람으로 불 수 있었다.[13]

---

13. 존 톨랜드, 앞의 책, 243-244쪽.

　괴벨스는 바그너의 「뉘른베르크의 마이스터징어」를 라디오로 중계하면서 이렇게 말했다. "독일은 고래로 음악의 나라입니다. 모든 독일인에게 멜로디는 타고난 것처럼 보입니다. 온 민족이 음악을 즐기는 가운데 우리의 위대한 예술적 천재가 탄생했으며, 이들이야말로 음악 예술적으로 최고봉이라 해도 과언이 아닐 것입니다."[14] 「뉘른베르크의 마이스터징어」 3막의 합창에서 "일어나라, 새벽이 밝았노라" Wacht auf, es nahet gen den Tag 라는 구절을 히틀러는 맥락과 상관없이 독일제국의 국민에게 자신이 고하는 소리로 해석했을 것이다. 이어 합창으로 부르는 "푸른 숲에서 울리는/ 아름다운 나이팅게일의 소리가 들리네. 언덕과 계곡으로 울려 퍼지는 노래, 밤은 서쪽으로 지고,/ 낮은 동쪽에서 시작되네,/ 열렬히 빛나는 붉은 햇살이/ 우울한 구름을 몰아내네." 등과 같은 구절은

---

14. 이경분, 『프로파간다와 음악』, 서강대학교 출판부, 30쪽.

자신의 역사적 과업을 바그너가 예견한 것이라고 오인했을 것이다. 독일의 예술정신의 화신으로 추앙되는 한스 작스를 위한 피날레에서 히틀러는 아마 전율을 느꼈을 것이고, 곡의 가사에서 느낀 그 전율을 자신에게 열광하는 '독일 국민'에게 전달하고 싶었을 것이다.

우리 명인들이

예술을 애호하고

풍부히 꽃피워 나가며

참된 것을 지켜나가려 노력하기 때문이지요.

그 순수한 전통을 오래도록 지켜왔기에

정부와 왕들이 축복했고,

악덕이 판치는 시대에도

독일의 진실한 정신으로 남아왔소.

세상을 전쟁과 혼란이

뒤덮던 시대에도

명예로운 정신으로 우뚝 서 있었지요!

어찌 명인들의 훌륭함을 부정할 수 있겠소?

조심해야 합니다! 악덕이 우리를 위협하고 있어요!

만일 이 독일의 명인들이 명예를 버린다면

독일제국과 그 민중들이

외국의 헛된 규칙에 멸망해갈 것이며

머지않아 제국과 민중들이 유린되게 될 것이고

공허한 외국 문화가

이 땅에 자라게 될 것입니다.

그렇게 되면 독일의 진실한 정신은 잊혀지게 되는 것입니다. 이제
이 자리에서 당신에게 말씀드립니다.

독일의 명인들을 존경하고

그들의 영혼과 함께해주시오!

당신이 그들의 노고를 존중한다면

어떠한 어려움이 있더라도

신성한 독일제국이 멸망할지라도

독일의 예술은 건재하여

길이길이 남을 것입니다.

어느 나라에서도 없었던 가히 기이한 광경이다. 정당의 전당대
회에, 그것도 나치당의 전당대회 전야제에 바그너의 오페라 공연
이란! 「뉘른베르크의 마이스터징어」의 한스 작스처럼 나치당은
진정한 독일 정신은 예술혼에 있음을 증명하고 싶었던 것일까?

아도르노는 바그너 음악 속에서 히틀러를 찾아낸다

사회학자 아도르노는 유대인이다. 죽음을 피해 미국으로 망명해
야 했던 나치의 희생자였다. 그는 독재자 히틀러와 음악가 바그너
사이의 이 기이한 연관을 단순히 우연으로 간주하지 않는다. 그는

"작품의 내용은 그 자체로 일종의 역사적인 동학 속에서 변화하고 이동하는 층층이 쌓여 있는 어떤 것이다. 작품의 내용은 현실의 역사 그리고 사회와 무관하지 않다"[15]고 해석했다. 그는 히틀러의 바그너 애호에는 미학적으로 필연적인 이유가 있다고 판단하고, 음악이라는 미학의 가면을 쓴 정치적 위험성을 파헤친다.

바그너 음악은 테크닉 상으로는 진보한 것처럼 보이지만 사실상 신화로 퇴행한다. 자신의 음악드라마를 '미래의 드라마'라 불렀지만 그중 어떤 것도 동시대를 배경으로 삼지 않는다. 바그너의 모든 음악드라마는 아주 먼 과거의 어느 때라는 신화적인 시간 속에 있다. 그 속에서 주인공들은 거부할 수 없는 운명의 힘에 부딪히고, 운명에 따라 몰락한다. 몰락을 피할 선택의 기회가 있음에도 그들은 운명에 저항하지 않는다. 대개의 주인공은 죽음을 맞이한다. 「방황하는 네덜란드 사람」^{Der fliegende Holländer}의 젠타^{Senta}, 「로엔그린」의 엘자^{Elsa}, 심지어 「니벨룽엔의 반지」의 지크프리트에 이르기까지 정해진 운명의 규칙에서 벗어나는 인물은 없으며 인간이 아닌 신적 존재인 보탄^{Wotan}마저도 운명에 수긍한다. 변화될 수 없는 운명의 힘은 강조되며, 개인은 그 힘에 굴복하는 것 이외의 다른 선택이 없다. 개인은 철저하게 무기력한 범주다. 바그너 음악드라마의 주인공들은 묘하게 히틀러의 삶의 철학과 닮았다. 히틀러는 영웅을 숭배했고, 자신이 영웅이 되고 싶어했으며, 영웅의 비장한 죽음에서 경외감을 느꼈다.

바그너의 주인공들이 히틀러의 삶의 철학과 소름끼칠 정도의

---

15. Theodor W. Adorno, "Wagner und Bayreuth", *Gesammelte Schriften 18*, Suhrkamp, 1966, p. 211.

1861년 파리에서의 바그너

유사성을 보여준다면, 그 음악구조는 히틀러의 정치적 효과와 놀랍게 빼닮았다. 그 비밀은 음색에 있다. "음색이라는 차원은 바그너 고유의 발견"[16]이다. 음색은 개별 악기의 소리가 아니라 오케스트레이션의 전체적 효과다. 바그너의 오케스트레이션 기법은 자신이 발견한 음색의 특성을 최대한 활용하기 위한 장치로 작동한다. 한 대의 바이올린으로 크게 내는 소리와 여러 대의 바이올린으로 만들어내는 큰 소리는 '음색'을 통해 구별된다. 바그너 스스로 밝혔듯이 그는 오케스트레이션을 통한 음색을 보장하기 위해 개별 악기를 인정하지 않는다. 그는 오케스트라라는 한 가지 악기만 인정한다. 바그너는 오케스트라 속 독주 악기의 생생한 소리를 병적으로 두려워한다.

바그너 이전까지 작곡가는 대부분 연주자이기도 했다. 바흐와

---

16. Theodor W. Adorno, "Versuch über Wagner", *Gesammelte Schriften 13*. Suhrkamp, 1963, p.68.

헨델은 오르간 연주자였고, 하이든과 베토벤은 피아노 연주자였다. 바그너는 악기를 연주할 줄 몰랐다는 점에서 새로운 유형의 작곡가였다. 그는 작곡을 하면서 교향악단을 지휘하는 새로운 유형의 작곡가 시대의 문을 열었다. 악기를 연주할 줄 아는 작곡가는 보통 피아노를 이용하여 곡의 대략의 윤곽을 스케치하고, 오케스트라의 음색에 맞추어가는 방법을 취했다. 즉 이들에게 오케스트라는 피아노의 확대였다. 하지만 지휘자 겸 작곡가인 바그너는 다른 전제조건에서 출발했다. 그는 각 악기들의 고유성에 매료되지 않으면서 오케스트라 음악을 하나의 통일체로 구성하려 하였다. 바그너는 작곡된 총보(텍스트)의 생산자이자(작곡) 동시에 그 텍스트가 연주되는 환경에서 발휘되는 특성(지휘)에 주목한다. 그는 작품의 내적 구조에 몰입하는 '작곡가-생산자'이며, 작품이 연주될 때 발휘되는 효과의 특성을 누구보다도 잘 아는 '작곡가-지휘자'였다. 이렇게 그는 '효과' Wirkung라는 요소를 음악의 내부로 끌어들였다. 바그너의 음악에서 '효과'는 이미 계산된 요소로 작품 속에 포함된다. 음색은 계산된 '효과'를 유도할 수 있는 교묘한 음악 내적 장치이다.

'작곡가-지휘자' 바그너는 관객의 반응을 계산하고 계산된 효과를 유도한다. 그렇기에 바그너의 음악을 듣는 사람은 특정한 효과를 위해 동원된, 그리고 계산된 대상으로 전락한다. 바그너 음악에 내재된 이러한 특성들은 이른바 제3제국의 '바그너 현상'을 가능하게 하는 가능태들이었다. 히틀러를 근접 거리에서 살펴볼 수 있었던 목격자인 옛 친구 쿠비체크 A. Kubizek에 따르면 히틀러에게

"바그너를 듣는다는 것은 단순히 극장에 가는 것이 아니라 바그너 음악이 자기 안에 만들어내는 그 특별한 상태, 그 황홀경, 신비스러운 꿈의 세계로 벗어나는 그 탈출의 기회를 뜻했다."[17] 바그너 음악이 제공하는 판타스마고리아 Phantasmagoria (환등상)는 종국에 "청취자를 국가주의적 자기 신격화와 잔인한 유머로 유혹"[18]한다. 히틀러의 바그너 애호는 한 권력자의 사적 취향이 아니었다. 그것은 예술로 위장되고 미화된 정치였다.

리펜슈탈의 영화는 바그너의 음악을 닮았다

뉘른베르크 전당대회가 바그너의 음악적 표현이라면, 다큐멘터리 「의지의 승리」는 바그너의 시각적 연출이라고 할 수 있다. 「의지의 승리」는 "1934년 9월 / 1차 세계대전이 일어난 지 20년 후/ 독일의 고통이 시작된 지 16년 후/ 독일이 재탄생한 지 19개월 후/ 아돌프 히틀러는 군사사열을 주재하기 위해 뉘른베르크로 날아간다"라는 타이틀과 함께 시작된다. 수십만명의 군인과 민간인이 뉘른베르크 전당대회를 직접 경험했다면, 다시 수백만명의 사람이 기록영화를 통해 뉘른베르크 효과에 노출된다. 엄청난 규모의 사람들이 괴벨스가 구상하고 슈페어가 무대설치를 맡고 푸르트벵글러가 음악을 담당하고 히틀러가 주연배우로 나선 뉘른베르크 현장을 리펜슈탈의 영상으로 만난다.

---

17. 이언 커쇼, 앞의 책, 94–95쪽.

18. Theodor W. Adorno, "Versuch über Wagner", p.115.

카메라는 비행기를 타고 뉘른베르크에 도착하는 히틀러의 시선에 따라 움직인다. 마치 하늘에서 지상으로 내려오는 영웅의 시선으로 내려다보다가 뉘른베르크로 하강하는 듯하다. 하켄크로이츠 Hakenkreuz 깃발이 휘날리는 뉘른베르크의 조용하고 평화로운 아침 분위기에 바그너의 「뉘른베르크의 마이스터징어」 3막 서곡이 등장한다.[19] 병사들이 줄지어 행진하는 뉘른베르크의 도로를 하늘 위에서 내려다보다가 지상으로 '강림한' 히틀러는 지지자들의 열광적인 환영을 받는다. 그는 히틀러 유겐트, SA Sturmabteilung(돌격대)와 SS Schutzstaffel(친위대)를 사열한다. 「의지의 승리」에서 가장 미학적인 장면이며 동시에 가장 소름끼치는 장면이다.

병사들은 일사불란하게 움직이며 바그너 음악에서 아도르노가 음색의 효과라 불렀던 상황을 연출한다. 단 한 명의 절도있는 걸음걸이가 아니라 그 수를 알 수 없는 병사들이 히틀러식 경례를 하고 절도 있게 손과 발을 맞추어 행진하는 장면은 바그너의 음악이 음색의 효과를 내는 과정과 유사하다. 각각의 바이올린이 전체 오케스트라의 음색을 위해 자신을 지우면서 봉사해야 하는 것처럼 개개의 병사는 오로지 히틀러를 돋보이게 하는 하나의 구성요소가 될 때만 존재 이유가 있다. 「의지의 승리」에는 히틀러의 연설이 네 번 등장하는데, 정면에서 찍은 샷은 없다. 총통을 우러러보는 관중 샷이 유난히 많은데 히틀러 유겐트를 향한 두번째 연설의 경우 히틀러를 찍은 열여덟개의 샷 가운데 열여섯개 샷이 위를 올려다보는 각도로 촬영되었다.[20]

19. 이경분, 앞의 책, 139쪽.
20. 오노 히로유키, 양지연 옮김, 『채플린과 히틀러의 세계대전』, 사계절, 2017, 310쪽.

「의지의 승리」 한 장면. 얼굴 없는 병사들은 오직 히틀러를 위해 존재한다

「의지의 승리」에 수십만명이 등장하지만 얼굴을 인식할 수 있는 사람은 히틀러뿐이다. 뉘른베르크의 히틀러는 마치 바그너의 음악을 지휘하는 푸르트벵글러 같다. 푸르트벵글러가 지휘봉을 들면, 악단이 그에 맞춰 정교하게 움직이는 것처럼 뉘른베르크 체펠린 비행장에서 벌어지는 군사사열은 오직 한 사람 히틀러를 위해 일사불란한 동작으로 진행된다.

「의지의 승리」는 어떤 '효과'를 빚어내는가? 4시간을 훌쩍 넘기는 바그너의 음악을 30여분짜리 곡을 듣는 것처럼 집중해서 들을 수는 없다. 아도르노는 '제스처'라는 바그너 음악의 요소를 별도로 범주화하고 이를 분석하는데, '제스처'는 바그너 음악에 담긴 개인과 전체의 관계가 음악의 형식으로 등장하는 범주이다.

히틀러의 연설을 듣는 사람이 어느 순간 연설의 내용이 아니라 히틀러의 제스처에 굴복하게 되듯, 바그너 음악을 듣는 사람은 그

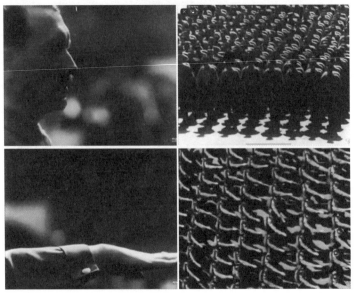

「의지의 승리」에 사용된 히틀러와 병사들의 대비. 히틀러의 제스처에 굴복하는 병사들

음악의 제스처에 굴복하게 된다. 바그너 음악의 제스처에 포획된 사람은 바그너 음악을 텍스트로 분석하려는 시도를 포기한 채 하나의 제스처로 다가오는 음악 전체의 구조에 자신을 내맡기게 된다. 바그너 음악의 생산적 요소는 "주체가 자발성^{Souveränität}을 단념하고 수동적으로 태고적인 것(충동의 근거)에 자신을 맡기는 것"[21]이다. 이로써 바그너 음악 자체는 신화적 시간 위에서 전개되기에 그 자체로는 탈이데올로기화하지만, 음악의 내적 구조는 이데올로기화되는 역설이 발생하는 것이다. 히틀러의 연설을 지켜본 한프슈탱글은 그의 연설은 음악을 지휘하는 사람을 닮았다고 했다.

21. Theodor W. Adorno, "Versuch über Wagner", p.60.

한프슈탱글은 특히 히틀러가 팔을 위로 쳐드는 제스처에 감명받았다. 이는 마치 오케스트라 지휘자가 내리막 비트를 쏟아내는 대신 지휘봉을 살짝 위로 치켜올리면서 숨겨진 리듬과 의미를 넌지시 보여주는 수준 높은 연주와도 같았다. 히틀러는 음악에 대한 지식과 감을 십분 발휘해 연설 템포를 음악처럼 만들었다. 3분의 2는 행진곡 템포에 맞춰 빨라지다가 마지막 3분의 1에서는 대개 랩소디 풍으로 진행되었다. 그는 남을 흉내내는 재주를 잘 써먹었다. 자신에 반대하는 상상의 적을 흉내낸 다음 이를 박살내고 자기주장을 펼쳐 보였다.[22]

히틀러는 바그너의 음악처럼 연설했다. 한프슈탱글은 그의 연설 능력은 그가 바그너 음악의 효과를 잘 알고 있었기 때문이라고 분석하기도 한다. 음악을 듣는 행위는 정치적 행위일 수도 있었다. 히틀러는 음악에서 이성적이고 분석적인 것이 아니라 종교적인 것을 선호했다. 회의나 의심이 아니라 믿음과 경건함이 강조되었던 것이다.[23] 「의지의 승리」를 보는 관객은 바그너 음악에 매료되는 사람이 자신도 모르는 사이에 바그너 '효과'에 빠지는 것처럼 지금까지는 경험하지 못했던 새로운 미적 체험에 빠진다. 신 앞에서 유한한 존재로서의 인간의 한계를 느낄 때나 자연 앞에서 인간의 미약함을 깨달을 때 다가오는 미학적 범주인 '장엄함'은 기꺼이 전체를 위해 희생되는 개인의 '비장함'에 의해 슬쩍 대체된다. 「의지의 승리」는 바그너 음악을 관통하는 비장미를 쪽 빼닮았고, 그것을 보고 비장미를 학습한 관객은 히틀러의 정치를 이성이 아

---

22. 존 톨랜드, 민국홍 옮김, 『아돌프 히틀러 결정판 1』, 페이퍼로드, 2019, 251-252쪽.
23. 이경분, 앞의 책, 146쪽.

니라 감성의 감각으로 받아들이고 결국 파시즘을 마음속으로 승인한다.

파리를 굳이 파괴할 필요는 없다.
게르마니아가 파리를 초라하게 만들 테니까

히틀러는 생존공간 확보라는 명목으로 광범위한 침략전쟁을 시작했다. 그는 베를린 동쪽 폴란드를 침공했고, 서쪽을 향해서도 공간확장을 멈추지 않았다. 1940년 6월 23일 히틀러는 나치가 점령한 파리에 있었다. 그는 파리를 돌아보았다. 한때의 예술가 지망생, 젊은 시절 빈에서 바그너의 오페라를 보고 또 보았던 예술애호가 히틀러는 파리의 오페라 가르니에를 방문했다. 히틀러는 흥분했다. 점령자의 흥분이라기보다 예술애호가의 감격에 가까운 반응이었다. 그는 오페라 가르니에가 세계에서 가장 아름다운 극장이라고 수행단에게 외쳤다.[24] 에펠탑을 들렀다가 나폴레옹의 무덤을 방문해 그 무덤을 한참 바라봤다. 베를린을 점령해 베를린의 상징인 브란덴부르크 문의 4두마차를 승리의 전리품으로 가져갔던 나폴레옹에게 히틀러는 어떤 말을 건넸을까? 나폴레옹 당신이 한때 베를린을 점령했다면, 이번엔 내가 당신의 파리를 점령했다고 말했을까? 아니면 한때의 영웅도 피해갈 수 없는 생명의 유한성을 깨닫고 비장함에 빠졌을까?

---

24. 존 톨랜드, 민국홍 옮김, 『아돌프 히틀러 결정판 2』, 페이퍼로드, 2019, 201쪽.

1940년 파리에서의 히틀러

　히틀러는 슈페어를 불렀다. 그리고 자신의 결심을 말했다. 그는 파리가 정말 아름답다고 했다. 그러나 이제 베를린이 파리보다 더 아름다워야 한다고 했다. 그는 파리에 대해 장황설을 늘어놓았다. 한때 예술가 지망생이었던 자신이 운명적으로 정치에 이끌리지 않았다면 베를린이 아니라 파리에 있었을 것이라 했다. 슈페어는 이렇게 기억하고 있다. "'파리 아름답지 않나? 베를린을 더 아름답게 만들어야 해. 사실, 전에는 파리를 파괴해야 하나 남겨두어야 하나 고민을 했어.' 그는 너무도 차분하게 말을 이었다. 마치 세상에서 가장 당연한 이야기를 하고 있듯이. '하지만 베를린이 완성되는 날 파리는 그림자로 변할 거야. 그러니 우리가 파리를 부술 필요가 있겠나?'"[25]

　히틀러는 머릿속에 이미 세계를 정복한 독일제국을 그리고 있

---

25. 알베르트 슈페어, 앞의 책, 277쪽.

었다. 프로이센의 흔적을 고스란히 간직하고 있는 베를린, 파리를 폐허로 만들고 빈을 초라하게 만들 정도의 완전히 새로운 베를린이 만들어져야 했다. 그와 슈페어는 그 새로운 베를린을 게르마니아Germania라 불렀다.

슈페어는 게르마니아 구상을 회상하면서 히틀러는 과대망상증과 아름다움에 대한 집착이 묘하게 얽혀 있는 인물이었음을 알려준다. 그는 파리를 시샘했다. 파리의 에투알 개선문과 비교하면 너무나 초라한 브란덴부르크 문 때문이었을까? 그는 게르마니아에도 개선문이 있어야 한다고 생각했다. 그러나 게르마니아의 개선문은 파리의 개선문을 당연히 능가하는 크기여야 했다. 에투알 개선문의 높이가 48미터이기에 게르마니아의 개선문은 그것을 압도적으로 뛰어넘는 높이인 120미터야 했다. 파리의 개선문에서 시작하는 샹젤리제의 폭이 100미터에 이르니 게르마니아의 개선문에서 시작하는 대로는 샹젤리제보다 20미터는 더 넓어야 했다. 대로의 끝에 인류역사상 가장 큰 규모의 대회의장이 들어설 예정이었는데, 대회의장은 15만에서 18만명을 수용할 예정이었다.

젊은 시절 히틀러는 빈과 파리의 설계에 대해 조심스럽게 연구했고, 그에 대한 비상한 기억력을 드러내기도 했다. 빈에서 그는 웅장한 건물들이 서 있는 링슈트라세, 시청과 의사당, 콘서트홀, 호프부르크와 자연사·미술사박물관에 경탄했다. 그는 이 지역을 정확한 비례로 그려냈고, 기념비와 같은 멋진 공공건물들은 어디서나 자유롭게 보일 수 있도록 설계해야 한다는 교훈을 다시 한번

히틀러가 구상한 게르마니아 베를린

새겼다. 히틀러는 빈은 자신의 이상과 일치하지 않는다고 하면서
도 네오고딕 양식의 시청 건물과 그 도시를 찬미했다. '여기 시청
건물은 빈을 잘 표현하고 있지. 그에 비해 베를린 시청사는 어떤
가. 빈보다 더 아름다운 건물을 지을 거야. 그렇고말고.' 히틀러가
더욱 깊은 인상을 받은 것은 1853-70년에 250만 골드 프랑이 투입
된 파리의 거대한 재건축 프로젝트와 새 대로 건설이었다. 히틀러
는 이 공사를 진행시켰던 조르주 오스망을 역사상 최고의 도시 설
계사로 여겼고, 자신이 그를 능가하기를 원했다.[26]

베를린에서 유년 시절을 보낸 벤야민은 히틀러의 베를린을 떠
나 파리로 갔다. 멀리 베를린에서 벌어지는 소식을 들었고, 히틀러
가 파리를 점령하고 파리보다 더 아름답고 새로운 베를린을 구상

---

26. 같은 책, 21쪽

중이라는 소식도 들었다. 1940년 『역사의 개념에 대하여』에서 벤야민은 예술에 의해 정치가 '미화'되는 과정을 우려하며 다음과 같은 질문을 던졌다. 예술이 정치적 야심을 감추는 포장지가 된다면, 예술이 현실을 제대로 보지 못하도록 하고 오히려 거짓된 '현혹'으로 이끈다면, 예술이 정치를 '미화'하는 수단이 된다면, 예술은 무엇이란 말인가.

금의환향한 히틀러와 스탈린이 만난다

히틀러는 승승장구한다. 히틀러는 베를린 서쪽으로 프랑스와 벨기에를 점령했고 북쪽으로 노르웨이, 덴마크를 굴복시키더니 동쪽으로 폴란드, 체코슬로바키아를 침략했다. 동쪽 끝에는 소비에트 연방이 있다. 소비에트 연방에서 서유럽과 가장 가까운 큰 도시가 레닌드라드다. 본래 독일식 이름 상트페테르부르크였던 이 도시는 핀란드(당시에는 러시아)의 탐페레^{Tampere}에서 기차를 타고 상트페테르부르크의 핀란드 역에 도착한 러시아 10월 혁명의 주역 블라디미르 레닌의 이름을 따서 1924년 레닌그라드라는 이름으로 바뀌었다.

표트르 1세가 서유럽식의 도시를 러시아에도 짓겠다고 1703년 발트해 연안의 늪지대를 매립하여 만든 이 도시는 러시아의 오래된 서구 동경의 산물이다. 표트르 1세 이후 즉위한 프로이센 출신 예카테리나 2세^{1762-1796년 재위}는 무능력한 남편을 폐위시키는 쿠데

타로 최고의 자리에 올랐다. 예카테리나 2세는 상트페테르부르크가 더 완벽한 유럽이 되기를 원했으며 서유럽의 이름난 궁전처럼, 상트페테르부르크에도 그에 못지않은 궁전이 있기를 원했다. 그 모범은 베르사유였고, 프로이센의 프리드리히 대제가 포츠담의 궁전에 프랑스식 이름인 '상수시'Sanssouci를 붙였던 것처럼 상트페테르부르크의 궁전에도 프랑스식 이름을 붙이길 원했다. 프랑스식 이름의 궁전을 갖는 것은, 상트페테르부르크가 모스크바와 달리 유럽 도시의 일원이 된다는 것을 의미했다. 예카테리나는 근심이 없다는 뜻의 '상수시'를 선택한 프리드리히 대제와 달리 '은둔자의 방'이라는 뜻을 지닌 에르미타주Hermitage라고 이름지었다. 그리고 그 은둔자의 방을 채울 유럽의 예술품을 차곡차곡 모았다.

예카테리나 2세가 완벽한 서구의 도시가 되기를 기대했던 레닌그라드의 운명은 프로이센을 계승한 히틀러의 야심이 커지자 그토록 원하던 서유럽의 동시대적 맥락 속으로 휩쓸려 들어간다. 히틀러는 생각에 빠진다. 러시아만 점령하면 세계제국을 건설한다, 오직 러시아만 남았다. 상트페테르부르크의 추위에 가로막혀 러시아 정복에 실패한 나폴레옹이 잠시 떠올랐지만, 이미 파리를 정복했고 나폴레옹 무덤에서 그가 이루지 못한 일을 해내겠다고 결심하지 않았던가. 1941년 6월 22일 독일은 동쪽을 향해 바르바로사 작전을 시작했다. 독일은 레닌그라드를 향해 진군했다.

1906년, 한 어린아이가 태어났다. 아이가 태어났을 때 그 도시는 아직 상트페테르부르크였다. 아이가 자라면서 사회주의 혁명이 일어났고 고향의 이름은 레닌그라드로 바뀌었다. 성장한 그 아이는 1919년 러시아 혁명 이후 레닌그라드 음악원에 입학했고 열아홉살의 나이에 첫번째 교향곡을 작곡하여 세상을 놀라게 했다. 드미트리 쇼스타코비치[Dmitri Shostakovich], 그는 이 도시를 가끔 '상트레닌스부르크'라고 부르기도 했다.[27]

러시아 혁명 이후 러시아는 활기로 넘쳐흐른다. 상트페테르부르크의 작가 도스토예프스키가 그의 소설에서 묘사한 차르 치하 상트페테르부르크의 어불성설은 사회주의 혁명에 의해 하나둘 제거되고 있다. 1926년 5월12일 레닌그라드 필하모니가 쇼스타코비치의 「교향곡 1번」을 초연했다. 자신이 태어나고 자란 도시가 자랑하는 교향악단이 아직 소년티를 채 벗지 못한 천재 작곡가의 음악을 초연한다. 쇼스타코비치는 흥분을 감추지 못한다. 그는 그날 자신이 두번째로 태어났다고 말했다.[28] 차이코프스키의 음악처럼 비애를 자아내는 비관성이 러시아의 슬라브적인 감성이라면, 소비에트 러시아는 슬라브적 비관성을 버리고 낙관으로 무장했다. 낙관이 지배하는 레닌그라드의 분위기에 쇼스타코비치도 편승한다. 작곡가로 승승장구하고 있으니 쇼스타코비치의 음악도 자연스레 낙관적일 수밖에 없었다. 타향으로 갔다가 고향으로 금의환향하는 것도 매력적이지만, 태어난 도시에서 인정받는 것은 그 이상으로 짜릿한 경험일 것이다.

1927년의 두번째 교향곡과 1929년의 세번째 교향곡도 성공적이었다. 1934년 1월 22일 「므첸스크의 맥베스 부인」이 레닌그라드

---

27. 줄리언 반스, 송은주 옮김, 『시대의 소음』, 다산책방, 2017, 23쪽.
28. M.T. 앤더슨, 장호연 옮김, 『죽은 자들의 도시를 위한 교향곡』, 돌베개, 2018, 75쪽.

에서 초연되었고 역시 대호평을 받았다. 그 사이에 히틀러는 베를린에서 총리 자리에 올랐으나 아직 베를린과 레닌그라드의 거리는 멀었다. 두 도시는 각자의 방식으로 움직였다. 한때 빈의 쉰부른 공원에서 히틀러와 마주쳤을지도 모르는 스탈린은 예술에 대해서 히틀러와 완전히 다른 취향을 지녔다. 히틀러가 운명론적이고 비장미 넘치는 바그너에 빠졌다면, 스탈린은 소비에트식 낙관성을 선호했다. 스탈린에게 예술은 혁명이라는 정치적 목적을 위한 수단 그 이상이 아니었다. 대중적 인기를 끌기 쉽지 않은 바그너에 매혹된 히틀러와 달리 스탈린은 분명하고 직접적이며 단순한 예술을 선호했다.

때로 어떤 성공은 위험을 낳는다. 「므첸스크의 맥베스 부인」이 성공하면서 쇼스타코비치는 위험해졌다. 대중은 「므첸스크의 맥베스 부인」에 환호를 보냈지만, 스탈린은 1936년 1월 26일 모스크바 볼쇼이 극장에서 이 화제의 공연을 보다가 중간에 화를 내며 퇴장했다. 그로부터 이틀 후 당 기관지 『프라우다』에 "음악이 아니라 혼란"이라는 제목의 기사가 실렸다. 승승장구하던 쇼스타코비치는 졸지에 위험한 인물로 낙인찍혔다.

　스탈린은 레닌그라드를 싫어했다. 그는 서유럽이라면 무조건 적대시했는데, 지식인과 예술가들은 서방과 내통할 수 있다고 의심하면서 모스크바와 달리 서방에 너무 가까운 도시 레닌그라드를 경계했다. 레닌그라드 출신 쇼스타코비치는 스탈린이 싫어하는 두 가지 요소를 다 갖추었다. 베를린에서 히틀러가 정치를 '미화'하기 위한 수단으로 예술을 사용했다면, 모스크바의 스탈린은 소비에트의 괴벨스 격인 안드레이 즈다노프^{Andrei Zhdanov}를 내세워 자본주의적 서방에 직접적으로 맞대항하는 사회주의적 예술을 요구했다. 즈다노프는 '형식주의'라는 유령개념을 만들어냈고, 소비에트의 모든 예술이 '형식주의'에서 벗어날 것을 요구했다. 아무도 그 실체를 알 수 없었으나, 형식주의는 소비에트 예술의 절대악으로 취급되었다. 형식주의라는 낙인이 찍히면 그 예술은 곧 서방과 내통하는 예술이 된다. "음악이 아니라 혼란"이라는 한줄의 기사는 쇼스타코비치를 궁지로 몰아넣었다. 『프라우다』 기사는 익명

스탈린과 소비에트의 괴벨스 격의 인물 즈다노프

으로 실렸지만, 누구나 그게 스탈린의 뜻임을 알고 있었다. 레닌그라드의 스타 쇼스타코비치는 졸지에 모든 사람이 피하는 위험인물이 되었다.[29]

그는 이제 자신이 실체를 알 수 없는 형식주의자가 아님을 증명해야 한다. 그는 다양한 공격을 받았다. "어떤 때는 지나치게 단순하다고, 어떨 때는 지나치게 복잡"하다고. "지나치게 가볍고 사소하다는 비판, 지나치게 음울하고 절망적이라는 비판, 지나치게 감상적이라는 비판, 지나치게 감정이 메마르다는 비판"이 형식주의에 대한 비판이라는 명목으로 한 명의 작곡가에게 동시에 쏟아졌다. 1937년 11월 21일 초연된 「교향곡 5번」을 통해 쇼스타코비치는 형식주의자라는 비난으로부터 겨우 벗어날 수 있었다. 열아홉에 교향곡을 작곡한 천재가 숙청당할 위기에 처했다가 「교향곡 5번」으로 기사회생한 것이다.

쇼스타코비치가 이렇게 인정과 위기의 롤러코스터를 타고 있는 동안 히틀러는 러시아로 다가오고 있었다. 1941년, 베를린과 레닌그라드는 충돌했다. 히틀러의 베를린은 쇼스타코비치의 레닌그라드 발목 근처까지 진입했다. 베를린은 레닌그라드를 봉쇄하는 작전을 쓴다. 베를린은 낙관적이다. 레닌그라드는 봉쇄를 오래 견디지 못하고 항복할 것이다. 그렇다면 우리는 피 한방울 총알 한발도 발사하지 않고 레닌그라드를 점령할 것이며, 레닌그라드의 성 이삭 성당 근처의 아스토리아 호텔에서 1년 후에는 축하 파티를 하게 될 것이라고 히틀러는 장담했다.

---

29. 드미트리 쇼스타코비치, 솔로몬 볼코프 엮음, 김병화 옮김, 『증언』, 온다프레스, 2019, 291–292쪽.

쇼스타코비치는 입대를 신청하지만, 거절당하고 대신 1941년 7월 초부터 특수 소방대 임무를 맡는다. 그가 레닌그라드 음악원 옥상에서 소방관 옷을 입고 찍은 사진이 전해진다. 봉쇄당한 레닌그라드의 분위기를 반영하지 못하는 빳빳한 소방관 탓에 연출로 의심되는 사진이다. 그가 어떤 복장으로 소방관 역을 수행했는지는 사실 중요하지 않다. 그가 레닌그라드 음악원 옥상에서 레닌그라드를 내려다보고 있다는 점이 중요하다.

음악가가 자신의 고향 도시를 지키기 위해 소방관이 되는 것도 중요하지만, 아마 그는 예술가로서 자신이 해야 하는 일이 무엇인지 고민했을 것이다. 그는 1941년 7월 19일 「교향곡 7번」 작곡을 시작했다. 「교향곡 7번」 1악장을 듣는다. 소비에트는 1악장에 대해 독일군이 러시아를 침공하는 장면을 묘사했다면서 '전쟁의 동기'로 해석한다. 어디까지나 작곡가의 해석이 아니라 소비에트 당국의 해석이니, 무조건 믿을 수는 없다. 라벨의 「볼레로」처럼 악기 편성이 점점 거대해지면서 같은 주제가 반복된다. 이 주제가 반복되다가 소비에트가 '저항의 주제'라 해석한 주제가 등장한다. 쇼스타코비치는 후에 1악장의 주제는 독일군의 침입과 아무런 관계가 없다고 말했다.[30] 그는 전쟁으로 인한 공통의 슬픔을 표현하고자 했다고 전했다. 소비에트 낙관론에 의해 표현될 수 없었던 슬픔, 전쟁으로 인한 긴박한 상황은 억제되었던 슬픔을 표현할 수 있는 기회를 제공했다. 그렇다. 그의 말처럼 "슬퍼할 수 있는 것도 하나의 권리다."[31] 그는 레닌그라드 공통의 슬픔을 음악으로 옮긴다.

---

30. 같은 책, 371쪽.
31. 같은 책, 333쪽.

레닌그라드 음악원 옥상에서 소방관복을 입은 쇼스타코비치

쇼스타코비치가 1악장을 작곡할 때만 해도 레닌그라드는 히틀러 군대에 의해 봉쇄된 지 오래되지 않았다. 8월 25일, 레닌그라드와 외부를 연결하는 철도가 공격받았다. 그 직전 레닌그라드를 빠져나간 63만 6,000명을 제외한 250만명이 레닌그라드에 남았다. 레닌그라드와 외부를 연결하는 마지막 육상 연결 통로가 끊어지면서 도시는 완전히 고립되었다.

9월 8일 쇼스타코비치는 2악장 작곡을 시작했다. 2악장은 분위기가 다르다. 1악장이 전쟁의 위기에 처한 레닌그라드를 연상시킨다면, 2악장은 레닌그라드의 행복했던 시절을 회상하는 듯한 춤곡 악장이다. 쇼스타코비치는 2악장에 "회상 또는 꿈이라는 제목을 붙일까 생각했다."[32] 작곡 속도는 빨랐다. 그는 이후에 이렇게 회상했다. "쓰지 않을 수 없었다. 사방이 전쟁이었다. 나는 인민들과 함께 있어야 했고, 궁지에 몰린 조국의 이미지를 만들어서 음악에 새

---

32. M.T. 앤더슨, 앞의 책, 278쪽.

기고 싶었다."[33]

9월 17일 2악장을 마무리 한 쇼스타코비치는 라디오 방송국의 마이크 앞에 섰다. 그리고 이렇게 말했다. "한 시간 전에 최근에 작업하고 있는 대규모 관현악곡의 2악장을 마무리 했습니다. (…) 내가 계속해서 써나간다면, 3악장과 4악장을 완성한다면, 그것은 나의 일곱번째 교향곡이 될 것입니다. (…) 내가 왜 이 사실을 여러분에게 말할까요? 그것은 지금 라디오를 듣고 있는 레닌그라드 인민들이 우리의 도시에서 삶이 계속되고 있음을 알도록 하기 위함입니다. 우리 모두는 지금 군사적 긴장에 놓여 있습니다. 태어나서 한 번도 이곳을 떠난 적이 없는 레닌그라드 토박이로서 나는 지금 이런 상황의 긴장감을 누구보다 예민하게 느낍니다. 나의 삶과 작품은 레닌그라드와 떼려야 뗄 수 없는 관계입니다."[34] 쇼스타코비치의 라디오 연설의 영상이 남아 있다. 유튜브에서 'Dmitri Shostakovich: Radio Message'로 검색하고 그의 1941년 목소리를 듣는다. 러시아어를 알아들을 수 없지만, 그의 절실함은 충분히 느껴진다.

2악장 작곡을 마치자마자 쇼스타코비치는 3악장 작곡에 돌입했다. 3악장 아다지오는 느리고 긴 명상곡이다. 러시아의 광활함, 시베리아의 타이가 삼림지대, 외로운 자작나무 숲, 찰싹거리는 라도가 호수 연안, 풍요로운 우크라이나 들판에 대한 자부심을 담으려 했다고 전해진다.[35] 9월 29일 교향곡 3악장 작곡이 끝났다.

---

33. 같은 책, 275쪽.
34. 같은 책, 302쪽.
35. 같은 책, 318쪽.

봉쇄된 레닌그라드의 상황은 더 심각해진다. 나치는 레닌그라드를 함락할 필요가 없다고 판단했다. 레닌그라드를 봉쇄하면 사람들은 굶주릴 테고 결국 항복하고 말 것이라 판단했다. 10월 1일 쇼스타코비치 가족은 긴급 수송기를 타고 나치군이 점령한 땅을 지나 모스크바 근처의 숲지대에 도착했다. 나치군의 공습을 받으면서 모스크바도 위험해진다. 10월 22일 쇼스타코비치는 볼가강 주변의 쿠이비셰프에 도착한다. 당의 명령이다. 그는 「교향곡 7번」을 완성해야 한다.

봉쇄된 레닌그라드엔 식량이 없었다. 굶주린 사람들이 죽어가기 시작했다. 가장 약한 사람이 맨 먼저 죽고, 늙은이와 아기, 그 다음에 여자와 아이들이 죽었다. 어떤 사람은 책상과 기계 앞에서 죽었고, 길을 걷다 죽은 사람도 생겼다. 아직 죽지 않은 사람들은 송장같이 변했다.[36] 봉쇄된 레닌그라드는 도시 자체가 인간의 경계에

---

36. 리처드 오버리, 오한수 옮김, 『스탈린과 히틀러의 전쟁』, 지식의 풍경, 2003, 152-153쪽.

서 있다.

러시아어로 식인 행위를 나타내는 단어는 두 개다. trupoyedstvo
는 '시체를 먹는다'는 뜻이고, lyudoyedstvo는 '사람을 먹는다'는 뜻
이다. 시체를 먹는 것이 훨씬 흔했다. 조문객들이 친척들 시체가 안치
된 아파트 건물 헛간이나 우물집에 내려가보면 간밤에 넓적다리나 엉
덩이가 잘려나간 경우가 있었다. 민병대가 건물들을 돌며 생존자들을
수색하다가 팔다리 없는 방치된 시신들을 발견했다. 어떤 사람은 눈
더미에서 여러 개의 머리들을 보았다. (…) 한 가족이 병원 영안실에
서 시체를 훔치다가 체포되었다. 식량으로 되팔려 했던 모양이다. 간
호사가 수술실 바닥에서 절단된 팔다리를 빼돌리다가 체포되었다. 한
어머니는 열한살 된 아들의 시체를 레닌 공장에서 일하는 두 동료에
게 나눠주었다.[37]

1941년 12월 17일, 쇼스타코비치는 「교향곡 7번」을 완성했고
1942년 3월 5일 볼쇼이 극장 오케스트라의 연주로 쿠이비셰프에
서 초연되었다. 라디오로 중계된 연주회에서 쇼스타코비치는 이
렇게 말했다. "나는 「교향곡 7번」을 파시즘에 맞서 싸우는 우리의
투쟁에, 우리가 적에게 거둘 승리에, 그리고 내 고향 레닌그라드에
바칩니다."[38]

---

37. M.T. 앤더슨, 앞의 책, 379쪽.
38. 같은 책, 402쪽.

1942년 8월 9일 쇼스타코비치 「교향곡 7번」이 연주되던 날의
상트페테르부르크, 바그너가 연주되던 1945년 4월 12일의 베를린

봉쇄된 1941년의 긴 겨울을 보내고 살아남은 시민들이 1942년 봄
이 찾아오자 거리와 광장을 청소하고 공원에 채소를 심었다. 성 이
삭 성당 주변은 양배추 밭이 되었다. 그 봄 「교향곡 7번」의 악보가
의료품을 전달하는 수송기에 실려 레닌그라드에 도착했다. 연습
을 위해 오케스트라를 소집하였으나, 살아남은 연주자는 연주할
기력이 없었다. 특히 관악기 연주자는 체력이 소진되어 악기의 소
리를 낼 수 없는 상태였다. 그래도 연습은 시작되었다. 부족한 연
주자를 채우기 위해 붉은 군대 관악기 연주자들이 레닌그라드 라
디오 오케스트라에 합류했다. 7월 레닌그라드 오케스트라는 리허
설을 했고, 1942년 8월 9일 쇼스타코비치가 레닌그라드에 바치는
「교향곡 7번」이 드디어 무대에서 연주된다. 히틀러가 1년 전 레닌
그라드를 점령하고 아스토리아 호텔 무도회장에서 축배를 들겠
다고 호언장담했던 바로 그날이다. 공연장에 레닌그라드 사람들
이 모였다. 그날의 연주에서 트롬본을 맡았던 한 연주자는 이렇게
그날을 회상했다. "청중의 수를 보고 우리는 경악했습니다. 음식
에 굶주린 사람들은 많았지만 음악에 굶주린 사람들이 그토록 많
은 줄을 몰랐습니다. 정장을 차려입은 사람도 있었고, 제복 차림으
로 전선에서 온 사람도 있었습니다. 대부분이 못 먹어서 비실비실

1942년 8월 9일 레닌그라드에서 연주된 「교향곡 7번」

했습니다."[39] 이날의 연주는 확성기를 통해 레닌그라드 전역으로 전달되었다. 참호 속에 숨어 있는 독일 병사도 들을 수 있게 스피커가 설치되었다. 그날 밤 레닌그라드의 모든 사람들이 「교향곡 7번」을 들었다.

1942년 8월 9일의 연주는 현재의 콘서트홀 실황 연주나 레코딩된 음반으로 듣는 연주, 그러니까 오랜 기간 갈고 다듬은 수준에는 미치지 못했을 것이다. 「교향곡 7번」은 100여명의 대규모 교향악단 편성을 요구할 뿐만 아니라 연주시간이 결코 짧지 않은 교향곡이다. 그러나 연주의 수준과 음악회의 감동은 항상 일치하지 않는다. 1942년 8월 9일 레닌그라드 오케스트라는 유흥이나 교양의 표식으로의 교향곡이 아니라 히틀러가 야만적인 전쟁을 벌일 때 인간임을 포기하지 않았던 레닌그라드를 소리로 표현했다. 「교향곡 7번」 연주는 인간임을 증명하는 행위였다.

---

39. 같은 책, 445쪽.

봉쇄에도 불구하고 꿈쩍하지 않고 버틴 레닌그라드 덕택이었을까. 1944년 1월 14일 독일군은 물러났다. 서쪽에서는 연합군이 동쪽에서는 러시아 군이 독일을 향해 반격하기 시작했다. 1945년 4월 소비에트 군대는 베를린을 포위했다. 승승장구하던 독일은 몰락을 앞두고 있다. 동쪽에서는 붉은 군대가, 서쪽에서는 연합군이 베를린을 향해 진격하던 1945년 4월 12일 베를린 필하모닉 오케스트라가 연주회를 열었다. 포위된 베를린은 바그너를 선택했다. 아니 정확하게 말하자면 히틀러의 망상을 시각화하는 데 결정적 기여를 한 건축가 슈페어가 베를린 필하모닉에 개입하여 「니벨룽엔의 반지」 중 「신들의 황혼」 ^{Die Götterdämmerung} 3막의 '지크프리드의 죽음과 장송행진곡' ^{Siegfrieds Tod und Trauermarsch} 을 연주회 피날레 레퍼토리로 끼워넣었다. 이 공연이 있고 난 후 머지않아 4월 30일 니벨룽엔의 반지를 손에 쥐고 레닌그라드를 봉쇄했던 히틀러는 절대반지를 소유한 자들의 필연적 운명처럼 자살로 몰락했고, 히틀러의 자살과 나치 독일의 패망을 알리는 라디오 방송은 「신들의 황혼」의 장송 행진곡[40]을 선택함으로써 바그너는 마지막까지 히틀러와 함께했다. 히틀러는 이로써 '히틀러의 황혼' ^{Hitlerdämmerung} 을 완성하며 베를린에서 사라졌다. 바그너가 히틀러 황혼을 예견했을 리 없지만 「신들의 황혼」의 마지막 부분에서 브륀힐데는 절대반지를 손에 쥐고 마치 히틀러가 왔다가 사라진 베를린에 말을 걸듯이 이렇게 노래한다.

---

40. Jens Malte Fischer, "Wagner-Interpretation im Dritten Reich. Musik und Szene zwischen Politisierung und Kunstanspruch", Friedlander/Jorn Rusen, *Richard Wagner im Dritten Reich. Ein Schloss Elmau-Symposion*, Verlag C. H. Beck, 2000, p. 145-146.

내 유산을 이제 내가 차지하노라.

저주받은 반지! 무서운 반지!

네 황금을 내가 잡아, 그것을 이제 주어버리노라.

수중의 지혜로운 자매들이여,

라인의 헤엄치는 처녀들이여,

너희들의 솔직한 충고에 감사한다.

너희들이 원하는 것을 너희들에게 돌려주겠다.

내 재로부터 그것을 차지하라!

나를 태우는 불이여,

그 반지를 저주로부터 깨끗하게 하기를!

물속의 너희들이 그것을 녹여

너희들에게서 강탈되어 화가 되었던

그 빛나는 황금을 순수하게 보존하거라.

　

브륀힐데는 절대반지를 라인의 처녀들에게 던지고, 지크프리트의 시체를 태우고 있는 장작더미로 몸을 내던진다. 베를린은 절대반지를 잃었다. 5월 2일 소비에트 군대는 히틀러가 사라진 베를린을 점령했다. 한 병사가 파괴된 제국의사당 위에 올라 붉은 군대의 기를 흔들었다. '승리탑'의 천사는 이 모든 과정을 지켜봤다.

상트페테르부르크는 노래한다

어느날 세계지도를 펼쳐놓고 내가 가본 나라를 확인해보니, 나의 세계 경험은 서유럽과 동남아시아 그리고 동북아시아로 한정되어 있었다. 이제 막연하게 멀게만 느껴졌던 러시아에 가야겠다고 생각했다.

모스크바는 경이로웠다. 서유럽과는 전혀 다른 분위기, 어렴풋이 슬라브적인 것이 무엇인지 알 것 같았다. 붉은 광장 한편에 있는 성 바실리 성당은 사진으로 보던 것보다 더 유니크했다. 스탈린 시대에 파괴되었다가 다시 복구된 '구세주 그리스도 대성당'은 서유럽의 가톨릭 교회나 프로테스탄트 교회에서는 찾아볼 수 없는 동방 기독교 특유의 이콘^{Icon}화로 가득 차 있었다. 모스크바에서 밤기차를 타고 상트페테르부르크로 가면서도 슬라브적인 향연이 이어지기를 기대했다. 상트페테르부르크의 모스크바 역에 내렸다. 에르미타주 근처의 숙소로 가기 위해 우버 택시를 탔다. 택시는 넵스키 대로^{Nevsky Prospekt}를 달렸다.

넵스키 대로는 모스크바 역(상트페테르부르크와 모스크바 사이를 연결하는 기차가 도착하고 출발하는 역)과 에르미타주를 연결하는 넓고 매우 긴 도로이기에 상트페테르부르크에 온 사람은 이 대로를 피할 수 없다. 고골은 넵스키 대로를 이렇게 표현했다. "오, 이 네프스끼 거리(넵스키 대로)를 믿지 마라! 나는 그 거리를 지날 때 외투로 항상 몸을 꼭 감싸고, 도중에서 마주치는 대상들에게 일체 눈을 돌리지 않

에르미타주 앞의 광장

으려고 한다. 모든 것이 기만이고 모든 것이 꿈이며 모든 것이 겉
보기와는 다르다."⁴¹ 고골의 소설을 읽으면서 넵스키 대로는 슬라
브적인 신비함이 가득한 그 어떤 곳이리라 상상했는데, 실제는 상
상했던 모습과 달랐다. 서유럽에 대한 동경으로 만들어진 도시였
기 때문일까? 파리를 흉내내다가 실패한 듯 지루한 직선을 그리며
모스크바 역과 에르미타주를 연결할 뿐, 그 거리에서 러시아적인
것을 찾기는 오히려 쉽지 않았다.

　그래도 한때 도스토예프스키가 분명히 걸었을 길이고, 1917년
사회주의 혁명 당시 차르의 전제정치를 더이상 용납할 수 없는 군
중이 가득 찼던 거리이고, 레닌그라드 봉쇄로 시민들이 굶어 죽어

41. 니꼴라이 고골, 조주관 옮김, 『뻬쩨르부르그 이야기』, 민음사, 2002, 281쪽.

갔던 거리이기에 그 대로를 걸으며, 이 길이 목격한 수많은 사건들을 떠올려본다. 날씨가 생각 이상으로 변덕스러웠다. 여름철에 갔음에도 만약을 위해 준비한 스웨터만으로 추위를 막기에 역부족이었다. 검은색 누비 점퍼를 넵스키 대로의 자라ZARA에서 구입했다. 넵스키 대로에는 유럽의 여느 도시처럼 맥도날드가 있고, 피자와 스파게티를 파는 이탈리아 식당도 있다. 카잔 성당 건너편 넵스키 대로에서 가장 유명한 돔 크니기 서점은 러시아어 책뿐만 아니라 영어 책도 팔고 있었다. 키릴 문자를 해독하지 못해도 알파벳을 읽을 수 있는 사람이라면 ZARA며 Subway를 읽는 데 문제가 없으니 넵스키 대로에서 보는 상트페테르부르크는 다른 유럽의 도시와 크게 다르지 않다. 슬라브적인 것은 모스크바에만 있고, 여기선 흔적을 찾을 수 없는 것일까? 고골이 넵스키 대로에서는 "모든 것이 겉보기와는 다르다"고 했으니, 일단 그 말을 믿어본다. 아마 고등학생 시절 상트페테르부르크에 왔다면 나를 사회학으로 이끌었던 도스토예프스키의 『죄와 벌』의 흔적을 찾아 이 도시를 산책했

넵스키 대로의 돔 크니기 서점

을 것이다. 청년 시절 왔다면, 이 도시에서 레닌의 흔적을 찾는 마음으로 순례했을 것이다. 그런데 지금은 이 도시에서 무엇을 찾아야 할지 종잡을 수 없다.

에르미타주 궁전은 화려했지만 그 화려함이 베르사유의 모방에 불과했기에, 뭔가 더 강렬한 슬라브적인 것을 기대하는 나를 만족시켜주지 못했다. 파리의 루브르처럼 관광객으로 들끓지 않았기에 미술관을 전세라도 낸 듯 한가로운 분위기에서 마티스의 그림을 마음껏 감상하며 뭔가 뒤틀린 마음을 보상받고 싶었다. 에르미타주 미술관은 일주일에 한 번 야간 개장을 하는데, 그때는 단체 관광객이 없어서 쾌적하게 그림을 감상할 수 있다는 말을 듣고 다시 미술관에 갔다.

그런데 에르미타주 광장에서 특이한 풍경과 마주쳤다. 광장에는 2차 세계대전 때의 군복을 입은 군인들이 많았는데 밀리터리 취향이 없는지라 그냥 지나치려 하다가, 아코디언을 연주하는 한 군인을 보게 되었다. 아코디언과 군인. 뭔가 어울리지 않는 조합이었다. 아코디언을 연주하는 군인 주변을 사람들이 둘러싸고 있었다. 그들은 군인의 아코디언 반주에 맞추어 노래를 불렀다. 광장에서 남녀노소가 군인의 반주에 맞춰 함께 노래를 부르는 풍경, 이른바 길거리 떼창이라니. 서유럽 도시에서는 흔히 볼 수 없는 광경이다. 그들은 군가풍 노래를 연이어 불렀다. 아코디언 반주의 떼창은 슬라브적 문화 관습일까? 소비에트의 흔적일까? 아니면 상트페테르부르크적인 것일까? 러시아 말을 모르니 그들에게 물어볼 수도 없고, 머리에 여러 질문은 맴도는데 그들의 노래를 일단 듣고 있을

핑칭에서 아코디언을 연주하는 군인

수밖에 없었다. 노래는 한편으로 신이 나면서도 알 수 없는 슬픔을 풍겼다. 아코디언을 연주하는 군인이나 노래를 부르는 사람들이나 가사를 암기한 것을 보니 러시아에서는 아주 잘 알려진 노래인가 보다. 노래를 부르는 군중 속엔 나이 많은 할머니도 있고, 그 할머니의 손녀뻘 될 법한 젊은이도 있다. 이렇게 세대를 뛰어넘어 가사를 외워 아코디언 반주에 맞춰 노래를 부를 수 있음이 마냥 신기해서 그들이 부르는 노래의 정체를 정말 알고 싶었다.

아이폰의 '시리'에게 부탁해도 그 노래의 제목을 알아내지 못했다. 정말 몇 시간에 걸린 구글링 끝에 그 노래의 제목을 알아냈다. 러시아는 나치 독일의 러시아 침공으로 시작된 그 전쟁을 '조국전쟁'이라 부른다. 그들이 부르는 노래는 '조국전쟁'의 승리를 기념하는 「승리의 날」Den' Pobedy이라는 노래였다. 베를린과 레닌그라드가 만나지 않았다면 생겨나지 않았을 수도 있는 노래, 상트페테르부르크에서 듣는 '승리의 날'은 서쪽의 또다른 도시 베를린을 상기시킨다. 지금 이 도시는 상트페테르부르크지만 에르미타주 광장 앞에서 우연히 알게 된 노래 「승리의 날」은 나를 다시 이 도시의 이름이 레닌그라드였던 시절로 데려간다. 그들이 부르는 「승리의 날」은 관광객을 상대로 그저그런 차이코프스키의 「백조의 호수」를 공연하는 미하일로프스키 극장에서의 실망감을 단번에 날려보냈다. 넵스키 대로를 두고 "모든 것이 겉보기와는 다르다"라고 한 고골의 말은 틀리지 않았다. 쇼스타코비치가 봉쇄된 레닌그라드에게 「교향곡 7번」으로 말을 걸었던 것처럼, 지금 여기의 러시아 사람들은 그 전쟁을 「승리의 날」로 기억하고 있었던 것이다. 소비에트적인 낙관과 러시아적인 비관이 뒤섞인 묘한 멜로디로.

베를린은 유일해서 아름답다

내 박사학위 증명서에는 2001년 5월 9일에 구두시험 Disputation을 치렀다고 적혀 있다. 아마 구두시험이 끝난 후 1주일도 채 지나지 않아 서울로 가는 비행기를 탔으니 2001년 5월 중순에 베를린을 떠났을 것이다. 지금으로부터 약 20여년 전이다. 그 이후 단 한 번도 베를린에 가지 않았다. 심심찮게 유럽에서 떠오르는 핫한 도시 중 하나로 베를린을 소개하는 기사를 접했고 베를린의 천사를 보고 싶기도 했지만 마음속 두려움은 발길을 돌리지 못하게 했다. 혹시라도 베를린에 가게 되면 나도 모르게 그 시절과 현재의 나를 비교하면서 걷잡을 수 없는 노스탤지어에 빠져 앞으로 걸어야 할 길보다 걸어왔던 길만을 회고하는 사람이 되지 않을까 하는 두려움 때문이었다. 젊음은 새로움을 동경하지만, 나이듦은 새로움에 대한 동경이 얼굴에 패이기 시작한 주름살 사이로 사라지는 것을 의미한다. 신체의 나이듦은 순리로 받아들여야 하지만 정신의 나이듦은 학자의 삶에 사형선고와 다를 바 없기에 한사코 베를린에 가지 않으려 했다.

이 책을 쓰면서 베를린에 다시 가보고 싶은 용기가 생겼다. 2020년 20여 년 만에 준비를 시작했으나 코로나-19가 발길을 막았다. 베를린에 가면 내가 처음 베를린에 도착했을 때의 내 나이인 유학생 이호중 군도 만날 생각이었는데 모든 계획이 헝클어졌다. 언제 다시 갈 수 있을지 모르니 서울에서 구글 지도로 베를린을 여행하기로 했다. 내가 살던 마르틴 오피츠^{Martin Opitz} 거리 17번지부터 시작한다. 구글 지도에 주소를 입력하는 순간 나는 서울로부터 베를린으로 이동한다. 마르틴 오피츠 거리 17번지의 시멘트 아파트, 그 아파트에 있던 작은 엘리베이터에 1956년 제작이라고 씌어 있었으니, 그 아파트는 전후 복구로 완공된 것이라 추정되는데, 떠났을 때 그 모습 그대로 있다. 스웨덴식 화사한 노란색이 아닌 어정쩡한 노란색 페인트로 칠해진 외벽도 그대로임을 확인하자마자 현기증이 난다. 과거와 현재가 뒤엉킨다. 과거와 현재가 구별되지 않을 정도로 똑같은 바람에 시간 감각을 잃었음을 깨달은 몸이 현기증으로 반응한다. 그곳에 살 때는 마르틴 오피츠가 누구인지 몰랐고 막연히 유명하지만 내가 모르는 어떤 인물이리라 짐작만 했는데, 구글링 결과 그는 16세기의 유명한 독일 시인이라고 한다. 그 시인의 이름을 물려받은 거리 17번지의 4층 구석진 방에 살며 로비 윌리엄스 노래를 들었다. "아무도 나를 사랑하지 않는다"가 원제목인 영화 「파니 핑크」Keiner liebt mich 를 보며 서울이 그리워 인터넷 채팅에 빠져 천문학적 전화요금을 내며 살았던 불안한 나의 젊은 시절, 그래서 베를린 천사가 반드시 있어야 한다고 믿었던 시절을 떠올렸다.

내친 김에 구글 스트리트 뷰로 베를린 구석구석을 구경한다. 마르틴 오피츠 거리에서 가장 가까운 지하철역 나우에르너 플라츠Nauerner Platz 도 예전 모습 그대로이고, 거기에서 슐슈트라세Schulstrasse 를 따라 걸어가면 나오던 칼슈타트Karstadt 백화점도 여전하다. 칼슈타트 건너편 울워스Woolworth 도 같은 자리에서 영업하고 있다. 시내로 가본다. 자유대학 학교식당보다 집에서 가깝다는 이유로 더 자주 갔던 베를린 공과대학Technische Universität Berlin 과 예술학교Hochschule der Künste 의 멘자와 카페테리아도 외관은 변하지 않았다.

베를린 공과대학에 다니고 있는 이호중 군은 나의 베를린 첫 거주지 샤를로텐부르크의 기숙사에 산다. 호중 군의 눈을 빌려 지금의 베를린을 살펴보기로 했다. 호중 군에게 사진을 찍어 보내달라고 요청하고 기다리는 동안 1932년에서 33년 베를린에 체류했던 소설가 크리스토퍼 이셔우드Christopher Isherwood 의 『베를린이여 안녕』을 읽었다. 그는 베를린을 이렇게 묘사했다.

독일 국회의사당. 제국의사당 시절의 모습을 그대로 갖추고 있다

　　베를린은 두 개의 중심을 가진 도시이다—기념교회를 중심으로 비
싼 호텔, 바, 영화관, 상점 들이 모여 있는, 도시의 누추한 황혼 속에서
모조 다이아몬드처럼 반짝이는 빛의 중심이 있고(쿠담거리를 의미한다—
인용자), 운터덴린덴을 중심으로 조심스럽게 배치된 건물들이 모인 자
의식적인 시민의 중심지가 있다. 거창한 국제적 건축 양식들, 복사판
의 복사판으로, 그 건물들은 수도로서 우리의 존엄성을 주장한다—국
회, 몇몇 박물관, 국영 은행, 성당, 오페라 극장, 십여개의 대사관, 개선
문, 아무것도 잊지 않았다. 모든 것이 너무나 당당하고, 너무나 정확하
다.[42]

　　1932년에서 33년 사이의 베를린에 대한 묘사인데, 내가 떠난
2001년의 베를린이나 호중 군이 살고 있는 2020년 베를린을 묘사

42. 크리스토퍼 이셔우드, 성은애 옮김, 『베를린이여 안녕』, 창비, 2015, 285쪽.

하는 문장이라고 해도 무방할 정도로 베를린의 변화 속도는 서울의 템포와 다르다. 2020년 호중 군이 보내준 운터덴린덴 주변의 사진에서 억지로라도 변화를 발견하려 애쓴다. 1945년 붉은 군대의 깃발이 휘날리던 제국의사당은 의사당 내부를 내려다볼 수 있도록 유리돔 지붕이 있는 건물로 개조되었지만 전체의 모습은 프로이센 시절 그대로다.

동베를린과 서베를린 사이의 일종의 국경이었던 체크포인트 찰리 Checkpoint Charlie를 기준으로 서쪽은 서베를린이고 동쪽은 동베를린이다. 동과 서를 가르던 장벽은 사라졌지만 베를린은 체크포인트 찰리를 그대로 보존했다. '베를린 장벽 기념관'으로 가본다. 베를린은 장벽을 파괴하지 않았다. 여전히 베를린의 일부 구역엔〈베를린 천사의 시〉에서 서커스단이 공연을 하던 어디인가처럼 장벽이 남아 있다. '테러의 위상학' Topologie des Terrors 박물관으로 가본다. 1933년부터 1945년까지 나치 친위대의 본부가 있던 곳이다. 나치의 폭력이 지워지지 않은 채 기록되어 전시되고 있다. 프리드리히 빌헬름 3세의 구상으로 1816년과 1818년 사이 궁정 건축가 프리드리히 싱켈의 설계로 세워졌으며, 1933년 바이마르 공화국 붕괴 이후 나치에 의해 병사의 죽음을 찬미하는 장소로 바뀐 신위병소 Neue Wache로 가본다. 케테 콜비츠 Käthe Kollwitz 의 「죽은 아들은 안은 어머니」의 확대 복제품이 베를린의 지난날을 기억하고 있다. 한 예술가는 베를린에서 나치의 폭력에 의해 사라진 사람들을 기억한다. 군터 뎀니히 Gunter Demnig 는 유대인 희생자들이 살았던 집 앞의 보도에 '발부리 아래의 돌' Stolpersteine Projekt을 설치한다. 그 명패에는 "여기에

살았다" Hier wohnte라는 단순한 문장으로 시작되는 텍스트가 새겨져 있다. 그는 나치 희생자의 이름을 그가 살았던 집 앞에 새김으로써 구체적인 얼굴을 부여한다. 베를린에만 2020년 현재 8,689개의 발부리 아래의 돌이 있다. 베를린을 걷는다면 그 명패를 발부리 아래서 발견할 수밖에 없다.

2020년의 베를린은 1945년 4월 12일 베를린 필하모닉 오케스트라가 바그너를 연주했던 그날 이후 승리탑의 천사가 목격했을 베를린을 기억의 장치로 도시 표면에 새겨넣었다. 이 도시는 전쟁을 빼놓고 자신의 역사를 설명할 수 없다. 전쟁은 이 도시를 번영시킨 동력이었으며, 가장 번영한 듯한 순간 파멸로 몰아넣었다. 그럼에도 이 도시는 새로운 부흥의 순간을 다시 맞이하고 있지만 도시 곳곳에 새겨진 전쟁의 흔적은 지울 수 없다. 그건 베를린의 운명이

발부리 아래의 돌. 유대인 희생자가 살았던 집 앞에 설치돼 있다

며, 지구상 어느 도시에서도 찾아볼 수 없는 베를린만의 고유성이
다. 베를린의 모든 관광지는 전쟁과 연관되어 있다. 장벽이 무너지
고 통일 독일의 수도로 되돌아온 베를린 역시 마찬가지다. 예술을
구실로 진실을 외면했던 1945년 4월 12일의 베를린은 쇼스타코비
치의 음악으로 봉쇄된 현실과의 대면을 표현한 1942년의 레닌그
라드를 품고 있다. 베를린은 1945년과 이제야 대면했지만 뒤늦게
나마 진실을 도시에 기록했다.

정치가 예술을 '미화'하고 있다면 예술은 무엇을 할 수 있느냐

고, 베를린에서 태어났지만 베를린을 떠난 벤야민이 물었는데, 베를린은 벤야민에게 이렇게 대답할 것이다. 예술은 인간의 야만스러운 과거를 망각하지 않고 기억함으로써 다시 그 역사가 되풀이되지 않는 방법을 선택했고, 베를린은 그런 의미에서 파리처럼 아름답지도 빈처럼 웅장하지도 않지만 가장 독창적인 예술적 도시라고.

이곳에서 예술은 진실에 다가간다. 진실에 근접한 예술을 베를린은 품고 있다. 베를린의 천사는 이 또한 목격하고 있을 것이다.

2020년의 서울,
다시 모국어의
세계에서

나는 세계를 움직이고 있는 갖가지 힘과 긴장에 대해
100권의 책에서 배우는 것 이상을 배웠다.
고향으로부터의 거리는 내면의 척도를 바꿔놓았다.
이전에는 과도하게 나의 마음을 사로잡고 있었던 많은 세부적인 일들은
여행에서 돌아온 후로는 사소한 것으로 보였고,
우리 유럽을 이제는 우주의 영원한 축으로 간주하지 않게 되었다.[1]

괴테가 특히 흥미로운 이유는 그에게 예술이란
언제나 타인을 향해 떠나는 여행과 관련이 있기 때문입니다.
그는 자기 자신에게 초점을 맞추지 않았어요.[2]

1. 슈테판 츠바이크, 곽복록 옮김, 『어제의 세계』, 지식공작소, 2014, 23쪽.
2. 에드워드 사이드·다니엘 바렌보임, 노승림 옮김, 『평행과 역설』, 마티, 2020, 31쪽.

본래의 터전으로 되돌아가기에 여행이다. 가끔 서울을 떠나지만 언제나 서울로 돌아오고, 돌아오면 주로 모국어로 된 책을 읽고 모국어로 글을 쓴다. 서울은 삶에서 가장 많은 시간을 보낸 도시이고 앞으로도 예외적인 일이 발생하지 않는 한 그럴 것이다. 지리적으로는 섬이 아니지만 육로가 막혀 있어 섬이나 다를 바 없는 한국에서 1960년대에 태어나 1990년대엔 유학으로 그리고 그 이후엔 짧은 여행으로 외국을 경험한 나는 태생적으로 코스모폴리탄은 아니다.

모국어의 세계는 이 세상 어디에서도 얻을 수 없는 편안함을 제공하지만, 편안함은 정신적 나태함을 낳는다. 쉴새없이 "왜?"라는 질문을 던졌던 유년시절, "삶은 무엇인가?"를 묻기 시작했던 사춘기, "왜 세상은 이 따위인가?"라고 분노하던 청춘의 시절은 지나갔다. 원숙하고 유연한 사고에 이르지 못한 채 익숙함에 젖어 도발적이고 신선했던 사고방식을 잊어버릴 때면 여행을 떠나야 한다.

다른 나라에 발을 들여놓는 그 순간부터 나는 더이상 교수도 아니고 지식인도 아니다. 여행을 통해 습관과 이별한다. 직업이라는 옷을 벗는다. 나이라는 옷도 벗는다. "어디에도 있을 곳이 없는 게 아니라 어디를 가도 깊이 잠들 수 있는 두꺼운 눈꺼풀, 여러 가지 맛을 알 수 있는 혀, 어디를 가도 주의 깊게 볼 수 있는 복잡한 눈"[3]을 동경하며, 서울을 떠나 다른 도시에 가면 모국어의 세계에서 사물을 보는 방식이 유일한 방식이 아니었음을 새삼 깨닫는다.

코스모폴리탄이란 국제변호사 자격증을 손에 쥐고 수시로 대서양과 태평양을 넘나드는 사람을 의미하지는 않을 것이다. 외국의 문물에 통달했다 하더라도, 코스모폴리탄의 정신을 소유하지 않았다면 그 사람은 코스모폴리탄이라 할 수 없다. 내가 되고 싶은 코스모폴리탄은 폴라니Karl Polanyi처럼 "공통의 인간성을 특히 중시하고, 특수한 정체성을 본질로 몰고 가기를 거부하며, 정치적 통일성과 자유를 국가 규모에서 세계 규모로 확대하는 입장을 옹호"[4]하는 사람이다. 나는 태생적인 코스모폴리탄이 아니었음에도 "세계를 보는 방식"으로서의 코스모폴리탄의 정신을 '예술-인간'이 되어 여러 도시를 걸으면서 배웠다. 예술수업은 나를 코스모폴리탄으로 만들어주는 방과 후 수업이었다. 하지만 언제나 다시 서울

3. 다와다 요코, 유라주 옮김, 『여행하는 말들』, 돌베개, 2018, 46쪽.
4. 개러스 데일, 황성원 옮김, 『윈편의 삶』, 마농지, 2020, 65쪽.

로 돌아온다. 나는 서울에 있다. 서울을 걷는다. 그리고 서울을 바라본다. 마치 예술을 통해 배운 "세계를 보는 방식"으로 이 도시를 처음 보는 것처럼.

*

605.2km²에 달하는 면적 위에 977만명(2017년 기준)의 사람이 살고 있는 서울의 역사는 600년이 넘는다. 역사에 대한 지식 없이 서울을 처음 방문하는 사람은 이 도시가 2차 세계대전 이후 전세계 도처에서 특히 아시아에서 급팽창한 거대도시 중 하나라는 인상을 받을 것이다. 이 도시는 600년이 넘는 세월의 흔적을 숨기는 데 매우 능한 재주를 갖고 있어, 방문자에게는 오직 현대적 외양만이 눈에 들어온다. 서울을 처음 방문하는 외국인이라면, 대형 전광판이 도시 곳곳에 설치되어 있고, 정류장엔 도착하는 버스의 혼잡 정도까지 알려주는 디스플레이 장치가 달려 있으며, 지하철역마다 스크린 도어가 설치되어 있는 첨단 미래도시라 생각할 것이다.

이 도시는 무엇인가를 보존하기보다는 재빨리 부수고 새로운 모습으로 치장하며 트렌드의 변화에 재빨리 적응한다. 밤에도 잠들지 않고, 도시의 어느 한편에서는 무엇인가를 부수고 다른 편에서는 무엇인가를 짓고 있다. 서울은 우리가 하나의 도시에 대해서 말하는 모든 이론적 관습에 저항한다. 서울은 주의 깊게 보지 않으면 아무것도 보이지 않는 도시다.

박물관은 어느 도시에서든 저렴한 비용으로 가장 수준 높은 만족감을 '예술-인간'에게 제공한다. 시간이 부족한 여행자에게 박물관은 몸살이 날 정도로 걸어야 하는 장소이다. 다른 도시에서라면 언제 다시 올지 모르니 본전을 뽑아야 한다는 각오로 시험 공부하는 수험생처럼 긴장한 채 박물관을 누비게 마련이다. 하지만 살고 있는 도시에서의 박물관 기행은 한결 가볍다.

용산 국립중앙박물관에서부터 서울을 알아보기 시작한다. 이 박물관은 크다. 사이즈만으로는 어느 도시의 박물관에 뒤지지 않는다. 월드 클래스의 사이즈이기에 모든 전시실을 하루에 볼 수 없다. 무료입장이니 수시로 들르는 편이 훨씬 낫다. 목표는 될 수 있으면 소박하게 잡는다. 목표가 소박할수록 감동은 오히려 깊어질 수 있다.

국립중앙박물관 2층의 오른쪽 날개 쪽에 있는 기증전시실을 오늘의 목표로 삼는다. 기증받은 컬렉션을 전시한 이곳은 전시실마다 개성이 있다. 어떤 기증자는 도자기를 주로 수집했고, 서화를 집중적으로 수집한 컬렉터도 있다. 기증자에 따라 집중한 컬렉션이 다르지만 나름의 일관된 맥락을 형성하고 있는 전시실에서 청동투구는 이국적인 외양 때문에 유독 눈길을 끈다. 기원전 7세기경에 만들어진 그리스 투구라는데, 일체의 장식이 생략된 미니멀한 디자인은 오히려 모던한 느낌을 준다. 만듦새는 투박하지 않고 전면이나 후면 모두 나무랄 데 없는 상태를 유지하고 있다.

기원전 7세기 그리스에서 만들어진 이 투구가 어찌하여 지구를 반 바퀴 돌아 서울까지 오게 되었을까? 이 투구는 1875년 그리스 올림피아 제우스 신전 발굴 도중 발견되었고, 1936년 베를린 올림

국립중앙박물관에 전시된 그리스 투구

픽의 마라톤 우승자에게 수여될 예정이었다. 그런데 정작 마라톤 우승자는 이런 선물이 있다는 사실조차 알지 못했다. 당시 우승자에게 전달되지 않은 이 투구는 베를린 샤를로텐부르크 박물관에 전시되어 있다가 1986년 베를린 올림픽 개최 50주년 기념행사에서 손기정에게 전달되었다. 손기정은 돌려받은 그리스 청동투구를 국가에 기증했다. 국립박물관이 이 투구를 소장하게 된 사연이 적힌 텍스트 옆에 마라톤을 하고 있는 손기정이 보인다. 레니 리펜슈탈의 영화 「올림피아」 속 바로 그 장면이다. 이렇게 우리는 서울의 국립중앙박물관에서 난데없이 1936년의 베를린을 만난다.

그리스에서 이 투구를 만들었을 그 어떤 이는 후에 이 투구가 서울의 박물관에 전시될 것이라 예상하지 못했을 것이다. 애초에 전쟁에서의 사용을 염두에 두고 만들어졌을 터이니, 유리관 속에 보관되리라고도 예상하지 못했을 것이다. 인간이 인위적으로 만들어낸 물건 또한 자신의 운명을 예측할 수 없다. 물物 그 자체는 변동이 없어도, 물을 둘러싼 환경과 맥락이 바뀌면 그 인조물은 재평가되고 다른 의미를 부여받는다. 이 투구가 지금은 박물관에 보존

되어 후세에 전달되어야 하는 예술작품 대접을 받는 현실, 그것이 예술의 사회사가 아니고 무엇이겠는가. 예술의 사회사를 확인하기 위해 박물관을 더 구경하고 싶으나, 그리스 투구를 감상하는 게 그날의 목표였으니 일단 집으로 돌아간다. 여행지에선 체력이 필요하지만, 사는 곳에서는 생각에 할애할 수 있는 여유를 확보해야 한다. 2층에 있는 기증전시실에서 내려와 출구 쪽으로 가다가 1층 선사고대관의 입구에서 거대한 탁본과 만난다. 울산 반구대 암각화 탁본이다.

초현대적인 도시 서울에도 고대 '예술-인간'의 흔적은 발견된다

도시에 살면 근시가 더 심해진다. 그럴 수밖에 없는 환경이다. 모니터와의 거리 60센티미터, 책과의 거리 45센티미터, 스마트폰은 더 가까워 불과 10센티미터. 눈이 너무 피곤해져야 창밖을 내다본다. 내가 책도 읽고 글도 쓰는 이 방에선 서울역이 보인다. 불현듯 국립중앙박물관에서 탁본으로 보았던 반구대 암각화가 생각난다. 서둘러 울산행 KTX 기차에 올라탔다. 서울역을 출발한 지 불과 2시간 20분 만에 울산(통도사)역에 도착했다.

　반구대는 태화강의 지류 대곡천에 있는 바위절벽 이름이다. 울산역과 반구대 근처를 연결하는 버스가 있지만 하루에 3번만 운행된다. 별 수 없이 택시를 타고 반구대 암각화 박물관으로 이동한다. 구불구불한 산길을 택시는 묘기 부리듯 달리고, 주변에 인가는

보이지 않는다. 쇼베 동굴로 가는 길을 생각나게 한다. 산은 점점 높아지고 계곡은 깊어지더니 반구대 암각화 박물관 입구에 드디어 도착했다. 하루에 버스가 3번만 다니는 이유를 알 것 같았다. 박물관에서 암각화가 있는 태화강 상류 대곡천변까지는 차도 다닐 수 없는 길이다. 걸어야 한다.

주변 산은 높고 농지는 보이지 않고 오가는 사람도 없다. 외진 곳으로 가고 있다고 생각했으나, 곧 생각을 정정했다. 현대 도시인의 관점으로 평가하자면 가치 없는 오지로 보이겠지만, 반구대에 암각화를 만든 그들이 살던 당시의 기준으로 보면 이곳은 오지가 아니라 풍요로운 땅이었을 것이다. 강이 있으니 물고기가 있었을 것이고 산이 꽤나 높으니 사냥거리도 풍부했을 터, 이곳은 척박한 땅이 아니라 사람이 살기에 적당한 곳이었으리라.

걸어서 도착한 곳은 반구대 건너편이다. 댐 건설로 수위가 높아

반구대 주변 풍경. 암각화는 저 물 아래 잠겨 있다

져 암각화가 물속에 잠겨 있다고 듣고 왔고 게다가 극심했던 2020
년 장마가 끝나지 않았을 때이니 암각화는 더욱 더 깊어진 물에 잠
겨 있었다. 벽에 그림을 새길 만한 고대 호모 루덴스의 풍요로움
을 확인한 것에 만족하며 암각화를 세밀하게 보기 위해 박물관으
로 발걸음을 옮긴다. 박물관에는 암각화를 실물 크기로 복제한 모
조품을 전시하고 있다. 탁본으로 보았던 바다를 헤엄치는 고래, 새
끼를 보호하기 위해 등에 업은 어미 고래, 고래를 사냥하는 사람,
사냥한 고래를 해체하는 풍경, 동물을 사냥하는 사람, 긴 막대기를
불고 있는 사람, 손으로 얼굴을 가린 사람, 사지를 좌우로 벌린 사
람, 동물에 맞선 사람 등이 돌에 새겨져 있다. 인간이 역사를 문자
로 기록하기 이전인 기원전 7천년에서 3,500년 사이의 사람들은
호랑이, 늑대, 표범, 너구리, 멧돼지 등의 뭍짐승을 새겼고 물에 사
는 바닷새, 거북이, 상어, 바다사자도 여기에 기록했다. 쇼베의 동

굴에서 만났던 여러 동물 그림처럼.

바위에 그림을 새긴 이유에 대한 해석은 다양할 수 있다. 정확한 이유는 후대의 인간인 우리는 모른다. 하지만 적어도 그 벽에서 우리는 느낄 수 있다. 무엇인가를 표현하려는 인간의 욕구는 현대에 한정되지 않고, 이 지구에 인간이 존재했던 순간부터 지금까지 이어져오고 있음을. '예술-인간'은 쇼베에서처럼 여기에서도 오랜 전부터 있어왔고, 바위에 새긴 이미지로 자신의 존재를 알리고 있다. 놀랍지 않은가? 기원전 7천년에도 지금 이곳의 우리처럼 이미지에 민감하게 반응하는 호모 사피엔스가 있었다는 점이.

서울은 콘스탄티노플이 아니다, 그런데 생로병사를 피할 도리가 없는
인간의 운명을 생각하는 한 여기는 콘스탄티노플이다

나는 숭례문 근처에 살고 있다. 집을 오갈 때마다 숭례문과 마주친다. 숭례문을 볼 때마다 홀로 애쓰고 있다는 인상을 떨쳐버릴 수 없다. 한눈에 그 도시의 역사가 심상치 않음을 느끼게 해주는 이스탄불(콘스탄티노플)과 서울은 다르다. 서울은 대놓고 역사를 전시하는 이스탄불과 달리 자신의 역사를 현대적 외양 속에 감춘다. 초현대적인 건물 사이에서 이 도시의 역사가 600년이 넘었음을 숭례문은 홀로 외치고 있는데, 그 주변을 지나는 사람은 길을 건너기 바빠 아무도 외침을 듣지 않는 것 같다. 숭례문은 오히려 이질적으로 보인다. 현대적 빌딩이 전후좌우로 에워싸고 있기에 마치 숭례문

이 눈치 없이 빌딩 사이에 자리를 잡고 있는 것처럼 보일 정도다.

내가 살고 있는 아파트는 칠패로에 있다. 칠패로, 숭례문 밖에 있었다는 칠패七牌시장에서 따온 거리 이름이다. 숭례문은 한양도성과 연결되어 있어야 하지만, 현대식 도로건설로 한양도성이 파괴되면서 도성으로부터 분리되었다. 세종대로에서 칠패로가 갈라지는 대한상공회의소 앞 보도 바닥에 한양도성이 있었던 자리가 표시되어 있다. 숭례문 밖에 있던 연못 남지南池 터에서 시작한 칠패로는 그 이름이 유래된 도성 밖 칠패시장 자리를 지나 현재의 서소문 역사공원으로 이어진다.

숭례문의 출입문 사이로 서울역이 보인다. 숭례문과 서울역의 고도 차이가 꽤 큼을 알 수 있다. 숭례문을 지나면 지대가 급격히 낮아지기 시작한다. 서소문(정식명칭은 소의문昭義門)이 있던 자리에서 봐도 도성 밖 서쪽은 저지대이다. 그쪽은 한양의 사형지였다고 한다. 『서경』에 '사社에서 죽인다'라는 구절이 있는데 이는 사직단社稷壇의 서쪽 방향에 사형장을 두라는 권유와 연결된다.[5] 게다가 칠패시장이 있어 사람이 늘 붐비는 곳이니 사형장으로 적당하다. 중세 권력은 처벌을 감추지 않고 오히려 전시함으로써 권력을 과시한다. 처형당한 사람의 머리만을 잘라 공개 전시하는 효수梟首가 효과적으로 작동하려면 목격하는 사람이 많아야 한다. 홍경래의 난을 진압한 뒤인 1812년(순조 12년) 5월 7일의 『승정원일기』에는 이렇게 씌어 있다. "수괴인 홍경래와 그 무리의 수급을 서소문 밖에 3일간 내걸어 뭇사람들에게 보인 뒤 전국 8도로 보내라."[6]

---

5. 서울역사박물관, 『서소문별곡』, 2014, 29쪽.
6. 이기환, 「사형장의 살풍경. 인간 백정의 역사」, 『경향신문』 2014년 12월 2일자.

　이 터의 연원은 무시무시하지만 가까이 가도 으스스한 분위기
는 전혀 느껴지지 않는다. 근처에 대형 예식장이 있는데, 정장을
잘 차려입고 예식장으로 가기 위해 공원을 지나가는 사람은 이 터
의 내력을 모른 채 온갖 꽃이 만발한 잘 관리된 도심 공원이라고
생각할 것이다.

　이 사형터에서 사형에 처해지고 효수를 당한 사람은 대체 몇이
나 될까? 처벌받아 마땅한 죄인도 있었겠지만, 모든 처벌이 정당
했다고 단정할 수는 없다. 모반謀反을 꾀한 죄인의 처벌이 정당하
려면, 처벌하는 권력이 정당해야 하는데 권력이 정당한 경우 반란
은 보통 발생하지 않는다. 굶주려서 도둑질한 자를 처벌하는 것이
과연 정의로운지에 대해서는 예나 지금이나 논쟁이 있다.

　어떤 이는 국가가 금한 종교를 믿는다는 이유로 처형당했다. 카
타콤으로 숨어들었다 발각되면 콜로세움에서 공개처형을 당했던

로마 기독교도와 한양의 가톨릭 신자들은 그 처지가 비슷했다. 44명이 처형된 사형터가 내려다보이는 언덕 위에 서울에서 가장 오래된 성당인 약현성당이 1893년 세워졌다. 성당의 위치로 제격이다. 성당은 본래 죽음과 가까이 있고, 죽음을 두려워하는 인간이 구원을 기대하며 가까이하고 싶어하는 곳이니까.

지상에서 구원받지 못한 자들이 사후의 구원을 기대하는 곳에서 내려다본 공원은 평화로워 보인다. 하지만 지상에 존재함에도 쉽게 보이지 않는 사람들이 이 주변에 많다. 서소문 역사공원부터 염천교 건너 순화공원, 대한상공회의소 앞 분수대 정원 부근 등 인적이 드문 곳이라면 어김없이 터를 잡은 홈리스가 있다. 그들은 밤에 깨어 활동하고 낮에는 부족한 잠을 청하는지, 벤치에 누워 잠을 자는 모습이 자주 목격된다. 서소문 역사공원의 지하에 서소문성지 역사박물관이 있고 이곳에도 각종 예술작품이 있지만, 공원 한가운데 벤치에 설치되어 있는 티모시 슈말츠^{Thimothy P. Schmalz}의 청동 주조 작품 「노숙자 예수」야말로 칠패로에 가장 적합한 예술작품이 아닐까 싶다. 많은 사람들이 그게 예술작품이라 생각하지 못하고 그냥 지나친다. 처음 이 공원에서 「노숙자 예수」를 보았을 때 나도 어떤 노숙자가 진짜 자고 있는 모습이라 착각했었다.

약현성당이 있고 지하에 성 정하상 바오로 기념 경당이 있고, 지하 깊은 곳에 죽은 자들을 위한 위안의 공간인 콘솔레이션^{consolation} 홀이 있지만 「노숙자 예수」는 말끔하게 단장한 공원의 외관에 가려 잘 보이지 않는 도시의 실제 모습을 드러낸다. 공원 벤치에서 잠을 자는 노숙자가 가장 많이 보이는 경의선 철로와의 경

계 부근으로 가면 두께우물도 있다. 별칭이 망나니 우물이다. 처형지였던 이곳에서 우물은 처형에 쓴 칼을 씻는 용도로 사용되었다 한다.

언덕 위에 약현성당이 있고 순교자 현양탑이 지상에 있고 지하에 콘솔레이션 홀이 있으며 「노숙자 예수」라는 예술작품이 있고 실제의 노숙자가 있는 이 공원을 나는 집의 거실에서 내려다볼 수 있다. 저곳을 내려다보면 당장 답을 할 수는 없지만 피할 수도 없는 물음에 직면하곤 한다. 그 물음에 답을 내리고 싶은 마음이 간절할 때는 국립중앙박물관의 「금동미륵보살반가사유상」을 떠올리지 않을 수 없다. 사형터가 공원이 되었으니 어찌 무상하지 않은가, 이 모든 것이.

서울은 피렌체가 아니지만 어떤 공공예술은 피렌체를 닮았다

피렌체는 작은 중세 도시다. 서울은 피렌체와 비교할 수 없을 정도로 큰 도시다. 피렌체는 콘스탄티노플을 계승한 로마제국의 도시가 되는 꿈을 꾸었을 때나 지금이나 크기 면에서는 큰 차이가 없지만, 서울은 한여름 풀이 자라는 속도로 팽창하여 현재의 메트로폴리스가 되었다. 지금은 도저히 걸을 엄두가 나지 않는 도시지만, 이 도시의 과거 그러니까 피렌체가 빛나는 르네상스의 도시였던 15세기엔 서울과 피렌체의 크기가 크게 다르지 않았다.

이 도시의 이름이 한양漢陽이었을 때, 한양은 유교적 원리를 구현하기 위해 정궁의 왼쪽엔 종묘를 오른쪽엔 사직을 두었고, 성벽을 지어 도시의 안과 밖의 경계를 만들었다. 도성의 각 성문은 사람이 지켜야 할 다섯 가지 도리인 오상伍常 오행伍行을 구성하는 인仁, 의義, 예禮, 지智, 신信 중 글자 하나씩을 따서 이름 지었다. (흥인지문興仁之門, 동대문: 仁, 돈의문敦義門, 서대문: 義, 숭례문崇禮門, 남대문: 禮, 홍지문弘智門, 북대문: 智). 어느 날 이 도시가 한양이었을 때의 크기를 느끼고 싶어 남쪽 문인 숭례문 근처 집으로부터 동쪽 문인 흥인지문까지 걸어가본 적이 있는데, 무리 없이 걸을 수 있는 4.2km 거리였다. 짧은 거리도 자동차를 이용하는 현대 도시인의 습관을 포기한다면 도전할 만한 도시 산책 코스다.

옛 한양을 상상하며 걷다가 피렌체에 대한 기억을 잠시 되살려본다. 산타 크로체 성당 입구의 단테의 조각상, 팔라초 델라 시뇨리아 입구의 다비드와 우피치의 마키아벨리 입상 그리고 오르산미켈레의 파사드를 장식하고 있는 각종 조각에 즉각적으로 상응하는 대상을 서울에선 찾아볼 수 없다. 일정 규모 이상의 건물에는 미술장식을 설치해야 한다는 법령에 따라 도심의 빌딩 앞에는 조각상들이 있지만 도시의 역사와 공공조각 사이에 긴밀한 관계를 맺고 있는 피렌체와 달리 맥락을 상실한 채 법령에 따라 의무적으로 설치된 빌딩 앞 예술작품은 고개를 갸우뚱하게 한다.

누구에게나 개방된 장소에 어떤 공공예술작품이 설치되어 있는지는 그 도시가 지향하는 정신을 반영한다. 숭례문에서 세종대로를 따라 걷기 시작하면 10여분도 되지 않아 광화문 광장에 도착한다. 광장의 주인공은 이순신과 세종대왕이다. 광장 입구에 있는 이순신 동상은 기단 자체가 10.5미터에 이르고 여기에 6.5미터 동상 크기를 더하면 총 17미터나 되기 때문에 동상을 우러러볼 수밖에

광화문 광장의 두 주인공
이순신과 세종대왕

없다. 세종대왕 동상의 기단은 4.1미터인데 동상 높이 6.2미터를 더하면 10.4미터를 올려다봐야 한다. 중세 신분제 국가 조선의 도읍 한양에 중요 인물의 동상이 세워진 것은 생뚱맞다고는 할 수 없다. 단, 그 공공조각은 한양을 말해줄 수는 있지만 한양 이후의 서울을 설명하기에는 역부족이다. 올려다보아야 하는 자세는 신분제 사회에서나 어울린다.

『시대의 소음』에서 줄리언 반스는 예술을 이렇게 정의했다. "예술은 모두의 것이면서 누구의 것도 아니다. 예술은 모든 시대의 것이고 어느 시대의 것도 아니다. 예술은 그것을 창조하고 향유하는 이들의 것이다. 예술은 귀족과 후원자의 것이 아니듯, 이제는 인민과 당의 것도 아니다. 예술은 시대의 소음 위로 들려오는 역사의 속삭임이다."[7] 이처럼 예술을 "시대의 소음 위로 들려오는 역사의 속삭임"이라 정의한다면, 현대 도시 서울에서의 산보를 광화문 광장에서 멈출 수는 없다. 도달할 수 없는 높이에 있어 함께 시대의 소음을 들을 엄두가 나지 않는 동상이 아니라 시대의 소음 속에서 함께 대화할 수 있는 사람을 만나고 싶다. 광화문 광장에서 흥인지문 방향으로 발걸음을 돌린다. 한양의 중앙에 4대문이 열리고 닫히는 것을 알리는 종각이 있다. 그 종각에 '인의예지신'의 마지막 글자 신을 따와 보신각이라는 이름이 부여되었다.

한 개인의 인생이 그의 능력과 상관없이 출생에 의해 결정되는 신분제는 이성적인 세계에서는 절대 정당화될 수 없는 시스템이다. 귀족인 사람과 귀족이 아닌 사람으로 나뉘고, 그 신분 사이에

---

7. 줄리언 반스, 송은주 옮김, 『시대의 소음』, 다산책방, 2017, 135쪽.

넘을 수 없는 철벽이 구축된 시대에 이성적인 판단을 하는 사람은 반란을 꿈꾸지 않을 수 없다. 반란은 신분제 사회에서 돌발적인 사건이 아니라 오히려 지극히 정상적인 역사다. 피렌체에서는 그 정상성이 촘피의 반란으로 나타났고, 그것은 '메르카토 누오보' Mercato Nouvo에 세워진 미켈레 디 란도Michele di Lando의 입상으로 기억되고 있다. 한양이라고 달랐을까? 신분제 타파를 내걸고 동학농민군을 이끈 전봉준은 체포되어 한양으로 압송돼 당시의 감옥인 전옥서典獄署에 수감되었다가 1895년 4월 23일 교수형에 처해졌다. 전옥서가 있던 그 자리에 전봉준의 동상을 세움으로써 서울은 그 일을 기억한다. 다행이다. 비록 그때로부터 123년 후이긴 하지만 그 체제에 반란을 일으켰던 사람까지 품어야 균형이 맞는다. 전봉준 동상 앞에 서면 그와 눈을 마주칠 수 있다. 그는 현재의 서울에 있는 우리에게 묻는 듯하다. "당신들이 있는 그 시간 속 서울에서 신

분제는 완전히 철폐되었소?"

전봉준 동상에서 발걸음을 조금만 남쪽으로 돌리면 광교가 있는 청계천에 도착한다. 청계천은 한양이었던 시절 신분에 따른 주거지역의 내부 분리 역할을 했던 하천이다. 또한 한양이 서울이 되고 농업기반 신분제 국가 조선이 산업기반 자본주의 국가 대한민국으로 바뀐 흔적도 품고 있다. 청계천을 따라 흥인지문을 향해 걷다보면 서울 종로구 종로5가 411-1번지에서 또다른 사람을 만난다.

1970년 11월13일 "근로기준법을 준수하라!" "우리는 기계가 아니다! 일요일은 쉬게 하라!" "노동자를 혹사하지 말라"는 말을 남기고 분신한 전태일의 동상이 거기에 있다. 이순신 동상, 세종대왕 동상과는 달리 전태일은 그의 눈빛을 느낄 수 있는 높이로 우리와 마주한다. 전태일은 지금의 서울에게 묻는 듯하다. "미래의 서울은 안녕하나요?" "지금 평화시장에서 그리고 평화시장을 품고 있는 서울에서, 근로기준법 준수는 상식이 되었나요?" 평화시장을

청계천을 따라 걷다 만난 또 한 사람 전태일

따라 걷다보면 청계천 오간수문지 터가 나오는데, 오른쪽으로는 초현대식 동대문디자인플라자^{DDP}가, 왼쪽으로는 홍인지문이 보인다. 중세의 한양과 현대의 서울이 서로 인사하는 듯하다. 서울은 피렌체처럼 역사가 깊은 도시다. 그리고 나름의 방식으로 자신의 역사를 예술작품으로 새기고 있다. 어떤 공공조각을 더 품어야 서울은 피렌체에 가까워질 수 있을까?

서울은 빈이 아니다,
그런데 세계로 열려 있는 도시는 어디나 세기말 빈을 닮았다

잘츠부르크에서 태어나 빈에서 사망한 모차르트는 어느 나라 사람인가? 오스트리아 사람이다. 그럼, 독일 본에서 태어났으나 오스트리아 빈에서 사망한 베토벤은 어느 나라 사람인가? 현대적 의미의 배타적 국적 개념으로 똑 부러지게 대답하기 곤란하다. 구스타프 말러는 칼리슈테에서 태어났는데, 그가 태어났을 때 칼리슈테는 오스트리아-헝가리 제국에 속했으나 지금은 체코의 영토이다. 그런데 삶은 빈에서 마감했다. 구스타프 말러는 어느 나라 사람인가? 베토벤의 경우보다 더 어렵다. 억지스럽게 말러에게 하나의 국적을 부여하여 단정하기보다는 칼리슈테에서 태어나 빈에서 활동하다 그곳에서 사망한 작곡가라고 표현하는 게 여러 점에서 무리 없고 자연스럽다. 국경은 '예술-인간'에게는 무의미한 경계다. 예술가는 가장 선구적인 코스모폴리탄이다. 예술가들을 끌

어당긴 도시는 예나 지금이나 배타적이지 않고 외부로 열려 있다. 세기말 빈에 예술가들이 떼를 지어 출현한 이유 역시 빈의 개방성, 즉 국제주의 때문이다.

유교적 일관성을 지키는 것을 제일 목표로 삼았던 한양은 외부로 향한 창을 활짝 열지 않았다. 그러나 한양이 아무리 유교적 일관성을 꿈꿨다 하더라도 완벽한 일관성은 이론적으로나 가능할 뿐 실제로는 존재할 수 없다. 어느 도시에서든 수미일관의 체계를 꿈꾸는 세력이 있는 만큼이나, 그 체계 내에서 크고 작은 균열을 모색하는 세력도 있다. 주류문화가 있는 곳엔 언제나 하위문화가 있다. 빈의 오래된 전통이 문화적 보수성을 낳았기에, 보수적 가치에 스크래치를 내려는 강력한 아방가르드 집단 역시 빈에서 등장했다. 산이 높으면 골이 깊다고 했다. 서울 역시 마찬가지다. 한양에도 빈틈은 있다. 1465년 지어졌으나 1504년 연산군에 의해 반백년도 견디지 못하고 폐허가 되어버린 원각사 자리엔 탑만 남았다. 전봉준 동상이 있는 종각에서 홍인지문/동대문 방향으로 한 블록을 걸어가면 원각사 탑이 있는데, 탑이 있던 자리에 만들어진 공원이라 해서 탑골공원이라 한다.

18세기 후반 박지원을 비롯하여 홍대용, 박제가, 이덕무, 유득공, 이서구 등이 원각사 탑 주변에 모여 살았다. 그들이 탑 주변에서 모임을 가졌다 하여 백탑파라고 불리기도 한다. 그들은 새로운 글쓰기를 시도하며 한양과 조선 밖으로 창을 내려 했으나, 정조는 그들의 새로운 글쓰기를 패관소품이라 격하하고 금今이 아니라 고古를 모범으로 삼아야 한다는 문체반정文體反正으로 응수했다.

18세기 백탑파의 상징이었던 원각사 탑

그들은 빈의 링슈트라세 부근의 아방가르드 집단처럼 모여 새로움을 도모했다. 백탑파 중 한 명인 박제가는 이런 글을 남겼다.

도회지를 빙 두른 성의 중앙에 탑이 솟아 있어 멀리서 바라보면 으슥비긋 눈 속에서 대나무 순이 나온 것처럼 보이는데, 그것이 바로 원각사 옛터다. 지난 무자년(1768년), 기축년(1769년) 여름에 내 나이 18, 19세 나던 때, 미중 박지원 선생이 문장에 뛰어나 당세에 이름이 높다는 소문을 듣고 탑 북쪽으로 선생을 찾아 나섰다. (⋯) 그 무렵 형암 이덕무의 사립문이 그 (백탑) 북쪽에 마주서 있고, 낙서 이서구의 사랑이 그 서편에 솟아 있었다. 또 거기에서 북동쪽으로 꺾어지면 유금 유득공의 집이 있었다. 나는 한번 그곳을 방문하면 돌아가는 것을 잊고 열흘이고 한 달이고 머물렀다. 지은 시문과 척독(尺牘, 편지)이 곧잘 책을 만들어도 좋을 정도가 되었으며, 술과 음식을 찾으며 낮을 이어 밤을

지새우곤 했다.[8]

박제가가 문장을 배우겠다고 찾아갔던 박지원 주변엔 그를 따르는 인재들이 모여들었다. 그들은 수시로 모여 술과 음식을 함께 나누며 밤을 지새우기도 했다. 마침 백탑파의 중심인물인 박지원이 한양 야행에 대해 남긴 글이 있다. 그 글을 토대로 한양의 어느 해 초가을 밤을 재구성해본다. 박제가의 형 박성언이 이덕무의 집에 들렀다가 여러 명을 이끌고 박지원을 찾아왔다. 그들은 야행을 하러 종로로 나갔다. 종각 아래서 달빛을 받으며 걸을 때는 이미 12시가 훨씬 넘은 깊은 밤이었다. 술에 취한 그들은 광통교를 밟으며 난간에 기대어 대화를 나누다가 수표교로 가서 다리 위에 주저앉았다.

우리는 이번엔 수표교로 가서 다리 위에 쭉 벌여 앉았다. 달은 바야흐로 서쪽으로 기우는데 참으로 발그레하고, 별빛은 더욱 반짝거려 둥글고 크게 보이는 게 마치 얼굴에 쏟아질 듯하였다. 이슬은 무거워 옷과 갓이 다 젖었으며, 흰 구름이 동쪽에서 일어나 비껴 흐르다 천천히 북쪽으로 가는데 도성 동쪽의 푸른 산기운은 더욱 짙었다. 개구리 소리 완악한 백성들이 아둔한 고을 원한테 몰려가 와글와글 소를 제기하는 것 같고, 매미 소리는 엄격하게 공부시키는 글방에서 정한 날짜에 글을 외는 시험을 보이는 것 같고, 닭 우는 소리는 임금에게 간언하는 것을

8. 박제가, 안대회 옮김, 「백탑에서의 맑은 인연」, 『궁핍한 날의 벗』, 태학사, 2000, 26-28쪽.

자신의 소임으로 여기는 한 강건한 선비의 목소리 같았다.[9]

백탑파는 북학파라 불리기도 했는데, 이들은 여행중 견문으로 남들의 눈에 보이지 않았던 변화를 목격했다. 홍대용은 1765년 북경에서 서양문물을 목격했고, 유득공은 책을 통해 세상에는 청나라 이외에도 만주, 인도, 베트남, 라오스, 프랑스, 네덜란드 등이 있음을 알았고, 박제가는 1778년부터 4차례나 북경에 다녀왔으며, 박지원은 1780년에 북경을 거쳐 열하까지 다녀온 후 『열하일기』를 기록으로 남겼다. 그들이 모였던 백탑 그리고 그들이 달밤에 거닐었던 수표교와 광통교는 세기말의 빈처럼 한양에 국제주의적 흐름이 형성되는 장소였다. 어느 도시든 그 도시가 가장 화려했던 순간과 개방적이었던 순간은 일치한다. 백탑 주변에 조선의 경계를 넘어 새로운 세계를 견문한 사람들이 모여 수표교와 광교에서 이국의 바람을 남몰래 느낄 수 있었던 18세기 서울의 어느 달밤은 링슈트라세로부터 '분리'를 주장했던 '분리파'의 공간이기도 했다.

서울은 파리가 아니다, 그런데 우정이 경쟁을 압도하면
그곳은 어디든 19세기의 세계수도 파리가 된다.

백탑파가 야행을 했던 광교에서 경복궁 방향으로 걷는다. 도화서圖畫署 터에 이른다. 파리 방식으로 말하자면 궁정예술 화가의 전당

9. 박지원, 박희병·정길수 편역, 「술에 취해 운종교를 밟았던 일을 적은 글」, 『연암산문정독 1』, 돌베개, 2007, 70쪽.

인 아카데미에 해당되는 기관이다. 도화서는 조계사 입구를 지나자마자 나오는 우정총국 자리에 있었다. 건물은 남아 있지 않아도, 서울 곳곳엔 한때 그곳이 어떤 터였는지를 알려주는 표식이 꽤 많다. 도화서 터라는 표식이 있는 큰길의 이름은 우정국로이고, 우정국이 있던 자리에는 체신기념관이 들어섰지만 그 터의 표석을 찾긴 쉽지 않다. 표석의 위치가 어정쩡하여 걷는 사람도 지나치기 쉽고 자동차 운전자는 더더욱 알아챌 수 없다.

아무나 도화서 화원이 될 수 없었다. 도화서 화원은 왕이 감상하는 감계화鑑戒畵나 왕실의 권위를 상징하는 일월오봉도日月伍峯圖, 왕의 초상화 어진御眞, 국가나 왕실의 행사 때 제작하는 각종 기록화나 의궤 반차도班次圖10를 담당했던 만큼 실력이 출중해야 했다.

신한평申漢枰, 1726-?은 도화서 화원이다. 그의 그림 중「자모육아」慈母育兒가 있는데, 도화서 풍 그림과는 매우 다르다. 어머니가 아이에게 젖을 물리고 있는데 왼쪽에는 여자아이가 의젓하게 앉아 있고 오른쪽에는 한 사내아이가 울고 서 있다. 궁궐에서 필요한 그림을 주로 그리는 도화서 화가의 위치를 생각해보면,「자모육아」의 내용은 사소하고 그릴 가치가 없는 것으로 평가될 수도 있다. 이 그림에 등장하는 사람들이 누구인지는 기록이 남아 있지 않아 정확하게 알 수도 없다. 기록에 따르면 신한평은 아들 둘에 딸 하나를 두었다고 하는데, 묘하게도「자모육아」에 그려진 상황과 딱 맞아 떨어진다. 도화서 화원 신한평이 자신의 가족을 그린 그림이라고 가정해본다면, 오른쪽에서 울며 서 있는 아이가 신한평의 큰 아

---

10. 서울학 연구소 엮음, 『한양의 탄생』, 글항아리, 2015, 288쪽.

들 윤복^{潤福}일 수 있다.[11]

　단정할 수는 없으나 신윤복 또한 그 나이의 소년이었을 때가 있었을 테니 최소한 그림 속 아이와 비슷했으리라 가정해본다. 윤복 ¹⁷⁵⁸⁻¹⁸¹⁴ 역시 아버지의 뒤를 이어 도화서 화원이 되었다. 그가 남긴 그림 중 달빛 아래 연인을 그린「월화정인」^{月下情人}은 도화서 화원의 그림이라 보기엔 매우 도발적이다. 그 분위기가 사뭇 에로틱하다. 한 여인과 사내가 달빛 아래에서 밀담을 나누고 있다. 그림을 보고 있으면 그림 속 남녀의 숨소리가 들리는 듯하다. 순간을 포착하여 이미지로 변신시키는 능력이 카메라의 능력을 능가한다. 그보다 조금 더 일찍 태어난 김홍도¹⁷⁴⁵⁻¹⁸⁰⁶ 또한 도화서 화원인데 그는 도화서 풍의 그림뿐만 아니라 사소하기 이를 데 없는 소재를 그림으로 그렸다. 김홍도가 그린 서당 풍경을 보라. 훈장님께 회초

11. 이충렬,『간송 전형필』, 김영사, 2010, 240쪽.

리를 맞은 듯한 아이는 자신의 잘못에는 아랑곳없이 억울한 표정으로 울고 있다. 스승은 짜증이 난다. 잘못을 뉘우치지 못하다니! 이를 목격하는 학동들은 그저 재미있기만 하다.

도화서 화원 김득신¹⁷⁵⁴⁻¹⁸²²이 남긴 「야묘도추」도 보라. 새끼 닭을 채가는 고양이를 어미 닭과 닭 주인이 추격한다. 이유는 다르지만 어미 닭도 주인도 절박하다. 어찌나 절박한지 탕건은 벗겨졌고 한쪽 발끝만 마루에 걸친 채 마당으로 몸을 날리고 있다. 아내는 마당으로 떨어지는 남편을 붙잡으러 뛰어간다. 조선의 어느 집 나른한 오후의 정적을 깨는 이 시간은 김득신의 화필에 의해 스냅사진처럼 찍혀 있다.

파리에서 아카데미 풍의 그림이 그 위력을 상실하고 사소한 일상을 그리는 일련의 화가가 등장했던 것처럼 18세기 후반 한양에는 도화서 풍에서 벗어나 18세기의 세상풍경을 순간적으로 담아낸 풍속화를 그리는 화원이 등장하기 시작했다. 이들에 대한 자세한 기록이 남아 있지 않아, 19세기 파리의 풍속화가처럼 상세한 내막은 알지 못한다. 그럼에도 우리가 신한평의 그림에서 어린 신윤복을 상상하고, 도화서 화원이 그렸다고 믿겨지지 않는 에로틱한 신윤복의 풍속화를 감상하고, 보들레르가 현대적 삶의 화가라고 극찬했던 콩스탕탱 기의 스케치처럼 순간을 포착하여 다이내믹한 느낌을 주는 김득신의 「야묘도추」를 볼 수 있는 것은 오로지 전형필全鎣弼 덕택이다. 전형필이 설립한 '간송미술관'이 모든 그림을 소장하고 있다. 만약 전형필이 없었다면, 도화서 화원들의 기록이 남아 있지 않은 것처럼 이들의 풍속화 역시 남아 있지 않았을지도 모

른다.

예술가는 돈이 없다. 예술가는 예술의 진가를 알아보는 돈이 있
는 친구가 필요하다. 파리에는 예술가와 예술가의 친구 댄디가 동
시에 등장했다. 비록 한양의 풍속화가가 연달아 등장했을 때 파리
의 댄디에 해당되는 예술가의 친구는 없었지만, 천만다행으로 조
금 늦게나마 예술가의 친구 전형필이 등장했다. 1934년 전형필은
신윤복의 풍속화 30점이 담긴 『혜원전신첩』을 일본 오사카 야마
나카 상회로부터 현재의 가치로 수십억에 해당되는 돈을 지불하
고 사들였다.[12] 비록 예술가의 친구 전형필의 간송미술관과 도화서
터는 먼 거리를 두고 떨어져 있고 어느 누구도 간송미술관의 외적
형태에서 파리를 떠올리지 않지만, 적어도 나의 눈에 간송미술관
은 가장 아름답게 빛났던 19세기의 파리를 생각나게 한다.

___

12. 같은 책, 255쪽.

서울은 베를린이 아니다, 그런데 예술은 비록
세상을 구원하지 못해도 고통을 기억함으로써 인간의 편이 되어준다

내가 사는 칠패로 아파트의 거실은 남쪽을 향하고 있는데, 창밖으로 부산까지 이어지는 경부선 철도가 보이고 왼편으로는 남산이 보인다. 거실에서 내려다보는 풍경이 좋아서 이 집을 선택했다. 그리 멀지 않은 남산의 순환산책길을 자주 걷는다. 그날의 기분에 따라 국립극장까지 꽤 긴 산책을 할 때도 있고, 날씨가 너무 좋아 시계가 좋을 것 같은 날엔 내친김에 남산 정상까지 올라가기도 한다. 어떤 날은 퇴계로나 명동 방향으로 내려오는 짧은 코스를 선택하기도 한다.

남산 순환산책길에서 남산골공원/남산한옥마을 쪽으로 내려오다보면 서울특별시청 남산청사라는 건물이 나타난다. 남산 1호터널 바로 근처에 이런 적지 않은 규모의 빌딩이 있을 것이라 짐작하는 사람은 그다지 많지 않다. 남산의 분위기와 어울리지 않게도 기능적인 면만 고려하여 설계한 듯한 직사각형의 건물인데 어느 날 산책길을 내려오다가 이 건물을 처음 알게 되었다. 대공수사국으로 쓰이던 옛 안기부 제5별관이었다고 한다. 한옥마을로 가려면 작은 터널을 하나 지나야 하는데, 그 터널을 지나 명동 입구 쪽으로 내려오면 서울유스호스텔이 있다. 서울특별시청 남산청사처럼 한눈에 봐도 처음부터 행정용도로 설계한 듯한 이 건물 역시 중앙

정보부 남산 본관이었다.[13]

남산, 지리적으로는 서울의 중심이다. 시내의 한복판 곳곳이 어두운 과거의 현장인 베를린처럼 서울 역시 지리적 중심 남산에 어두운 과거의 현장이 모여 있다. 베를린이 그 과거를 전면에 드러내고 전시하는 방식을 선택했다면, 서울은 산이라는 지리적 이점을 이용해서 과거를 숨기고 있다는 차이가 있을 뿐이다.

수많은 이들이 남산 1호터널을 오갔지만, 바로 터널 부근에 고문이 이뤄지던 곳이 있었음은 아무도 몰랐다. 도시는 그렇다. 바로 옆에서 끔찍한 일이 일어나도 감쪽같이 감출 수 있는 게 도시다. 도시에 사는 사람은 너무나 많은 자극을 받기에 자신을 보호하기 위해 웬만한 일이 아니면 그리고 자기가 당사자가 아니라면 주변에 관심을 두지 않는다.

남산 1호터널이 서울에서 가장 오래된 터널이듯, 지하철 1호선은 가장 오래된 지하철이다. 남산 1호터널을 지나다닌 사람과는 비교도 할 수 없을 정도로 많은 사람이 1호선을 타고 출퇴근을 하고 통학을 했을 것이다. 내가 사는 칠패로에서 남영역까지는 지하철 한 정거장 거리에 불과하다.

남영역 부근엔 옛 서울의 모습이 많이 남아 있다. 서울역과 용산역 주변 같은 고층 빌딩보다는 예전 서울 도심에서 가장 흔한 7-8층 정도의 건물이 줄지어 서 있다. 서울역에서 인천 방향 1호선을 타고 남영역에 내리면 가림막 사이로 검은색 벽돌로 마감한 건물이 보인다. 크게 내건 간판이 보이지 않기에 그저 남영역 주변의

---

13. 박래군, 『우리에겐 기억할 것이 있다』, 클, 2020, 166-176쪽.

업무용 빌딩 중 하나라 생각하고 지나칠 수 있는 건물이다. 1호선이 개통되고 저 건물이 완공된 후 수천만명의 사람이 남영역을 오가며 보았겠지만 저 건물을 알아채지는 못했다. 눈을 뜨고 있으나, 본 것을 알아채지 못하는 것을 맹목盲目이라 한다. 주제 사라마구는 그 맹목이라는 은유로 우리가 살고 있는 시대를 '눈 먼 자들의 도시'라 했는데, 남영동은 서울이 바로 주제 사라마구의 『눈 먼 자들의 도시』였음을 말해준다.

저 건물, 세로로 길게 나 있는 창문이 있는 저 건물의 5층, 가로로 난 창과 세로로 난 창의 미학적 요소가 고려된 듯 설계된 저 건물이 김근태가 고문을 받았고 박종철이 고문을 받다 사망한 남영동 대공분실이다. 지하철역에서도 보이는 세로로 난 창, 그 창의 숫자만큼의 고문실이 안에 있었지만 남영역을 오가는 사람은 그것을 몰랐다. 남영역에서 내려 건물 주변으로 가보면 그 건물과 남영역이 얼마나 가까운 거리인지 알 수 있다. 여기에 끌려온 사람들, 그러니까 김근태나 박종철 같은 이들은 정문이 아니라 뒷문으로 들어가 원형 철제계단을 이용해 고문이 자행되던 5층까지 올라갔다. 끌려온 사람은 원형 철제계단을 오르며 자신이 내는 발걸음 소리에 공포에 사로잡혔고, 자신이 어디에 와 있는지 위치를 정확하게 가늠하지도 못했다. 섬세한 설계가 돋보이는 이 건물의 건축가는 88올림픽이 열렸던 잠실 주경기장의 설계자와 동일 인물이다. 건축가 김수근은 서울의 슈페어였던 것일까?

*

언제나 그렇듯 모든 여행은 귀가로 마무리된다. 집에 돌아와 소파에 누워 내가 이제껏 본 서울을 생각한다. 서울은 높은 곳에서는 보이지 않는다. 높은 곳에 있는 자에게는 보이지 않고, 차를 몰며 도시의 표면을 훑으며 감상하는 운전자의 눈에도 보이지 않고, 오로지 도시를 걷는 사람에게만 보인다. 나는 모국어의 도시를 걸으며 서울이 숨기고 있는 콘스탄티노플, 피렌체, 빈, 파리 그리고 베를린과 상트페테르부르크의 공통된 모습을 발견한다.

도시는 나의 스승이 되고 나는 기꺼이 학생이 된다. 이 도시를 걸을수록 나는 달라진다. 내일 또 걸어야겠다. 걷는 상상을 하며 잠이 들면 항상 단잠을 잔다.

고규홍,『베토벤의 가계부』, 마음산책, 2008.

김명식,『건축은 어떻게 아픔을 기억하는가』, 뜨인돌, 2017.

김복래,『파리의 보헤미안과 댄디들』, 새문사, 2010.

김상근,『천재들의 도시 피렌체』, 21세기북스, 2010.

김성현,『모차르트』, 아르테, 2018.

김영숙,『피렌체 예술산책』, 아트북스, 2012.

김윤주,『헤밍웨이를 따라 파리를 걷다』, 이숲, 2017.

성제환,『피렌체의 빛나는 순간』, 문학동네, 2013.

성제환,『당신이 보지 못한 피렌체』, 문학동네, 2017.

양정무,『미술이야기 3─초기 기독교 문명과 미술』, 사회평론, 2017.

윤영애,『지상의 낯선 자 보들레르』, 민음사, 2001.

윤영애,『파리의 시인 보들레르』, 문학과지성사, 1998.

이경희,『음악청중의 사회사』, 한양대학교출판부, 2006.

이경분,『망명 음악. 나치의 음악』, 책세상, 2004.

이경분,『프로파간다와 음악』, 서강대학교 출판부, 2009.

이경분,『나치독일의 일본 프로파간다』, 제인앤씨, 2011.

이경분,「바그너 수용을 통해 본 나치의 음악정책」,『낭만 음악』78, 2008.

이지은,『부르주아의 시대 근대의 발명』, 모요사, 2019.

유재원,『터키, 1만 년의 시간여행』, 책문, 2010.

정수복,『파리를 생각한다』, 문학과지성사, 2009.

정수복,『파리의 장소들』, 문학과지성사, 2010.

최성욱,『로베르트 무질』, 한국학술정보, 2008.

가시마 시게루, 장석봉 옮김,『백화점의 탄생─봉 마르셰 백화점, 욕망을 진열하다』, 뿌리와이파리, 2006.

나츠메 소세키, 황지현 옮김,『문명론』, 소명출판, 2004.

데구치 하루아카, 김수지 옮김,『도시의 세계사』, 문학사상, 2019.

오노 히로유키, 양지연 옮김.『채플린과 히틀러의 세계대전』, 사계절, 2017.

오오누키 에미코, 이향철 옮김,『사쿠라가 지다 젊음도 지다』, 모멘토, 2004.

게이, 피터, 정영목 옮김,『모차르트』, 푸른숲, 2006.

곰브리치, E. H. , 백승길·이종승 옮김,『서양미술사』, 예경, 2013.

과르디니, 로마노, 김태환 옮김,『삶과 나이─완성된 삶을 위하여』, 문학과지성사. 2016.

노리치, 존 줄리어스, 남경태 옮김,『비잔티움 연대기 1-3』, 바다출판사, 2007.

니거스, 키스, 송화숙·윤인영·이은진·허지연 옮김,『대중음악이론』, 마티, 2012.

니체, 프리드리히, 백승영 옮김,「니체 대 바그너」,『니체전집 15』, 책세상, 2002.

니체, 프리드리히, 백승영 옮김,『바그너의 경우』,『니체전집 15』, 책세상, 2002.

니체, 프리드리히, 최문규 옮김,『바이로이트의 리하르트 바그너』『니체 전집 6』, 책세상, 2002.

니콜, 찰스, 안기순 옮김,『레오나르도 다 빈치 평전』, 고즈윈, 2007.

로덴, 존, 임산 옮김,『초기 그리스도교와 비잔틴예술』, 한길아트, 2003.

로빈슨, 프랜시스 외, 손주영 외 옮김,『케임브리지 이슬람사』, 시공사, 2002.

로스, 아돌프, 오공훈 옮김,『아돌프 로스의 건축예술』, 안그라픽스, 2014.

로스, 아돌프, 현미정 옮김,『장식과 범죄』, 미디어버스, 2018.

로이트, 랄프 게오르크, 김태희 옮김,『괴벨스, 대중선동의 심리학』, 교양인, 2006.

롤랑, 로맹, 이휘영 옮김,『베토벤의 생애』, 문예출판사, 2005.

루빈, 제임스, 김석희 옮김,『인상주의』, 한길아트, 2001.

르페뷔르, 크리스토프, 강주헌 옮김,『카페의 역사』, 효형출판, 2002.

릴케, 라이너 마리아, 정현규 옮김,『릴케의 이집트 여행』, 문학판, 2015.

만, 토마스, 원당희 옮김,『쇼펜하우어 니체 프로이트─토마스 만 현대의 지성을 논하나』, 세창미니어, 2009.

매기, 브라이언, 김병화 옮김, 『트리스탄 코드—바그너와 철학』, 심산, 2005.

매콜리프, 메리, 최애리 옮김, 『벨 에포크 아름다운 시대』, 현암사, 2020.

매콜리프, 메리, 최애리 옮김, 『새로운 세기의 예술가들』, 현암사, 2020.

매콜리프, 메리, 최애리 옮김, 『파리는 언제나 축제』, 현암사, 2020.

모차르트, 볼프강 아마데우스, 김유동 옮김, 『모차르트의 편지』, 서커스, 2018.

뫼리케, 에두아르트, 박광자 옮김, 『프라하로 여행하는 모차르트』, 민음사, 2017.

무질, 로베르트, 안병률 옮김, 『특성없는 남자 1-2』, 북인더갭, 2013.

뮈르제, 앙리, 이승재 옮김, 『라보엠』, 문학세계사, 2003.

바디우, 알랭, 김성호 옮김, 『바그너는 위험한가』, 북인더갭, 2012.

바렌보임, 다니엘·에드워드 사이드, 장영준 옮김, 『평행과 역설』, 생각의 나무,
　2003.

바사리, 조르조, 이근배 옮김, 『르네상스 미술가 평전 1-6』, 한길사, 2018.

바타유, 조르주, 차지연 옮김, 『라스코 혹은 예술의 탄생/마네』, 워크룸프레스,
　2017.

반스, 줄리언, 송은주 옮김, 『시대의 소음』, 다산책방, 2017.

발자크, 오노레, 고봉만 옮김, 『우아한 삶에 대하여』, 충북대학교 출판부, 2016.

버거, 존, 강수정 옮김, 『여기, 우리가 만나는 곳』, 열화당, 2006.

베커, 파울, 김용환·김정숙 옮김, 『오케스트라』, 음악세계, 2003.

벤야민, 발터, 김영옥·윤미애·최성만 옮김, 『일방통행로, 사유이미지』, 길, 2007.

벤야민, 발터, 반성완 옮김, 「기술복제시대의 예술작품」. 『발터 벤야민의 문예이
　론』, 문예출판사, 1983.

보들레르, 샤를, 박은수 옮김, 『보들레르 시선집』, 민음사, 1995.

보들레르, 샤를, 윤영애 옮김, 『파리의 우울』, 민음사, 1979.

보들레르, 샤를, 정혜용 옮김, 『현대의 삶을 그리는 화가』, 은행나무, 2014.

보들레르, 샤를, 황현산 옮김, 『파리의 우울』, 문학동네, 2015.

보르헤스, 호르헤 루이스, 서창렬 옮김, 『보르헤스의 말』, 마음산책, 2015.

보카치오, 박상진 옮김, 『데카메론』, 민음사, 2012.

뵐플린, 하인리히, 안인희 옮김, 『르네상스의 미술』, 휴머니스트, 2002.

브란트슈태터, 크리스티안, 『비엔나 1900년—삶과 예술 그리고 문화』, 예경,
　2013.

브로델, 페르낭, 남종국·윤은주 옮김, 『지중해—펠리페 2세 시대의 지중해 세계
　II-1·2』, 까치, 2017.

브루니, 레오나르도, 임병철 옮김, 『피렌체 찬가』, 책세상, 2002.

블랙, 제러미, 이정민 옮김,『인류의 역사』, 매일경제신문사, 2019.

비젠탈, 시몬, 박종서 옮김,『모든 용서는 아름다운가』, 뜨인돌, 2019.

생시몽, 이영림 편역,『루이 14세와 베르사유 궁전』, 나남, 2014.

서순, 도널드, 오숙은·이은진·정영목·한경희 옮김,『유럽문화사 1. 1800-
1830)』, 뿌리와이파리, 2012.

설킬드, 오드리, 허진 옮김,『레니 리펜슈탈 금지된 열정』, 마티, 2006.

셰익스피어, 윌리엄, 피천득 옮김,『셰익스피어 소네트』, 민음사, 2018.

솔레르스, 필립, 김남주 옮김,『모차르트 평전』, 효형출판, 2002.

쇼, 버나드, 김용환·김정숙 옮김,『바그너, 니벨룽의 반지』, 이너북, 2005.

쇼르스케, 칼, 김병화 옮김,『세기말 비엔나』, 구운몽, 2006.

쇼스타코비치, 드미트리, 김병화 옮김,『증언』, 온다프레스, 2019.

쉐이퍼, 머레이, 한명호·오양기 옮김,『사운드스케이프—세계의 조율』, 그물코,
2008.

슈나이더, 미쉘, 김남주 옮김,『슈만, 내면의 풍경』, 그책, 2014,

슈나이더, 미쉘, 이창실 옮김,『글렌 굴드. 피아노 솔로』, 동문선, 2002.

슈티프터, 아달베르트, 박종대 옮김,『늦여름』, 문학동네, 2011.

슈페어, 알베르트, 김기영 옮김,『알베르트 슈페어의 기억』, 마티, 2016.

슐링크, 베른하르트, 김재혁 옮김,『책 읽어주는 남자』, 시공사, 2013.

스몰, 크리스토퍼, 조선우·최유준 옮김,『뮤지킹 음악하기』, 효형출판, 2004.

스타니스제프스키, 메리 앤, 박이소 옮김,『이것은 미술이 아니다』, 현실문화,
2006.

시프만, 제러미 , 임선근 옮김,『모차르트, 그 삶과 음악』, 포토넷, 2010.

아도르노, 테오도르, 김유동 옮김,『미니마 모랄리아』, 길, 2005.

아도르노, 테오도르, 문병호 옮김,『베토벤 음악의 철학』, 세창출판사, 2014.

아도르노, 테오도르, 문병호·김방현 옮김,『신음악의 철학』, 세창출판사, 2012.

아도르노, 테오도르, 이순예 옮김,『부정변증법강의』, 세창출판사, 2012.

아도르노, 테오도르, 이정하 옮김,『말러—음악적 인상학』, 책세상, 2004.

아도르노, 테오도르, 홍승용 옮김,『프리즘—문화비평과 사회』, 문학동네, 2004.

앤더슨, M. T., 장호연 옮김,『죽은 자들의 도시를 위한 교향곡』, 돌베개, 2018.

엘리아스, 노르베르트, 박여성 옮김,『궁정사회』, 한길사, 2003.

엘리아스, 노베르트, 박미애 옮김,『모차르트—한 천재에 대한 사회학적 고찰』,
문학동네, 1999.

영, G. F., 이길상 옮김,『메디치』, 현대지성사, 2001.

오버리, 리처드, 오한수 옮김,『스탈린과 히틀러의 전쟁』, 지식의 풍경, 2003.

오웰, 조지, 김기혁 옮김, 『동물농장』, 문학동네, 2010

오웰, 조지, 김기혁 옮김, 『파리와 런던의 따라지 인생』, 문학동네, 2010.

이셔우드, 크리스토퍼, 성은애 옮김, 『베를린이여 안녕』, 창비, 2015.

일리스, 플로리안, 한경희 옮김, 『1913년 세기의 여름』, 문학동네, 2013.

재닉, 엘런 · 스티븐 툴민, 석기용 옮김, 『비트겐슈타인과 세기말 빈』, 필로소픽, 2020.

제이, 마틴, 최승일 옮김, 『아도르노』, 지성의 샘, 1995.

제임스 H. 루빈, 김석희 옮김, 『인상주의』, 한길아트, 2001.

존스, 콜린, 방문숙 · 이호영 옮김, 『케임브리지 프랑스사』, 시공사, 2001.

존스턴, 윌리엄, 변학수 · 오용록 옮김, 『제국의 종말. 지성의 탄생』, 글항아리, 2008.

존슨, 스티븐, 김재성 옮김, 『쇼스타코비치는 어떻게 내 정신을 바꾸었는가』, 풍월당, 2019.

짐멜, 게오르그, 김덕영 옮김, 『예술가들이 주조한 근대와 현대—미켈란젤로, 렘브란트, 로댕』, 길, 2007.

츠바이크, 슈테판, 곽복록 옮김, 『어제의 세계』, 지식공작소, 2014.

츠바이크, 슈테판, 서정일 옮김, 『감정의 혼란』, 녹색광선, 2019.

츠바이크, 슈테판, 양진호 옮김, 『프로이트를 위하여』, 책세상, 2016.

칼리파티테스, 테오도르, 신견식 옮김, 『다시 쓸 수 있을까』, 어크로스, 2019.

커쇼, 이언, 이희재 옮김, 『히틀러 I- II』, 교양인, 2010.

코르프, 말테, 김윤소 옮김, 『아마데우스 모차르트』, 인물과사상사, 2007.

쿼터트, 도널드, 이은정 옮김, 『오스만제국사』, 사계절, 2008.

클라크, 케네스, 엄미정 옮김, 『그림을 본다는 것』, 엑스오북스, 2012.

킹, 로스, 서종민 옮김, 『피렌체』, 시그마북스, 2016.

터너, 리처드, 김미정 옮김, 『피렌체 르네상스』, 예경, 2001.

토마셀로, 마이클, 이정원 옮김, 『생각의 기원』, 이데아, 2017.

톨랜드, 존, 민국홍 옮김, 『아돌프 히틀러 결정판』, 페이퍼로드, 2019.

파농, 프란츠, 이석호 옮김, 『검은 피부 하얀 가면』, 인간사랑, 1998.

파묵, 오르한, 이난아 옮김, 『이스탄불. 도시 그리고 추억』, 민음사, 2008.

팍스, 팀, 황소연 옮김, 『메디치 머니』, 청림출판, 2008.

페로, 미셸, 「주변적 인물: 독신자와 외로운 사람들」, 필립 아리에스 · 조르주 뒤비 편집, 전수연 옮김, 『사생활의 역사 4』, 새물결, 2002.

페소아, 페르난두, 박소현 옮김, 『페소아의 리스본』, 컬처그라퍼, 2017.

페소아, 페르난두, 오진영 옮김, 『불안의 책』, 문학동네, 2015.

포스터, 할 외, 배수희·신정훈 옮김, 『1900년 이후의 미술사』, 세미콜론, 2007.

프랭크, 애덤, 고은주 옮김, 『시간 연대기』, 에이도스, 2015.

프로이트, 지크문트, 김석희 옮김, 『문명 속의 불만』, 열린책들, 1997.

플로베르, 구스타프, 김화영 옮김, 『마담 보바리』, 민음사, 2000.

하비, 데이비드, 김병화 옮김, 『모더니티의 수도 파리』, 생각의나무, 2005.

하우저, 아르놀트, 반성완·백낙청·염무웅 옮김, 『문학과 예술의 사회사 1-4』, 창비, 1999.

하프너, 헤르베르트, 이기숙 옮김, 『푸르트벵글러』, 마티, 2007.

한슬리크, 에두아르트, 이미경 옮김, 『음악적 아름다움에 대하여』, 책세상, 2004.

헤린, 주디스, 이순호 옮김, 『비잔티움』, 글항아리, 2010.

헤밍웨이, 어니스트, 주순애 옮김, 『파리는 날마다 축제』, 이숲, 2012.

헬름, 에버렛, 성의정 옮김, 『음악사회의 구조—20세기의 상황』, 문학과지성사, 1984.

휴스, 앤소니, 남경태 옮김, 『미켈란젤로』, 한길아트, 2003.

Adorno, Theodor W., "Wagner und Bayreuth", *Gesammelte Schriften 18*, Suhrkamp, 1966.

Adorno, Theodor W., "Einleitung in die Musiksoziologie", *Gesammelte Schriften 14*, Suhrkamp, 1968.

Adorno, Theodor W., *Beethoven. Philosophie der Musik*, Suhrkamp, 1993.

Adorno, Theodor W. , "Versuch über Wagner", *Gesammelte Schriften 13*, Suhrkamp, 1963.

Alexander, Victoria D., *Sociology of the Arts. Exploring Fine And Popular Forms*, Blackwell, 2003.

Baudelaire, Charles, *The Painter of Modern Life and Other Essays*, Phaidon, 2001.

Becker, Howard S., *Art Worlds*, University of California Press, 1982.

Benjamin, Walter, "Das Passagen-Werk", *Gesammelte Schriften Bd. V*, Suhrkamp, 1991.

Benjamin, "Ursprung des deutschen Trauerspiels", *Gesammelte Schriften Bd. 1*, Suhrkamp, 1991.

Bermbach, Udo, "Über einen Aspekte des Zusammenhangs von Richard Wagners mit Hitler und dem Dritten Reich", Friedländer/Jörn Rüsen, *Richard Wagner im Dritten Reich. Ein Schloss Elmau-Symposion*, Verlag C. H. Beck, 2000.

Brunel, Eliette/Jean-Marie Chauvet/Christian Hillaire, *The Discovery of the Chauvet-Pont D'Arc Cave*, Equinoxe, 2014.

Brüninghaus, Marc, *Unterhaltungsmusik im Dritten Reich*, Diplomcar Verlag, 2010.

Clottes, Jean, *La Grotte Chauvet, L'Art des origines*, Seuil, 2010.

David, Bruno, *Cave Art*, Thanes & Hudson, 2017.

David, Bertrand and Jean Jacques Lefrere, *The Oldest Enigma of Humanity*, Arcade Publishing, 2013.

Fischer, Jens Malte, "Wagner-Interpretation im Dritten Reich. Musik und Szene zwischen Politisierung und Kunstanspruch", Friedländer/Jörn Rüsen, *Richard Wagner im Dritten Reich. Ein Schloss Elmau-Symposion*, Verlag C. H. Beck, 2000.

FitzRoy, Charles, *Renaissance Florence. On Five Florins A Day*, Thames &Hudson, 2010.

Friedländer, Saul, "Hitler und Wagner", Friedländer/Jörn Rüsen, *Richard Wagner im Dritten Reich. Ein Schloss Elmau-Symposion*, Verlag C. H. Beck, 2000.

Köhler, Joachim, *Wagner's Hitler*, Polity, 2000.

Magee, Brian, *Aspects of Wagner*, Oxford University Press, 2009.

Mancinelli, Fabrizio, *Guide to the Catacombs of Rome*, Scala, 2015.

McClatchie, Stephen, "Performing Germany in Wagner's Die Meistersinger von Nünberg", *The Cambridge Companion to Wagner*, Cambrige University Press, 2010.

Mozart Huas Wien, *Mozart. Die Jahre in Wien*, Metroverlag, 2017.

Muxeneder, Therese, *Jung-Wien*, Arnold Schönberg Center, 2018.

Roberts, Alice, *Die Anfänge der Menschheit. Vom aufrechten Gang bis zu den frühen Hochkulturen*, Penguin Random House, 2011.

Ruspoli, Mario, *The Cave of Lascaux*, Harry M. Abrams, 1986.

Urbani, Maria Da Villa, *St. Mark's Basilica*, Kina Italia, 1995.

Wagner, Richard, *Jews in Music. Wagner On Music and Drama*, Da Capo Press, 1964.

Zelinsky, Hartmut, *Richard Wagner. Ein deutsches Thema. Eine Dokumentation zur Wirkungsgeschichte Richard Wagners 1876-1976*, Zweitausendeins, 1976. f

두번째 도시, 두번째 예술

초판 1쇄 발행 2020년 11월 30일

지은이 노명우
펴낸이 안병률
펴낸곳 북인더갭
등록 제396-2010-000040호
주소 10364 경기도 고양시 일산동구 고봉로 20-32, B동 617호
전화 031-901-8268
팩스 031-901-8280
홈페이지 www.bookinthegap.com
이메일 mokdong70@hanmail.net

ⓒ 노명우 2020
ISBN 979-11-85359-35-9 03300